Francisco Moreno Fernández

Sociolingüística cognitiva
Proposiciones, escolios y debates

Lengua y Sociedad en el Mundo Hispánico
Language and Society in the Hispanic World

Editado por / *Edited by*
Julio Calvo Pérez (Universitat de València)
Luis Fernando Lara (El Colegio de México)
Matthias Perl (Universität Mainz)
Armin Schwegler (University of California, Irvine)
Klaus Zimmermann (Universität Bremen)

Vol. 31

Francisco Moreno Fernández

Sociolingüística cognitiva
Proposiciones, escolios y debates

Iberoamericana • Vervuert • 2012

© Iberoamericana, 2012
Amor de Dios, 1 E-28014 Madrid
Tel.: +34 91 429 35 22
Fax: +34 91 429 53 97
info@iberoamericanalibros.com
www.ibero-americana.net

© Vervuert, 2012
Elisabethenstr. 3-9 D-60594 Frankfurt a. M.
Tel.: +49 69 597 46 17
Fax: +49 69 597 87 43
info@iberoamericanalibros.com
www.ibero-americana.net

ISBN 978-84-8489-693-7 (Iberoamericana)
ISBN 978-3-86527-742-8 (Vervuert)

Depósito Legal:

Diseño de la cubierta: Michael Ackerman

Impreso en España
Este libro está impreso integramente en papel ecológico blanqueado sin cloro

ÍNDICE

Introducción	9
Capítulo I. La naturaleza dinámica y compleja de las lenguas	23
Capítulo II. La realidad social y su percepción	43
Capítulo III. Visión del mundo, discurso y sociedad	71
Capítulo IV. Fundamentos cognitivos de la variación lingüística	89
Capítulo V. Sociosemántica y cognición	105
Capítulo VI. Sociogramática y cognición	125
Capítulo VII. Sociofonología y cognición	145
Capítulo VIII. Metodología para una sociolingüística cognitiva	165
Capítulo IX. La entrevista sociolingüística	179
Capítulo X. Dinámica perceptiva de la entrevista sociolingüística	201
Capítulo XI. La percepción de las variedades lingüísticas	213
Capítulo XII. La percepción del contacto lingüístico	229
Epílogo	247
Referencias bibliográficas	249
Índice temático	273

En la frontera,
puedes mirar atrás
y no acordarte.

Haikus de la media vida (2011)

INTRODUCCIÓN

En cierta ocasión alguien me preguntó cuál era el principal objetivo de mi investigación: conocer la lengua o conocer al ser humano. Recuerdo que, tras una breve reflexión, afirmé sin titubeo: «Conocer al ser humano». He de confesar que la pregunta no ha dejado de asaltarme a lo largo de mi vida universitaria. Y no es que dude de la adecuación de la respuesta: mi interés como científico está en conocer la realidad lo mejor posible y, si la lengua es un atributo humano, considero una obligación interesarme por el ser humano como entramado de tan singular atribución; de otro modo, el entendimiento de la realidad lingüística estaría condenado a la parcialidad. Pero la recurrencia de la cuestión tal vez obedezca al hecho de haber recibido una formación de lingüista en la que la «autonomía» de la disciplina se presentaba como uno de los grandes logros para el moderno conocimiento de la lengua. Tras un siglo largo de historia de la lingüística, parece que el «éxito» de la autonomía y de la inmanencia no merecería una celebración tan prolongada, entre otras razones porque la lingüística solo puede ser explicativa si entra en diálogo con otras disciplinas.

Estas páginas se redactan con el convencimiento de que el estudio de la lengua ha de abordarse desde una perspectiva multidimensional e integradora. Ello no supone ocultar la existencia de un centro de interés preferente: la lengua en relación con el entorno social y cultural. Podría decirse que, al orientar el foco hacia lo social, estamos incumpliendo de partida nuestro compromiso de integración y multidimensionalidad. Con todo, si consideramos que la lengua solamente puede ser lengua –por su composición, procesos y funciones– a través de sus dimensiones social y cultural, si aceptamos sin reticencias que lo lingüístico es necesariamente social y que la lingüística, como forma de entender y explicar la lengua, no puede ser de otra forma que «socio-lingüística», aún estaremos en condiciones de abogar realmente por una concepción multidimensional. Porque la componente social de la lengua no es incompatible con la neurolingüística, la psicológica o la histórica ni, por supuesto, con la propiamente lingüística. Así pues, el análisis al que aspiramos no es formalista ni funcionalista, sino relacional, desde el momento en que la lengua, cada uno de sus componentes y su dinámica se explican en relación con su entorno natural, cultural, social y situacional.

El objetivo de una «sociolingüística cognitiva» es entender y explicar la lengua desde una posición cognitivista, lo que significa atender a lo lingüístico y lo social como realidades analizadas desde la cognición humana. Y precisamente porque lo social es inalienable de lo lingüístico, se nos ha planteado una seria duda al decidir el título de esta obra. Y es que habría un título alternativo, que caería por su propio peso: *Lingüística sociocognitiva*. Al fin y al cabo, buscamos el estudio de la lengua, por lo que nada de extraño tendría que fuera el sustantivo «lingüística» el núcleo del sintagma; por su parte, el adyacente denotaría la preponderancia concedida a lo cognitivo, siempre en relación con las dimensiones sociales de la lengua misma. Si finalmente hemos optado por el título *Sociolingüística cognitiva*, ha sido para resaltar nuestra interpretación de la lengua en relación con su entorno social, ya que no todo el mundo comparte que la teoría y la práctica lingüísticas son eminentemente sociales. En mi opinión, este libro es más «lingüística» –como búsqueda de un conocimiento general sobre el lenguaje humano– que «sociolingüística» –como búsqueda de un conocimiento circunscrito al uso social de la lengua–, aunque a estas alturas ya no parece necesario seguir discutiendo sobre qué es o qué no es lingüística, como en 1972 señaló William Labov.

Redes, cerebro e informática

Las Humanidades y las Ciencias Sociales han experimentado en las últimas décadas movimientos que han repercutido sobre sus muy variados ámbitos de estudio. Entre esos movimientos nos atrevemos a destacar cuatro, que sin duda han ejercido gran influencia sobre el análisis de la lengua en su realidad social. Uno de ellos es el desarrollo de la neurociencia, que ha llevado a un relanzamiento de los estudios sobre el cerebro humano y a un conocimiento de su morfología, sus procesos y funciones como nunca antes se había alcanzado. El procesamiento del lenguaje, los mecanismos del aprendizaje (Gallistel 1990) o la forma en que se almacena y recupera la información en la memoria son asuntos prioritarios en la investigación actual, con implicaciones en los más variados aspectos de la conducta humana. Del cerebro se saben muchas cosas, como que su peso medio es aproximadamente de 1,4 kg, que contiene cien mil millones de neuronas o que en su interior se establecen unos mil billones de conexiones entre células. También sabemos que ciertas funciones humanas, como «aprender palabras», «hacer cálculos» o «experimentar euforia» no pueden ser realizadas por células nerviosas individuales, sino que son responsabilidad de áreas del tejido cerebral que contienen millones de neuronas. Esas áreas cerebrales pueden, asimismo, coordinar su actividad y pasar a realizar tareas más complejas derivadas de la cooperación interindividual, lo que permite hablar de la existencia de un «cerebro social», configurado por una red de áreas cerebrales implicadas en la comprensión intersubjetiva y en la comunicación social (Dunbar 1988; Blakemore y Frith 2005: 336). El cerebro cuenta, pues, con una dimensión social, que no es incompatible con su materia biológica.

En estrecha relación con los avances de la neurociencia ha estado la consolidación y difusión de la psicología cognitiva como disciplina de referencia (De Vega 1984). La psicología cognitiva está cumpliendo una función crucial en el contacto entre las ciencias del cerebro y la educación. Esta última está relacionada directamente con los procesos de aprendizaje, entre los que goza de un lugar de privilegio el desarrollo de la lengua, así como su uso en la comunicación social. Es bien sabido que la psicología de Vygotsky (1986) ya hablaba de la importancia de las interacciones sociales para el aprendizaje, así como para las relaciones entre lenguaje y pensamiento, pero el psicólogo ruso no dispuso de los conocimientos sobre el cerebro que ahora nos regala la neurociencia; actualmente, la ciencia cognitiva cuenta con una base neuronal –por lo tanto, material– para abordar el estudio de los procesos conscientes, de los pensamientos, las emociones, los conflictos y las interacciones sociales, entre las que se encuentran las comunicativas. Desde la psicología cognitiva ha ido propagándose una forma de interpretar las realidades humanas que ha recibido el nombre genérico de «cognitivismo» y que ha alcanzado a los estudios del lenguaje, primero en sus ámbitos semántico y gramatical (Rosch y Lloyd 1978; Langacker 1987; Lakoff 1987), después en casi en todas sus ramificaciones (Cuenca y Hilferty 1999; Levinson 2003). El cognitivismo, más allá de sus propuestas conceptuales concretas, ha generalizado una manera de entender las realidades físicas y sociales, una perspectiva que entronca con el principio de incertidumbre de la física cuántica y con los juicios de numerosos pensadores que venían advirtiendo de las limitaciones del racionalismo, de la importancia de las percepciones o de la subjetividad en la medición de las realidades. Ortega y Gasset afirmaba en su *Ideas y creencias* (1940) que un plano topográfico no es ni más ni menos fantástico que el paisaje de un pintor y que el mundo de la física no solo es incompleto, sino que está abarrotado de problemas no resueltos, que obligan a no confundirlo con la realidad misma. Algo similar ocurre con la lingüística y la lengua.

Un tercer ámbito de investigación se ha venido desarrollando en las últimas décadas, con la colaboración de diversas disciplinas –sociología, psicología, matemáticas, física– y mediante la propuesta de conceptos con gran capacidad explicativa. Se trata de los estudios de «redes complejas», preocupados por realidades emergentes que no pueden explicarse a partir de las propiedades de sus componentes, pero que encuentran pautas de invariancia y mecanismos internos para el intercambio de información: el superorganismo formado por las colonias de termitas, la propagación de enfermedades en las concentraciones urbanas o el entramado de conexiones neuronales muestran cómo son y cómo funcionan esas redes complejas. En el campo de la comunicación, las relaciones semánticas o conceptuales dentro de la lengua o las grandes redes sociales creadas en Internet también funcionan como redes complejas (Solé 2009).

Por último, la informática ha venido a ponernos en la mano, no el acceso directo al conocimiento, pero sí el control de los flujos de información. Los procesos cognitivos y las redes complejas funcionan manejando una cantidad de datos inabarcable sin el uso de herramientas informáticas. El estudio de la lengua se ha beneficiado de ello de un modo muy claro, por la dimensión cuantitativa del propio lenguaje, pero también porque se ha hecho visible una información que antes solo se intuía y que permanecía oculta en los galimatías de las masas de datos. Pero ¿cómo entronca con todo esto la realidad social de la lengua?

El devenir de la sociolingüística

La sociolingüística ha experimentado una evolución durante los últimos cuarenta años que, lejos de especializar su objeto de estudio, lo ha llevado a una notable diversificación. Siguiendo un proceso de inclusión progresiva, las formas de abordar la investigación sociolingüística han ido enriqueciéndose de modo sucesivo y permitiendo la convivencia de estudios realizados conformemente a técnicas habituales en los años setenta, con planteamientos más característicos de los años noventa o de la primera década del siglo XXI. La amplitud de miras derivada de una materia que define su objeto de estudio como la lengua en su contexto social o, más latamente, como la relación entre lengua y sociedad abocó desde un primer momento al tratamiento de asuntos muy variados: desde la elección de lenguas en las comunidades bilingües, hasta el encadenamiento de turnos de palabra en contextos profesionales, pasando por la historia social de las lenguas. Todo ello ha recibido indistintamente el calificativo de «sociolingüístico» (Mesthrie 2001).

Ahora bien, incluso centrándonos en una manera de hacer sociolingüística mucho más específica, como la sociolingüística variacionista, preocupada por la incidencia de los hechos sociales sobre la variación y el cambio lingüísticos, y caracterizada por el empleo de técnicas cuantitativas, encontramos una suma progresiva de formas diferentes de entender un mismo objeto de estudio, de interpretar la realidad sociocomunicativa o de practicar la disciplina (Lieb 1993). Pongamos tres ejemplos:

1973. Henrietta Cedergren analiza diversos fenómenos fonéticos del español de Panamá y lo hace de acuerdo con las pautas marcadas por Labov en sus investigaciones de los años sesenta: partiendo de un modelo sociológico funcionalista, elaborando reglas sociolingüísticas variables y manejando una estadística de probabilidades.

1977. Lesley Milroy concluye su investigación sobre tres barrios de Belfast, en la que analiza diversos fenómenos fónicos partiendo de un modelo de redes sociales, correlacionando características de las redes con variantes lingüísticas y manejando una estadística de inferencias.

1993. Richard Cameron publica un estudio sobre el uso del *tú* impersonal en el español de San Juan de Puerto Rico y de Madrid, y lo hace trabajando sobre sendos conjuntos de informantes representativos de sus respectivas comunidades, imbricando factores gramaticales, semánticos y pragmáticos, y combinando diversas técnicas estadísticas, entre las que destaca el análisis probabilístico de regresión múltiple.

Como puede observarse, entre estas tres simples muestras no existe coincidencia ni de modelo sociológico de base (1. Funcionalismo. 2. Marxismo. 3. Sin modelo sociológico definido), ni de modelo lingüístico (1. Construcción de reglas variables. 2. Descripción sociolingüística. 3. Gramática pragmática contrastiva) ni de técnicas cuantitativas aplicadas, si bien es cierto que el desarrollo de la informática ha permitido la generalización de pruebas cada vez más complejas. Vemos, pues, que el paradigma sociolingüístico variacionista encierra una relativa heterogeneidad. Además, la derivación hacia ámbitos de interés diferentes de los que preocupaban en sociolingüística durante los años setenta, como la variación en el nivel sintáctico y discursivo, la riqueza estilística o el manejo de factores pragmáticos, ha llevado a hablar de una sociolingüística post-laboviana, incluso con Labov en vida y activo.

Las debilidades del variacionismo

Para los que hemos trabajado desde el paradigma sociolingüístico variacionista, resulta difícil desdeñar lo mucho que ha contribuido William Labov a la lingüística –no solamente a la sociolingüística– y lo decisivo que ha sido su aporte para el moderno desarrollo de lo que se conoce como lingüística del habla. De hecho, aunque es bien conocida la disparidad de criterios y fundamentos entre la sociolingüística urbana de Labov y la lingüística teórica de Chomsky (Moreno Fernández 1988), llama la atención que a muchos afectos a esta última –en los Estados Unidos, en España– les resulte tan extraordinariamente fácil negar a los estudios labovianos la etiqueta de «lingüísticos», basándose, cuando lo hacen, en el sólido argumento de que la sociolingüística no procede de acuerdo a los cánones de la hipótesis-deducción; como si la lingüística que supuestamente así lo hace fuera ajena al manejo cotidiano de la inducción. Y resulta mucho más llamativo cuando los lingüistas más teorizantes están viniendo a admitir la potencia e inevitabilidad de los recursos aportados por la lingüística de corpus.

Aceptando la trascendencia del pensamiento y la obra de Labov, lo cierto es que la evolución de la sociolingüística –de *su* sociolingüística–, al tiempo que ha diversificado sus centros de interés, ha experimentado con los años una revisión crítica interna que ha puesto en evidencia sus limitaciones de fondo y de forma. Muestra de ello pueden ser los libros de Norbert Dittmar (1973, 1989) y las obras colectivas de Rajendra Singh (1996) o de Carmen Fought (2004). Es importante conocer, no obstante, que buena parte de la crítica al variacionismo ha surgido con un positivo espíritu constructivo, como lo demuestra la implicación del propio Labov en esas revisiones críticas, evidenciando un deseo de permanente actualización de las técnicas de análisis, así como de participación en las disputas dialécticas más relevantes.

Las críticas a la sociolingüística de Labov podrían agruparse del siguiente modo, que, por supuesto, no es el único válido (Villena Ponsoda 2008b). En primer lugar, estarían las que proceden de teorías que conciben la lengua de una manera diferente; el caso más claro es el generativismo, que opera desde bases psicológicas y que se despreocupa de fenómenos supuestamente superficiales, como la variación lingüística, y de sus relaciones con parámetros sociales y contextuales (Moreno Fernández 1988). En segundo lugar, estarían las críticas de aquellos que, interesados por la dimensión social de las lenguas, entienden la realidad social y, específicamente, la realidad sociolingüística de un modo distinto al laboviano (Williams 1992); aquí pueden incluirse desde los planteamientos criollistas (Bickerton 1981; Bailey 1973), hasta las propuestas fundamentadas en modelos sociales marxianos (Dittmar 1973; Bourdieu 1985; Milroy 1987a) o los trabajos preocupados por la lengua como componente de la identidad social (Gumperz; Le Page y Tabouret-Keller 1985). En tercer lugar, estarían las críticas centradas en aspectos metodológicos y técnicos, si bien es frecuente que la discrepancia metodológica encierre también disparidad de criterios teóricos; estas críticas se pueden referir, por ejemplo, al excesivo peso que ha tenido la investigación fonológica frente a la sintáctica (Macaulay 1988), a la escasa valoración que se da en los análisis a la figura del hablante como individuo (Horvath 1985; Dorian 2010), a la forma en que se realizan las entrevistas sociolingüísticas (Fought 2004) o a la idoneidad de determinadas pruebas estadísticas, entre otros aspectos.

En este surtido de críticas al labovianismo, no han faltado las relacionadas con la dimensión cognitiva del fenómeno de la variación sociolingüística, aun cuando no se hayan hecho desde posiciones cognitivistas propiamente dichas. Y a menudo esas críticas han girado en torno al concepto de «competencia», al modo de entender su naturaleza y su constitución. Una de las polémicas más antiguas, en este sentido, tiene que ver con la ubicación de la variación lingüística respecto del nivel abstracto de la lengua: ¿la variación forma parte de la configuración interna de la competencia lingüística o más bien existen competencias diferentes –gramáticas diferentes– entre las que optan los hablantes en circunstancias sociales y contextuales específicas? Es la vieja disputa entre sociolingüistas y criollistas, entre la defensa de las gramáticas monolectales y de las polilectales, disputa que ha resultado en buena medida ficticia, por no existir incompatibilidad absoluta entre ambas interpretaciones, ni divergencias metodológicas irreconciliables. En el fondo, se trata también de trabajar desde modelos teóricos en los que la variación disponga de un espacio adecuado y donde los datos variables y cuantificados tengan sentido dentro de una estructura funcional, haciendo compatible lo sustancial y lo accesorio en la comunicación lingüística (Schlieben Lange y Weydt 1981; Villena Ponsoda 1984). Tendremos oportunidad de volver a ello más adelante.

Otro asunto discutido es el lugar que ocuparía la cuantificación dentro de la competencia sociolingüística, en caso de ocupar alguno (Moreno Fernández 2009a: 135-137). Si las reglas variables, como reglas de la competencia, incluyen probabilidades de aplicación según determinadas constricciones, ¿quiere eso decir que el hablante «sabe», de algún modo, cuánto puede usar una variante en las condiciones apropiadas? ¿Cómo puede explicarse ese conocimiento cuantitativo? López García (1996) comenta a este respecto que es altamente improbable que la conciencia de los hablantes incorpore listados de frecuencias o histogramas. Sin embargo, no es imposible pensar en la existencia de un cierto sentido de la cuantificación por parte del hablante. Dennis Preston ha propuesto un modelo de competencia variable constituido por representaciones psicolingüísticas con gramáticas múltiples adyacentes. Este modelo es capaz de conjugar elementos psicológicos y socioculturales variables (por tanto, cuantificables) en la configuración de la variación (Preston 1993). También este asunto ocupará nuestra atención.

Visto el desarrollo de la investigación sociolingüística en su conjunto, con el avance de sus aportaciones más novedosas y la denuncia de sus aspectos menos convincentes, puede hablarse de la existencia de una serie de conceptos, criterios y elementos metodológicos que, si bien han resultado útiles en determinados momentos, siempre han planteado problemas de naturaleza teórica o práctica. Pensamos en conceptos como los de «comunidad de habla» (Romaine 1982), «clase social» o «competencia sociolingüística»; pensamos en el tratamiento dado a la variación de unidades portadoras de significado lingüístico, en la determinación del número de variables pertinentes para la explicación de los hechos sociolingüísticos o en la manera de percibir e identificar las variantes de las variables lingüísticas. Buena parte de estos aspectos se reducen a cuestiones mucho más simples o generales, como la tipificación y caracterización de categorías sociales y lingüísticas, o el tratamiento de realidades continuas mediante clases discretas. Al mismo tiempo, muchos de estos puntos tienen que ver con el modo en que se perciben los hechos sociolingüísticos y el espacio en que los hablantes «almacenan» su conocimiento. Por eso consideramos posible y deseable plantear muchos de esos asuntos desde una perspectiva cognitivista. El panorama previo de heterogeneidad, al que se ha hecho referencia, y algunas cuestiones de complicado tratamiento teórico habían ido dejando espacio en la sociolingüística variacionista para la inclusión –esporádica, irregular y, si se quiere, hasta errática– de elementos de naturaleza cognitiva. Entre ellos sobresalían, por su frecuencia y por su peso en la interpretación de determinados fenómenos, los conceptos de «actitud lingüística» y de «monitor». Asimismo se han llegado a manejar recursos cognitivos para el desarrollo metodológico de otros conceptos, como el de «mercado lingüístico». Sin embargo, creemos que ya se dan las condiciones adecuadas para sentar las bases de una sociolingüística cognitiva más sólida y con mayor poder explicativo.

Los fines de una sociolingüística cognitiva

La relación de argumentos presentada da a entender que es posible confeccionar un «programa cognitivo» para la sociolingüística, en una doble dirección: por un lado, planteando el tipo de preguntas de investigación a las que una sociolingüística cognitiva podría atender debidamente; por otro lado, constatando que los fundamentos de la lingüística cognitiva operan también en el campo de la sociolingüística, para dar cuenta de aspectos en los que la aplicación de otras formulaciones teóricas se ha revelado como parcial o insuficiente.

En cuanto a las preguntas de investigación que servirían de faro a una sociolingüística cognitiva, podrían enunciarse las siguientes, a modo de catálogo inconcluso: qué sabe el hablante acerca de su lengua; qué sabe acerca de la interacción comunicativa; qué sabe el hablante acerca de la variación sociolingüística; dónde reside y cómo se configura ese conocimiento; cómo influye la realidad social sobre el origen y el procesamiento del lenguaje; cómo afecta el uso lingüístico a la configuración, evolución y variación de la lengua; qué sabe el hablante acerca de su contexto socio-comunicativo; cómo percibe el hablante la realidad sociolingüística; cuáles son las actitudes y creencias de los hablantes en torno a la variación lingüística; cómo detecta y responde el hablante a los patrones lingüísticos de su comunidad; cómo influye la percepción sociolingüística en la conducta comunicativa de los hablantes, en todos los niveles; cómo la lengua contribuye a la construcción de la identidad (Guibernau y Rex 1997; Martín y Mendieta 2003). Es cierto que muchas de las cuestiones de este programa sociocognitivo llevan tiempo obteniendo respuestas, pero no la mayoría y no siempre de un modo convincente.

Los antecedentes expuestos –y otras propuestas que se irán comentando– constituyen un buen caldo de cultivo para aunar criterios y vertebrar argumentos en torno a una sociolingüística cognitiva. Afortunadamente, la historia más reciente de la lingüística ya no considera sospechosos los planteamientos que no defienden la absoluta autonomía de la lingüística o que no ciñen su objeto de interés a una materia puramente lingüística. La lingüística ha negado cobertura teórica a las manifestaciones del lenguaje por el simple hecho de ser eso, manifestaciones, hechos que necesariamente aparecen o se producen en un medio esencialmente no lingüístico. Si la lingüística se define como la ciencia que estudia la lengua, debe reconocerse que la lingüística teórica ha demostrado poco aprecio por la realidad más palmaria: el uso de la lengua en sociedad.

Llamaríamos «sociolingüística cognitiva» a aquella que, siguiendo las pautas generales de la lingüística cognitiva, se preocupa especialmente por el estudio de los recursos cognoscitivos implicados en el procesamiento y el uso lingüístico contextualizado. Esta sociolingüística cognitiva dedica una especial atención al conocimiento y la percepción que los hablantes tienen de la lengua en su uso social, incorporando información relativa a los entornos comunicativos, a los procesos de interacción, a la variación y al cambio lingüísticos, y al modo en que son percibidos. Una sociolingüística cognitiva se preocupa de los entornos en que se producen las manifestaciones lingüísticas, de la manera en que influyen sobre ellas y de la percepción subjetiva que los propios hablantes tienen de esos entornos y de las lenguas que conocen y que usan. Graciela Reyes (2002) ha hablado, desde la pragmática, de reflexividad sobre lo que se quiere decir y sobre los procesos de selección lingüística. El acontecer del uso lingüístico ha de localizarse en un ambiente (contexto) que puede ser natural o social, como reflejo de la dualidad humana, la realidad del *homo loquens* (Lorenzo y Longa 2003): el ambiente natural o físico encierra las condiciones externas que actúan sobre la lengua (factores favorecedores y constricciones negativas); el ambiente social actúa como medio ideológico conocido por el hablante y forma parte de la dinámica del sistema. A su vez, la conciencia social se manifiesta en dos niveles: el de los atributos de los hablantes, como actores individuales, incluida su capacidad de conocer y de conocerse (cognoscibilidad humana) (Giddens 1982), y el de las representaciones colectivas (Durkheim 1893), entendidas como relaciones supraindividuales que conectan ideas o creencias.

En el ámbito de las creencias se pone de manifiesto, de nuevo, la relevancia de lo cognitivo para la sociolingüística. Las creencias del hablante, como las percepciones, inciden sobre su conducta lingüística. Si los etnógrafos afirman que un actor de teatro no es un imbécil desprovisto de juicio, la sociolingüística cognitiva afirmaría que el hablante no es un «locutor imbécil desprovisto de juicio lingüístico», con toda la crítica que ello encierra hacia el generativismo o, más ampliamente, hacia el inmanentismo. El hablante dispone de creencias –sobrevenidas o creadas por él mismo– que afectan también a la capacidad de auto-considerarse como objeto. Esta es la base del conocido concepto de «*self*», de George Herbert Mead (1934), porque el *self* presupone un proceso social –la comunicación– y surge con el desarrollo de la actitud y de las relaciones sociales. La comunicación y la lengua –su principal instrumento– son esencia, sustento y producto de las relaciones interindividuales. Las características de cada lengua y las diferencias interlingüísticas son consecuencia del contexto y de la interacción social. Los sistemas lingüísticos experimentan tendencias internas que la interacción permite, frena o moldea. Es cierto que existen universales –principios y parámetros–, pero solamente prosperan y se manifiestan los que la interacción consiente.

Por otro lado, una sociolingüística cognitiva ha de explicar cómo se originan los procesos de categorización de los objetos lingüísticos y sociales. Según Schütz (1974; 1999), el uso mismo de la lengua supone una tipificación que los hablantes construyen al manejarla en su comunidad. En cualquier situación de la vida cotidiana, una acción viene determinada por tipos o categorías constituidos en experiencias anteriores, ya que las personas tipifican rutinariamente y se auto-tipifican también desde un punto de vista lingüístico. Por eso, para el antropólogo Evans-Pritchard (1961), las sociedades siempre disponen de elementos de regularidad que ayudan a las tipificaciones y categorizaciones. Todo ello tiene puntos de contacto con, pero se sitúa muy lejos de, la base sociológica que ha venido inspirando a la sociolingüística variacionista de origen estadounidense.

El desarrollo de una sociolingüística cognitiva exige la aplicación de conceptos como los de «prototipo», «categoría cognitiva», «centralidad», «ejemplar» o «construcción», entre otros (Langacker 1987; Lakoff 1987; Cuenca y Hilferty 1999). A partir de esta base conceptual, sería posible afrontar los conceptos teóricos de «comunidad de habla», «clase» y «agrupación social» o «variable» y «variante sociolingüística», entre otros, de un modo diferente al de la sociolingüística más convencional. La sociolingüística cognitiva se presenta como una metateoría que aglutina las propuestas de diversas teorías sociolingüísticas desde un enfoque dinámico del uso de la lengua. De este modo, la sociolingüística cognitiva supera la parcelación epistemológica de la disciplina, que buscaba una adaptación a cada objeto de estudio, para proponer un denominador común a todos los análisis sociolingüísticos. Coulmas (2005) intentó hacerlo utilizando como eje vertebrador el concepto de «elección lingüística», pero una teoría basada en el modelo de la elección racional no es suficiente para el estudio de la lengua y la comunicación. Es imprescindible combinar ese criterio con los de categorización, percepción, acomodación y uso, aportando una sustancia subjetiva imprescindible para la comprensión de la conducta lingüística. Además, el carácter integrador que se intenta imprimir a la sociolingüística cognitiva obliga a aceptar, de un modo conveniente, toda una diversidad de objetos de interés, que van desde la construcción lingüística, el discurso político, la visión del mundo o la variación sociolingüística, a la percepción de las variedades. Ese es nuestro reto.

¿Es posible una sociolingüística cognitiva?

En 1970, el criollista David DeCamp se preguntaba: «Is a Sociolinguistic Theory Possible?». Varias décadas después replanteamos la cuestión y respondemos que naturalmente que es posible una sociolingüística cognitiva. Se trata de una sociolingüística que exige tanto investigación básica como aplicada por parte de los lingüistas y que, en todo caso, ha de mostrarse «aplicable» para un mejor conocimiento de la lengua y la sociedad. Esta sociolingüística no encuentra dificultades insalvables para aceptar entre sus intereses prioritarios la mejor comprensión de la vida social y, en definitiva, del ser humano, incluidos sus instrumentos de comunicación. Para adentrarnos en esta sociolingüística cognitiva –o lingüística sociocognitiva, si se quiere–, hemos optado por la vía de la propuesta razonada. Proponemos una forma de entender la lengua en su contexto social, explicándola desde su percepción subjetiva e interpretando la comunicación desde su uso. Y lo hacemos presentando argumentos referidos a los ámbitos más importantes en los que se manifiestan las dimensiones sociales de la lengua, desde la concepción misma del instrumento y la interacción lingüísticos hasta la aplicación de una metodología adecuada para su estudio. Entre los antecedentes más lejanos de este enfoque lingüístico, merecen ponderarse las renovadoras ideas de Mijaíl Bajtín, firmadas por él o por Voloshinov (1929), en las que no solamente se criticaban las aporías creadas por la pugna entre el objetivismo estructuralista de Saussure y el subjetivismo idealista de Vossler, sino que se acentuaba la importancia de las relaciones entre contexto, interacción y discurso (Morris 1994), como hace la lingüística sociocognitiva.

Esta *Sociolingüística cognitiva* se articula en series de proposiciones, acompañadas de unos escolios o comentarios, que las desarrollan, matizan y ejemplifican. Todas ellas en conjunto ofrecen algo más que una suma de proposiciones generales, pues aspiran a configurar un sistema teórico que pueda someterse a verificación empírica en cada una de sus facetas. Tras las proposiciones y correspondientes escolios resaltaremos aspectos que hayan sido –sigan siendo o puedan ser– materia de debate dentro de nuestro campo de estudio. Los debates son una forma de sistematizar los objetivos de las distintas corrientes teóricas que se ocupan de la lengua en su contexto social y han de servir para destacar cuáles son los asuntos de mayor interés o complejidad, para marcar las posiciones más encontradas y para presentar el punto de vista de la sociolingüística cognitiva a propósito de cada aspecto, bien por ofrecer alternativas al debate, bien por alinearse con algunas de las posiciones teóricas enfrentadas. Esta forma de presentar argumentos y opciones teóricas tiene como ventaja su adecuación para el tratamiento de temas complejos, siempre que no se caiga en el maniqueísmo.

La organización interna de este libro ofrece un recorrido por derroteros que afectan a la investigación de la lengua desde un planteamiento cultural, social y situacional. Se parte de una presentación de las lenguas como producto o recurso de una dinámica social y compleja, y se establecen los fundamentos teóricos que permiten una interpretación cognitiva de la comunicación y de la variación lingüística. A continuación, se analizan, desde un modelo sociocognitivo, las realidades sociales en que se insertan los usos lingüísticos, así como la forma en que se interrelacionan la visión del mundo y la sociedad con el discurso, para dar paso a un análisis cognitivo de los planos semántico, gramatical y fónico. Como toda epistemología exige, se presentan las principales consecuencias metodológicas derivadas de la aplicación de una sociolingüística cognitiva, prestando especial atención a la entrevista y a su dinámica interna. Finalmente, se analizan los procesos de percepción de las variedades lingüísticas y de las situaciones de lenguas en contacto, con un mayor detenimiento en los contextos de uso de las lenguas española e inglesa.

Al conceder clara prioridad a lo cognitivo, podría percibirse que esta obra continúa la línea abierta por autores como Dirk Geeraerts o Gitte Kristiansen (Geeraerts 2005; Kristiansen 2001; 2004; 2008; Kristiansen y Dirven 2008; Geeraerts, Kristiansen y Peirsman 2010) y hasta cierto punto es así, puesto que se intenta incidir en una visión de la lengua que coincide en gran parte con lo formulado por estos autores. Pero se hará, no desde la exploración de las posibilidades que ofrecen ámbitos sociolingüísticos específicos o analizando niveles o aspectos concretos, sino desde una aplicación integral y panorámica del cognitivismo sobre la lengua y su uso social, buscando sus fundamentos en todos los planos y niveles. Para ello ha sido necesario adoptar, junto a las propuestas cognitivistas, otros planteamientos teóricos, como el modelo de la lengua como sistema adaptativo complejo, la lingüística basada en el uso, la teoría de la elección o la teoría de la acomodación comunicativa, además del variacionismo. Esta es la razón de que la sociolingüística cognitiva se presente como un modelo metateórico.

El índice de esta obra tal vez recuerde el de cualquier manual de sociolingüística, pero nuestra intención primordial ha sido la de revisitar o reanalizar, de un modo integral, cada aspecto de la vida social de las lenguas desde posiciones cognitivistas y desde una interpretación de las lenguas como sistemas adaptativos y complejos. Ofrecemos, pues, un panorama cognitivista de la sociolingüística, aunque no renunciamos a que alguien pueda entenderlo como un cuadro sociocognitivista de la lingüística o, tal vez, simplemente como una «lingüística relacional». No descartamos la posibilidad de que nuestra propuesta metateórica pueda interpretarse como una maniobra de *aggiornamento* de la sociolingüística tradicional para adaptarla a un marco cognitivista –y no deja de ser verdad en cierta medida–, pero entendemos que los argumentos cognitivistas han formado parte de la sociolingüística desde los años setenta y que han ido aflorando poco a poco (Labov 1972; Sankoff

1978; Sankoff y Laberge 1978; Romaine 1982; Lavandera 1984), hasta constituir un modelo latente que solo en los últimos años ha podido eclosionar.

Por último, la versión final de estas páginas se ha beneficiado de un modo directo de los comentarios que leal y generosamente me han anotado cuatro especialistas por quienes siento tanto respeto profesional como afecto personal: Rocío Caravedo, Humberto López Morales, Pedro Martín Butragueño y Juan Villena Ponsoda. Ellos han hecho que mi trabajo sea más valioso, aunque no haya podido esconder mis limitaciones, que quedan ahora sometidas al juicio de los lectores. Como apuntaba Paul Valéry en sus cuadernos, el hombre ha de ser padre e hijo de sus ideas.

CAPÍTULO 1

LA NATURALEZA DINÁMICA Y COMPLEJA DE LAS LENGUAS

Las definiciones convencionales de «sociolingüística» remiten a un espectro conceptual tan amplio que aceptarían un tratamiento de la materia desde casi cualquier perspectiva. En principio, el estudio sociolingüístico obliga a la consideración de realidades ajenas a la lengua misma y exteriores al individuo, permitiendo eludir tanto elementos de lo que el generativismo llama la *lengua-i* como entidades netamente psicológicas (Chomsky 1999). Siendo así, podrían considerarse irreconciliables los conceptos de «procesamiento psicolingüístico» y de «interacción comunicativa» o los de «organización social» y de «conducta individual», de modo que las nociones de «cognición», «enunciación», «interacción» o «socialización» no podrían conjugarse dentro de un mismo análisis sociolingüístico. Sin embargo, diversas aportaciones recientes de la lingüística, preocupadas por el origen del lenguaje, el funcionamiento del cerebro, la variación lingüística, los procesos de aprendizaje o los intercambios comunicativos, abren la puerta a una sociolingüística donde lo individual se proyecta en lo social y donde lo cognitivo se modela mediante la interacción lingüística contextualizada. Todo ello requiere el reconocimiento de la naturaleza dinámica de la lengua y su interpretación como un sistema adaptativo complejo. Esta interpretación, que tiene entre sus fundamentos el concepto de «uso lingüístico», encuentra sus antecedentes más directos en los años sesenta (Greenberg 1966), aunque ha tomado forma en la primera década del siglo XXI («The Five Graces Group» 2007; Ellis y Larsen-Freeman 2009).

A. Sobre la naturaleza dinámica de las lenguas

Proposición 1.1

El lenguaje es una capacidad humana que se manifiesta en forma de variedades lingüísticas, que se utiliza para la comunicación con fines diversos, que se ejercita de manera colectiva y cuyo origen y configuración están íntimamente relacionados con la vida social.

Proposición 1.2

La lengua es un fenómeno histórico surgido en el desarrollo de la especie humana por el efecto combinado de procesos de pensamiento, habilidades perceptivo-motoras, capacidades cognoscitivas y factores socio-pragmáticos, que operan recíprocamente.

Proposición 1.3

La lengua es un factor inherente y fundamental de la sociedad y la cultura, que posibilita la progresiva elaboración, transmisión y reforma del conocimiento.

Proposición 1.4

Los usos lingüísticos son realidades emergentes, producidas y percibidas como tales.

Proposición 1.4.1

Los usos lingüísticos son esencialmente variables y reflejan la forma de las lenguas a la vez que la determinan.

Proposición 1.4.2

Los usos lingüísticos se producen en escenarios discursivos, entendidos como modelos cognitivos de interacción verbal que surgen en contextos específicos de una realidad social y que están integrados por secuencias de actos de habla.

Proposición 1.5

La lengua es un *sistema adaptativo complejo* de uso dinámico, en el que los procesos de adquisición, de uso y de cambio lingüísticos no son independientes entre sí, sino aspectos de un mismo sistema.

Proposición 1.5.1

Las características principales de las lenguas como sistemas adaptativos complejos son la multiplicidad de agentes, el uso acumulativo de interacciones, la concurrencia de factores en la conducta del hablante y la emergencia de patrones de interacción, experiencia y cognición.

Proposición 1.5.2

La cooperación comunicativa interindividual convierte la lengua en un fenómeno emergente, con una existencia social crecientemente compleja y una existencia individual basada en factores de naturaleza cognitiva, psicomotriz, perceptiva y experiencial, de modo que las variantes preferidas por el uso lingüístico social acaban integrándose gradualmente en la mente individual.

Escolio 1-A

En 1929, Mijaíl Bajtín –con el nombre o a través de Valentín Voloshinov– supo resaltar la importancia de la *interacción* como fundamento lingüístico y como vía para superar la dicotomía «lengua / habla» (pp. 45-64; 83 y ss.). En su argumentación estaba la idea de que la lengua es una capacidad individual que se construye y ejercita de forma esencialmente colectiva e interactiva dentro de un entorno cultural. Este entorno conduce a una reflexión sobre lo que las sociedades consideran importante a lo largo de su historia y refleja una interacción compleja de sus condiciones biológicas y sociales. Desde esta perspectiva, es clara la existencia de un vínculo que une el origen, el desarrollo y el uso de las lenguas con la vida social de las comunidades que se sirven de ellas para la comunicación, en cualquiera de sus fines y funciones. Decía Ortega y Gasset (1924) que nuestra vida es un dinámico diálogo con el entorno, un diálogo que se establece a través de la función psíquica de la percepción, que condiciona la realidad física y humana que nos circunda. El entorno del ser humano, como individuo y como colectividad, adquiere forma a través de unas percepciones, internas y externas, que, sin ser la realidad misma, nos llevan a interpretarla y «visualizarla» de unas maneras particulares. Los sonidos del lenguaje son realidades físicas mensurables, pero solo tienen relevancia lingüística en la medida en que son percibidos o no percibidos por unos oyentes. Las palabras son realidades lingüísticas identificables en la escritura y en la oralidad, pero su percepción puede ser borrosa por cuanto hay secuencias léxicas que se sienten como una sola palabra, al tiempo que hay cadenas de sonidos que son prácticamente insegmentables para el hablante que no conoce la lengua o variedad a la que pertenecen.

Por otra parte, los significados lingüísticos parecen venir socialmente preestablecidos, pero la interacción desencadena procesos de negociación semántica, basados en la percepción de intenciones comunicativas, cuyo éxito no siempre está garantizado, como revela el interesante terreno de los malentendidos. Los hechos lingüísticos adquieren su valor cuando son considerados como rasgos producidos y como rasgos percibidos, ya que en la conexión de producción y percepción es donde emerge la lengua con toda su variabilidad. A su vez, la lengua es un elemento articulador de las sociedades y las culturas, responsable principal de la transmisión de conocimientos y, por lo tanto, de la supervivencia de los colectivos humanos. Su forma de hacerse presente en la sociedad es a través de las interacciones –sean directas, sean diferidas– que han de producirse en contextos concretos cuya incidencia sobre la comunicación no solo depende de sus características morfológicas, sino también del modo en que son percibidos y corporeizados por los hablantes. La naturaleza de la lengua se deriva de su función en la interacción social. Si bien las interacciones sociales no siempre son cooperativas ni responden al conflicto, finalmente suelen caracterizarse por lo que los filósofos de la acción han llamado «actividad cooperativa» (Bratman 1992; 1993; 1997).

Pero hay una interpretación que explica aún mejor el fenómeno lingüístico en su conjunto; es la que presenta la lengua como un sistema adaptativo complejo de uso dinámico. Esto implica la existencia obligada de multiplicidad de agentes, que se comunican entre sí ante la concurrencia de una serie de factores lingüísticos y extralingüísticos, provocando la emergencia acumulable de pautas de interacción, de experiencia y de cognición, incluida la cognición social. Porque, como ocurre con otras realidades, la lengua y la cultura son fenómenos emergentes de una existencia social crecientemente compleja (Solé 2009: 20): frente a una concepción mecanicista del todo y las partes (mecanismos de reloj, autómatas, dinámica de estímulos y respuestas), existe una dinámica de cooperación para la creación de organismos de distinta naturaleza. Esta interpretación de la lengua encuentra un apoyo metodológico fundamental en el concepto de «uso lingüístico» y coincide parcialmente con la visión adoptada desde la llamada «lingüística secular» (Trudgill 2003) o «lingüística realista», que también concibe la lengua como un sistema dinámico complejo (Martín Butragueño 2004; 2010).

El uso comunicativo fue ignorado en la concepción del estructuralismo y omitido en la base del generativismo; sin embargo, es fundamental en la configuración de los sistemas lingüísticos. El uso supone la existencia de interacciones, frecuencias, secuencias, variaciones y cambios lingüísticos, todos ellos constituyentes de los sistemas. No estamos ante una manifestación de los sistemas, sino ante un factor con capacidad de determinar la forma lingüística misma y de hacerlo, por un lado, mostrando preferencia por ciertas variantes –y no otras– en unas condiciones contextuales determinadas; y, por otro lado, integrando las formas preferidas en la competencia individual. Esto significa, desde una perspectiva cognitivista, que las preferencias personales hacen posible la corporeización (*embodied*) de los usos, de tal forma que las variantes preferidas por el uso social acaban integrándose gradualmente en la mente individual (Bernárdez 2005); y significa, desde una perspectiva sociológica, que las variantes preferidas en el uso acaban incorporándose al *habitus* del individuo, tal y como lo formuló Bourdieu (1982), porque las lenguas solo existen en estado práctico, es decir, bajo la forma de habitus lingüísticos y de producciones orales.

Al proponer un modelo de lengua como «sistema adaptativo complejo», se acepta que la comunicación es una actividad cooperativa en la que se produce el reconocimiento de la intención del hablante por parte de un oyente (Grice 1989) y en la que se activa un mecanismo fundamental para la coordinación comunicativa: la *convención*. La convención surge de la regularidad del comportamiento y funciona como un procedimiento fundamental en el proceso de construcción de la cultura humana. La cooperación lingüística consiste en la elección, por parte de un hablante, de unas palabras y unas construcciones gramaticales –entendidas como convenciones– con el fin de comunicar algo. A partir de aquí la lengua actúa en cuatro niveles (Clark 1996; «The Five Graces Group» 2007): la producción de enunciados; la formulación e identificación de las proposiciones; la señalización y reconocimiento de las intenciones comunicativas; y la propuesta y ejecución de las acciones conjuntas. Pero las elecciones que practica el hablante no se producen *ex novo* en cada una de sus acciones, sino a partir del uso de convenciones fijadas en situaciones previas similares. En tal proceso cooperativo, no podría olvidarse la posibilidad del malentendido, de la comunicación defectuosa e indeterminada, lo que contribuye a un estado de indefinición aparente –no siempre desordenada (Martín Butragueño 2000)– que favorece la variación y el cambio lingüísticos.

B. Sobre la percepción de la realidad sociolingüística

Proposición 1.6

La percepción sociolingüística implica una ordenación, una categorización y una simplificación de la realidad, con un grado suficiente de adecuación.

Proposición 1.7

La categorización sociolingüística más relevante es la que ordena los individuos por comunidades y por agrupaciones sociolingüísticas.

Principio 1.8

La percepción sociolingüística es el fundamento de las actitudes lingüísticas y sociolingüísticas de los hablantes de una comunidad hacia sus variedades y hacia las variedades ajenas.

Proposición 1.9

La extracción y evaluación de la información sociolingüística a partir de la lengua hablada se produce por medio del monitor sociolingüístico.

Proposición 1.9.1

La información almacenada por el monitor sociolingüístico es independiente de la información puramente lingüística.

Proposición 1.9.2

La función del monitor sociolingüístico es independiente del género, la etnia y la región de procedencia de los hablantes de una comunidad.

Escolio 1-B

El concepto de «percepción» es, sin duda, uno de los fundamentos de la sociolingüística cognitiva o, si se prefiere, de una lingüística sociocognitiva. Desde esta posición, los hechos y procesos sociolingüísticos no habrían de definirse exclusiva ni prioritariamente por sus rasgos intrínsecos, más o menos objetivados, sino por la forma en que son percibidos, más o menos subjetivamente, por los hablantes. No bastaría, pues, con caracterizar los niveles socioculturales de acuerdo a una jerarquía de profesiones o según un espectro de niveles académicos, ni sería suficiente medir los formantes vocálicos producidos por los hablantes de una edad determinada para saber si les son característicos, ni bastaría con recontar los casos de un morfema frente a su alternativo en el discurso de hombres o mujeres, ya que la incidencia de todo ello se sustanciaría en el modo en que fuera percibido. Paul Valéry lo apuntó en 1926 (2007: 177): estamos a merced de lo que se produce en nuestro campo de percepción. La percepción es un proceso de cognición y, por lo tanto, el aparato epistemológico de la lingüística cognitiva resulta de aplicación sobre cualquier ámbito perceptivo de las lenguas.

El peso de la percepción en la interacción comunicativa no niega la importancia de las realidades lingüísticas y sociales, cuantificadas y puestas en correlación; simplemente ha de aceptarse que tales realidades lo son también en tanto que percibidas. La sociolingüística tradicional se ha esforzado por demostrar que la conducta individual incluye componentes que obedecen a pautas sociales y que el análisis sociolingüístico permite acceder al conocimiento de cómo las realidades sociales inciden sobre el uso lingüístico. Por este motivo resulta importante establecer límites cuantitativos objetivos en el seno de factores como la clase social, el nivel educativo o el sexo: lo que no es producto de decisiones individuales de los hablantes puede responder a tendencias del grupo al que pertenecen. Así, la estadística sociolingüística puede detectar lo que el hablante no percibe. En tal caso, ¿dónde surgen los problemas? En el punto en que tales factores no se revelan como determinantes; cuando los niveles socioeconómicos, perfecta y objetivamente delimitados, el sexo o la edad no son capaces de aportar explicación alguna sobre un hecho lingüístico variable. Porque la percepción de tales factores también puede explicar el porqué de su incidencia –o de la falta de ella– sobre el uso lingüístico. Mal puede un hablante divergir de la conducta social o lingüística de otro si no es capaz de percibir las semejanzas. La percepción o no percepción de los elementos sociales y lingüísticos tiene una incidencia notable sobre el uso de la lengua y sobre el proceso interactivo en su conjunto, de ahí que no sea suficiente el análisis sociolingüístico tradicional.

Uno de los conceptos de naturaleza cognitiva que la sociolingüística tradicional puso en circulación fue el del «monitor». La teoría del monitor ha sido de gran importancia para la explicación socio-estilística de la variación y es prueba de la preexistencia del cognitivismo en la sociolingüística, incluso en una época en que se daba preferencia a la medición de realidades objetivas. La teoría del monitor responde a unos planteamientos de base psicosociológica según los cuales el hablante es capaz de prestar atención y valorar tanto su propio conocimiento lingüístico, como su producción lingüística, influyendo en el resultado comunicativo de las interacciones. La monitorización por parte de un hablante consiste en prestar atención a su propio discurso y en tener la capacidad de modificar conscientemente sus manifestaciones comunicativas. En lo que ahora más nos interesa, la teoría del monitor –ampliamente conocida en el ámbito del aprendizaje de lenguas (Krashen 1982)– ha resultado muy exitosa para el estudio de los estilos de habla. Según William Labov (1966: 60-88), los estilos de la lengua hablada pueden ordenarse en un solo parámetro —el grado de atención prestado por el hablante a su discurso— que permite construir una escala de estilos con diverso grado de formalidad.

El alcance de la teoría del monitor ha llegado con plena vitalidad hasta nuestros días y la importancia de su dimensión cognitiva se ha ido reforzando conforme la ascendencia del cognitivismo ha ido aumentando en el panorama de la investigación lingüística. Prueba de ello es un trabajo del mismo William Labov titulado *The Cognitive Capacities of the Sociolinguistic Monitor* (2008), en el que presenta algunas pruebas encaminadas a determinar la sensibilidad de los oyentes a las frecuencias de uso de las variables *-ing* y /r/ en el inglés de Filadelfia, Carolina del Sur y Boston/New Hampshire. Labov maneja las reacciones de una serie de jueces adultos hacia las frecuencias de variantes con un grado mayor o menor de desvío de la norma y comprueba que los hablantes muestran una menor sensibilidad hacia los cambios fónicos en marcha, mientras se tiene una mayor conciencia de aquellos usos que están bien estratificados social y estilísticamente, y que así son percibidos durante la producción. Según Labov, hay razones para creer que la información del monitor sociolingüístico se almacena de forma independiente de la información léxica y gramatical, y que los rasgos menos percibidos funcionan de manera ajena al perfil dialectal, sexual y étnico del hablante, aunque también se ha observado que tal sensibilidad se desarrolla con la edad y en correlación con la clase social.

La percepción sociolingüística implica una ordenación y una simplificación de la realidad, que conducen a procesos de categorización y tipificación. La categorización es un proceso básico de la percepción social –y sociolingüística– que implica una simplificación de la realidad, pero manteniendo un grado suficiente de adecuación a esta (Bruner 1986; Morales 2007). En la interacción comunicativa, la categorización más relevante es la que supone la identificación de los individuos por agrupaciones sociolingüísticas o dialectales. Por otro lado, la elaboración de tipos cognitivos supone una abstracción perceptiva privativa de cada hablante, aunque la lengua también incluya contenidos nucleares intersubjetivos que implican un consenso social (Eco 1999: 143 y ss.). A la hora de explicar las relaciones personales en el seno de la sociedad, Alfred Schütz afirmaba, en esta línea, que no le interesaba tanto la interacción física de las personas, como el modo en que se comprenden recíprocamente sus conciencias, a través de la intersubjetividad.

C. Sobre el espacio teórico de una sociolingüística cognitiva

Proposición 1.10

La sociolingüística cognitiva se integra en el ámbito de la lingüística cognitiva experiencial y comparte principios fundamentales con las teorías de la interacción comunicativa y con las de la variación y el cambio lingüísticos, así como con las sociologías dinámicas de la situación.

Proposición 1.11

La sociolingüística cognitiva es una metateoría de la interacción social y comunicativa, y de la forma en que esta configura interna y externamente las lenguas.

Proposición 1.12

La sociolingüística cognitiva aporta un programa desde el que interpretar el origen de las lenguas, la adquisición de las lenguas primeras y segundas, así como la historia, la variación y el cambio lingüísticos.

Proposición 1.13

Los objetos de estudio preferentes de la sociolingüística cognitiva son el uso de la lengua en sociedad, la variación y el cambio lingüístico, la acomodación y la elección lingüísticas, así como las implicaciones y consecuencias lingüísticas de las estructuras, las dinámicas, las organizaciones y los contextos sociales.

Escolio 1-C

Cuando Hymes (1964) categorizó las áreas de la realidad sociolingüística, distinguió cuatro niveles que reflejan, de un lado, la totalidad del sistema frente a la individualidad de los rasgos y, de otro, la realidad potencial frente a la actualizada. Los niveles, definidos por estos factores, serían el de la *estructura* (el sistema en su potencialidad), el de la *dinámica* (el sistema en su actualización), el de los *agentes* (los hechos particulares como posibles) y el de los *actos* (los hechos actualizados). Pues bien, si es cierto que existen especialidades sociolingüísticas capaces de tratar con minuciosidad cada una de estas áreas (como el variacionismo o la etnografía de la comunicación), no lo es menos que la posibilidad de una sociolingüística que integre todos esos niveles en su aparato explicativo supondría para la especialidad una propuesta deseable y un entramado epistemológico más potente y ambicioso que el que hasta ahora se ha venido manejando. Una sociolingüística con recursos teóricos para ensamblar los sistemas con los actos podría afrontar lo que ha sido un asunto clave para la sociología: el problema de la formulación teórica de las relaciones entre el sistema social y la personalidad del individuo (Parsons 1937; Simmel 1971).

La sociolingüística cognitiva es un programa teórico lo suficientemente amplio y lo bastante sólido como para abordar el tratamiento integrado de los distintos niveles de la realidad sociolingüística, ya que los procesos cognitivos son capaces de articular la vinculación entre lo individual y lo social, entre lo particular y lo sistemático. Y no se entienda que el manejo de la cognición en la explicación sociolingüística es novedad absoluta porque siempre incluyó un componente de tal naturaleza. En realidad, podría decirse que hablar de sociolingüística cognitiva es una tautología porque toda sociolingüística ha de ser necesariamente cognitiva, como toda teoría que aspira a explicar la lengua en su conjunto ha de ser necesariamente social. Esta sociolingüística cognitiva se presenta como una metateoría o modelo integrador, que no aspira a negar la existencia ni el ejercicio de otras formas de investigar. Entendemos que la sociolingüística cognitiva no es incompatible con otras interpretaciones de la realidad lingüística y social de las comunidades de habla. Así como las relaciones interpersonales no niegan la existencia de los procesos mentales –antes bien, se sustentan en ellos–, la lingüística de la interacción reclama con insistencia la atención a los procesos psicolingüísticos. En consecuencia, la sociolingüística cognitiva aspira a ocuparse de lo socio-interactivo y de lo psico-sociolingüístico, siempre con el espíritu de ser una disciplina teórica y al tiempo aplicada o, al menos, aplicable a realidades sociales y comunicativas concretas. En este sentido, los factores cognitivos se revelan como esenciales para la explicación sociolingüística.

Una sociolingüística de las características que se están comentando no puede elaborarse al margen de lo que viene haciendo la lingüística cognitiva. Dentro del mapa conceptual de esta (Geeraerts 2006: 19), la sociolingüística cognitiva quedaría situada en el plano de la lingüística cognitiva experiencial, que se ocupa, por una parte, de la relación entre lengua y habla, mediante el modelo de la «lingüística basada en el uso» (Bybee 2001), la «gramática cognitiva» (Langacker 1987) o la llamada «gramática de construcciones» (Fillmore 1995; Lakoff 1987), y, por otra parte, de las relaciones entre léxico y gramática. Efectivamente, la sociolingüística estaría relacionada con una lingüística cognitiva basada en la experiencia, frente a una lingüística cognitiva de perspectivas, de dinámica o no autónoma, aunque tomaría conceptos de todas ellas. La perspectiva experiencial implica que las palabras u otras estructuras significativas no son realidades objetivas ni están basadas en reglas lógicas, sino que suponen la entrada en acción de asociaciones e impresiones que forman parte de la experiencia del hablante (Ungerer y Schmid; en Cuenca y Hilferty 1999: 194).

La sociolingüística cognitiva vendría a alinearse con aquellas tendencias que no intentan definir las realidades por su esencia, sino por sus manifestaciones.

Frente a la lingüística que pretende dar respuestas absolutas a preguntas rotundas del tipo «¿qué es el significado?» o «¿qué es la gramática?» surge una lingüística no esencialista con dos manifestaciones principales, según Janicki (2006): la lingüística cognitivista y la lingüística integral (Roy Harris 1981). Janicki propone la aplicación de una guía para una concepción «no esencialista» de la lengua, que incluye afirmaciones como estas, adaptadas convenientemente a nuestros actuales intereses:

a) No es importante hacer distinciones entre disciplinas y subdisciplinas porque no hay fronteras nítidas entre ellas (por ejemplo, entre pragmática y sociolingüística). Consecuentemente no hay que discutir sobre límites disciplinares porque pueden traspasarse con toda libertad.

b) La elaboración de taxonomías no debe ser el objetivo principal de un estudio.

c) Lo importante es lo que uno hace y no cómo uno llama a lo que hace.

d) En la investigación deben desecharse expresiones como «típico estudio sociolingüístico», «sociolingüística propiamente dicha», «estrictamente hablando» o «en el auténtico sentido de la palabra».

En definitiva, lo importante en la construcción del razonamiento científico es la validez de los argumentos que se emplean para ello. Hemos insistido en que la sociolingüística cognitiva se presenta como una metateoría, que incorpora una variedad de perspectivas en torno a unos principios generales. Tales perspectivas no son inéditas, sino que han orientado la elaboración de un número importante de trabajos bajo el marbete de enfoques, teorías o modelos diferentes. De todos los que se han ocupado y preocupado por la lengua en su uso social, los modelos teóricos que más fácilmente se integran en una sociolingüística cognitiva son el de la acomodación comunicativa, el ecolingüístico, el variacionista y, naturalmente, el de la lingüística basada en el uso. Su integración se produce sobre un modelo teórico de base que es el de la lingüística cognitiva general, y de una concepción de la lengua como sistema adaptativo complejo.

El *modelo de la acomodación comunicativa* es fundamental para una sociolingüística cognitiva (Giles 1984; Shepard, Giles y Le Poire 2001). Como es sabido, la teoría de la acomodación comunicativa se interesa por los procesos cognoscitivos que se producen entre la percepción del contexto social y la conducta comunicativa. Pretende explicar algunas de las motivaciones subyacentes a los usos y a los cambios en los estilos de habla, así como las consecuencias sociales que de ellos se derivan. Los principios básicos de la teoría son los de *convergencia* y *divergencia*, entendida la primera como una estrategia comunicativa que los hablantes siguen para adaptarse a una situación y a los usos lingüísticos de sus interlocutores; y la segunda como un procedimiento por el que los hablantes acentúan sus diferencias respecto de otros individuos. Los fines que determinan la conducta convergente de los hablantes son la aprobación social por parte del oyente, la mejora de la eficacia comunicativa y el mantenimiento de las identidades sociales positivas. El deseo de ver cumplidos estos fines lleva a los hablantes a acomodar o adaptar su habla en las más diversas condiciones. Frente a estas conductas, la divergencia aparece cuando se quiere mantener la distancia social y lingüística respecto de individuos que pertenecen a grupos sociales diferentes. La teoría de la acomodación concede relevancia no tanto al oyente, como a la interacción comunicativa entre un hablante y su interlocutor.

El *modelo ecolingüístico* o *ecología del lenguaje* (Haugen 1972; Fill y Mühlhäusler 2001) encierra en sí mismo una multiplicidad de formas para entender la vida de la lengua en entornos culturales y sociales. Haugen (1974: 325) definió la ecología del lenguaje como el estudio de las interacciones entre una lengua dada y su entorno o medioambiente. Si la sociolingüística cognitiva considera que toda acción lingüística se sitúa en un entorno sociocultural y en un contexto situacional, está adoptando una perspectiva cercana a la ecología de la lengua.

La *sociolingüística variacionista* (Labov 1966; 1972) es uno de los pilares para la construcción de la sociolingüística cognitiva. Todo lo que tiene que ver con la variación lingüística, con las variables y sus variantes, así como con las variedades, ha de fundamentarse en los principios y técnicas de la sociolingüística laboviana porque han demostrado una capacidad explicativa superior a ninguna otra iniciativa teórica. Esto no es óbice para entender que el estudio de la lengua en sociedad va más allá de la variación y que es conveniente prestar atención al uso en sus más diversas manifestaciones.

La teoría de la *lingüística basada en el uso* (Bybee 2001; 2010) propone que la organización cognitiva de la lengua se fundamenta directamente en la experiencia con la lengua misma. La lingüística basada en el uso no considera posible formular teorías lingüísticas construidas únicamente sobre la introspección, prescindiendo de los datos reales, entre otras razones porque el contexto de uso tiene responsabilidades directas en relación con las estructuras y representaciones lingüísticas. La vinculación de este modelo con las teorías cognitivistas es clara cuando se constata que el lenguaje está directamente conectado con otros sistemas cognitivos, como la memoria o la percepción. La importancia del uso es tal, para la adecuada comprensión del lenguaje, que las expresiones lingüísticas son siempre realidades emergentes en el discurso y mantienen una relación dinámica con las representaciones cognitivas. Por eso, la frecuencia se convierte en un factor fundamental para comprender tanto los usos lingüísticos como su evolución a lo largo del tiempo. La variación y el cambio, el aprendizaje y la adquisición solo pueden entenderse desde la experiencia del uso lingüístico. En consecuencia, la proyección metodológica de esta teoría exige prestar atención a los corpus de lengua hablada y escrita para un adecuado estudio del uso lingüístico (Barlow y Kremmer 2000; Baker 2010).

Los objetivos de una sociolingüística cognitiva son abarcadores y complejos, y entre ellos se pueden identificar tres ámbitos generales de interés.

a) El de los orígenes sociales de la lengua y de su variación (sociolinguo-génesis), así como del uso de la lengua y su interpretación como un sistema adaptativo complejo. Estaríamos, pues, ante una *sociolingüística filogenética*.

b) El de las diferencias lingüísticas nacidas de factores sociales y culturales, que constituyen la dinámica de la variación (sociolinguo-morfosis). Estaríamos, en este punto, ante una *sociolingüística fenotípica*.

c) El de la interacción comunicativa en todas las dimensiones del uso lingüístico (sociolinguo-praxis), incluida la psicosocial, la etnográfica o la discursiva. Esta sería una *sociolingüística interactiva*.

La sociolingüística cognitiva reconoce la importancia del componente social tanto en el origen de la lengua, como en su forma y en su dinámica. Así, lo sociolingüístico se explica usando como base la cognición, en todas sus manifestaciones: desde la percepción a las actitudes y desde la construcción de la gramática a la formación de los significados. Los mapas cognitivos de estos ámbitos –con sus espacios, caminos, bordes, nodos e hitos– son capaces de guiarnos por las rutas más adecuadas para una comprensión más clara, lógica y significativa del uso de la lengua en sociedad.

Los objetos de estudio preferentes de una sociolingüística cognitiva son el uso de la lengua en sociedad, la variación y el cambio lingüístico, la acomodación lingüística y la elección lingüística. Tal amplitud de miras queda perfectamente reflejada en la multiplicidad de focos de interés, desde los de base sociológica con evidentes proyecciones aplicadas (políticas multilingües, integración de la inmigración, enseñanza de idiomas, educación e integración social, comunicación intragrupal, comunicación profesional), hasta los que ofrecen una base esencialmente lingüística (adquisición de lenguas, desarrollo del lenguaje infantil, procesos de transdialectalización, variación lingüística y cambio lingüístico, variación estilística, dialectos y jergas, mecanismos de conversación, formas de tratamiento, elección y sustitución de lenguas, deterioro y muerte de lenguas, consecuencias del contacto de lenguas, interlenguas).

D. Sobre algunos conceptos fundamentales de la sociolingüística cognitiva

Proposición 1.14

Los conceptos de la lingüística cognitiva que sirven de fundamento a la sociolingüística cognitiva son «percepción», «prototipo», «esquema», «categoría», «frecuencia» y «uso».

Proposición 1.15

Los conceptos de las teorías de la interacción comunicativa que sirven de fundamento a la sociolingüística cognitiva son «acomodación» y «actitud».

Proposición 1.16

Los conceptos de las teorías de la variación y el cambio lingüísticos que sirven de fundamento a la sociolingüística cognitiva son «variación» y «elección».

Proposición 1.17

Los conceptos de las sociologías dinámicas de la situación que sirven de fundamento a la sociolingüística cognitiva son «contexto», «red», «interacción comunicativa», «discurso» y «acto».

Escolio 1-D

Dentro de la sociolingüística cognitiva, el concurso de modelos y tendencias de diferente procedencia teórica viene acompañado de la introducción de conceptos esenciales procedentes de cada una de ellos. Así, los conceptos de «uso», «interacción», «acomodación», «variación» y «frecuencia» son ladrillos que permitirán la construcción de nuestro particular edificio sociocognitivista, así como los que directamente se derivan de ellos: «convergencia» y «divergencia», «cambio lingüístico», «contexto», «red» y «discurso». Por no recibir a menudo el tratamiento destacado que merece, resaltamos la esencial función que la «frecuencia» cumple para la epistemología social del lenguaje, ya que es la base empírica para la categorización que practica el hablante de la realidad social y lingüística. Otros conceptos son capaces de asumir parte del contenido de varios de ellos, como ocurre con el de «elección» (Coulmas 2005), con un gran poder explicativo en lo que se refiere a la variación, al contacto de lenguas o a la interacción comunicativa.

Como es de esperar, la batería de conceptos de la lingüística cognitiva también está a disposición de la sociolingüística cognitiva y a ellos recurre en diversos momentos de su despliegue epistemológico. El concepto de «aire de familia», propuesto por Ludwig Wittgenstein (1953; 2009), es sumamente útil para entender las relaciones cognitivas entre manifestaciones afines de la lengua, como las variedades sociales y geolectales, pero el peso de los conceptos de «prototipo» y «esquema», ligados estrechamente a la frecuencia de los hechos, es evidente y conduce al manejo de otras nociones como las de «uso», «corpus» o «cuantificación». Otro concepto esencial es el de «categorización», que, a su vez, aboca a otros, como los de «centralidad» o «periferia» (Cuenca y Hilferty); y el de «corporeización» (*embodiment*), en el sentido de que nuestros sistemas lingüístico y conceptual se fundamentan en la corporeidad física, cognitiva y social, de los hechos. Las realidades percibidas –corporeizadas– son el foco central de la experiencia y el filtro que procesa la realidad. La corporeización implica una relación de la lengua con la realidad material (frente a la independencia de la lengua generativista) y, al mismo tiempo, exige la existencia de un entorno cultural y social en el que se sitúan siempre el hablante, la cognición social y el propio lenguaje (Geeraerts y Cuykens).

Ahora bien, junto a estos conceptos fundamentales, hay otros que, de un modo u otro, están implicados en la explicación lingüística sociocognitiva, pero que son prescindibles en la práctica. Así, se mencionaba antes la ecolingüística, aunque no va a resultar necesario incorporar los conceptos de «población», «ecosistema» o «medioambiente» (Hawley 1991) porque pueden ser sustituidos por conceptos sociológicos cercanos: «comunidad», «cultura», «contexto», «entorno». Algo parecido ocurre con otros conceptos centrales en disciplinas como la etnometodología, que tienen mucho que ver con las teorías sociológicas vinculadas a la sociolingüística cognitiva. Entre ellos destacan los de «indicidad» y «reflexividad». La indicidad (también llamada «indexicalidad») se refiere, en palabras de Garfinkel (1967), al hecho de que los contenidos de las expresiones no son invariables, no vienen definidos de una vez para siempre, sino que su significado se deriva del medio social donde los actos y experiencias tienen lugar. Por eso, en la vida cotidiana, los participantes en una conversación están a menudo absortos en entenderse, en aclarar ambigüedades y malentendidos derivados del uso de expresiones indiciales (Wolf 1982). En cuanto a la reflexividad, la etnometodología trata los hechos sociales como algo que la gente ejecuta a través del razonamiento práctico en la vida cotidiana. El uso del lenguaje representa tanto una descripción de las escenas de la interacción social como un elemento de ellas, que el propio lenguaje ordena. El lenguaje transmite informaciones y el tiempo crea contextos en los que las informaciones aparecen (Silverstein 1976; Wolf 1982: 132). A ello aludiremos explícitamente al tratar los aspectos cognitivos de la semántica y la importancia de los escenarios discursivos.

Debate: la relación entre lo constante y lo variable

La lingüística ha manejado a lo largo de su historia numerosas dualidades conceptuales que, bien de forma complementaria, bien de forma contradictoria, han intentado explicar la naturaleza o el funcionamiento de la lengua. Una de las dualidades de mayor calado y más larga trayectoria es la que tiene su origen en la distinción aristotélica entre *ser en acto* y *ser en potencia*. Es la oposición entre lo hecho y lo factible, entre lo real y lo posible, entre el producto y la producción. *Mutatis mutandis* esta es la distinción que, en el ámbito de la lingüística, se localiza en la base de las dualidades *ergon* y *energeia*, de Wilhelm von Humboldt, *enunciado* y *enunciación*, de Émile Benveniste, o *actuación* y *competencia*, de Noam Chomsky. Estos conceptos, a su vez, tienen una correlación directa con el par *habla* y *lengua*, tal y como se presenta en Ferdinand de Saussure: la primera como fenómeno individual y concreto; la segunda como entidad social y abstracta. Y la sociolingüística también incorporó a su entramado teórico una dualidad paralela, al distinguir entre la *lengua*, como competencia variable, y las *variedades lingüísticas*, en cualquiera de sus manifestaciones (geográficas, sociales, estilísticas), llamadas *lectos* por Charles-James Bailey (1973).

En una sociolingüística cognitiva, ninguno de los extremos de estas dualidades debe ser desatendido. No es posible entender el *habla* en su concreción sin la *lengua* en su abstracción; no es posible comprender el producto sin conocer el proceso de producción; no existe *lecto* alguno al margen de una *lengua* que ordene sus componentes, constantes o variables, y que rija de algún modo su variabilidad interna. El análisis de los enunciados ha de revelar los procesos de enunciación, así como la interpretación de la competencia ha de recurrir a los actos que desde ella puedan originarse. En este sentido, la sociolingüística cognitiva no plantea un debate que obligue a inclinarse hacia un lado u otro de esas balanzas conceptuales.

Ahora bien, cuando se pasa de la concepción a la epistemología lingüística, las dualidades no son siempre fáciles de resolver y se transforman en aporías. Es bien cierto que, tanto en el caso de la elaboración de conceptos como en el de la construcción epistemológica, nos situamos en el espacio de la metalingüística, pero, mientras que la propuesta, definición y distinción de conceptos no exige más rigor que el de la concreción y la coherencia, la elaboración de una epistemología obliga a conciliar un plano teórico con un plano metodológico y en tal conciliación no todo es posible, por cuanto la metodología impone unos límites que surgen al trasladar la investigación a la realidad social. Siendo así, la sociolingüística, como propuesta epistemológica, se encuentra con la posibilidad de poner más énfasis sobre la dinámica de los procesos sociolingüísticos o sobre los resultados de esos mismos procesos; o bien de engarzar unos y otros para un mejor entendimiento de la realidad sociolingüística. Esa es la tarea que guio los trabajos de la escuela laboviana, que, a partir del análisis de materiales de la lengua hablada –productos lingüísticos–, intentó construir o explicar el mecanismo de producción de esa lengua hablada, para lo que propuso los conceptos de «competencia variable», «regla variable» o «competencia multilectal».

Con todo, más allá del interés que pueda existir por el producto sociolingüístico, por su producción o por ambos a la vez, lo cierto es que la forma de entender la realidad sociolingüística puede fundamentarse en unos referentes más estáticos o en unos referentes más dinámicos. Entiéndase bien: no se trata de crear una barrera entre una actuación y un sistema, entre un acto y una potencia. Se trata de partir de entes concebidos en su manifestación estática o de entes concebidos en su manifestación dinámica. Valgan unos pocos ejemplos. Cuando concebimos un sistema fonológico de oposiciones estructurales y márgenes de seguridad entre fonemas, aceptamos una visión estática del ámbito fónico de la lengua; cuando hablamos de significados lingüísticos fijados en un instrumento lexicográfico (v. g. un diccionario), manejamos una manifestación estática del concepto de «significado» estático; cuando utilizamos el concepto «clase social» como recurso analítico y lo vinculamos a parámetros objetivables como los ingresos económicos, la educación o la categoría profesional, adoptamos una perspectiva estática de la estructura social. Por el contrario, cuando desvinculamos el concepto de «fonema» de una terna limitada de sonidos, cuando afirmamos que los significados de las palabras solo pueden precisarse en la interacción o cuando damos prioridad a la realidad psicosocial de los intercambios comunicativos en una comunidad sobre su estructura de clases, estamos adoptando una visión de la lengua de naturaleza más dinámica. Todos estos planteamientos van ligados a recursos metodológicos precisos, por lo que no resulta fácil la aceptación simultánea de ambos puntos de vista.

Siendo así, la sociolingüística cognitiva, en el debate que enfrentaría una perspectiva dinámica a una perspectiva estática, se alinearía con una concepción dinámica, donde la acción comunicativa contribuye a construir la propia realidad sociolingüística, pero sin negar espacio a los componentes más estáticos. Pensamos que de esta forma puede sobrepasarse la limitación de unos patrones teóricos reduccionistas, empeñados en que la relación entre la lengua y el habla, entre lo sistemático y lo atomístico, entre lo formal y lo factual, solo puede ser dicotómica (Schlieben Lange y Weydt 1981; Villena Ponsoda 1992; 2008).

Conclusión

La sociolingüística cognitiva se presenta como un modelo integrador e internamente heterogéneo, en el que confluyen líneas de investigación diferentes que, sin embargo, parten de una concepción común de la lengua, la interacción y la sociedad. Esta concepción entiende la lengua como un sistema adaptativo complejo. La sociolingüística cognitiva ofrece un espacio metateórico para la integración de enfoques o teorías que se intersectan creando un modelo de estructura compleja.

El punto de partida de nuestra propuesta teórica es una visión dinámica de la lengua, de la comunicación lingüística y de la configuración social, en la que los procesos de producción y creación adquieren una gran relevancia, así como todos los mecanismos de percepción y comprensión del uso lingüístico. De este modo, se pasa de una sociolingüística de los estratos sociales a una sociolingüística de la cognición, la percepción y de la acomodación, dando el protagonismo que merecen a los factores psicosociales que aparecen junto a los meramente sociológicos y lingüísticos. La lengua tiene una dimensión social, que se manifiesta en la comunicación y en la actividad de las redes complejas de hablantes, pero también ofrece una dimensión psicológica, que acusa la incidencia de factores como la frecuencia, la convención o la interacción, y que ejecuta procesos cognitivos esenciales para la adquisición, el uso variable y los cambios de la lengua en sociedad.

CAPÍTULO 2

LA REALIDAD SOCIAL Y SU PERCEPCIÓN

Dos pensadores de la talla de Ludwig Wittgenstein (1953) y Lev Vygotsky (1978) vinieron a coincidir en una misma interpretación: los humanos somos peces en el agua de la cultura. Y la metáfora ha tenido continuidad en la obra de otros estudiosos de la historia, la sociedad y la cognición (Tomasello 2007). La cultura se entiende como el medio en que la lengua se usa y desarrolla, el más general, el de alcance más extenso, el de mayor perdurabilidad. La lengua, por su parte, es elemento sustancial para la cultura, parte esencial de su naturaleza y vehículo de su expresión. La cultura configura los límites dentro de los que se desarrolla la vida social y en los que surgen los contextos y situaciones donde el uso lingüístico se despliega. Cultura y sociedad conforman los entornos de las lenguas, siempre dentro de espacios naturales, de unos marcos geofísicos que los determinan y configuran (Auer y Schmidt 2010). Los entornos naturales y socioculturales son los escenarios de uso de la lengua por parte de los hablantes, que habitan en ellos y los perciben de modos diversos (Palmer 2000).

En lo que se refiere a la realidad sociocultural, la lingüística laboviana –como la mayoría de las disciplinas de base social desarrolladas en los Estados Unidos durante la segunda mitad del siglo XX– ha estado fundamentada en el funcionalismo estructural de Talcott Pasons (1937), Kingsley Davis y Wilbert Moore (1945) o Robert Merton (1949) y tiene en el concepto de «consenso» uno de sus fundamentos. Las teorías del consenso consideran que las normas y valores comunes son fundamentales para la sociedad y que el orden social se basa en un acuerdo tácito que provoca que los cambios sociales sean lentos y ordenados. Este consenso alcanza también a la lengua, dado que la conducta lingüística responde al seguimiento de normas que afectan a todos los hablantes por su pertenencia a una comunidad o a un grupo. Frente a estas teorías del consenso, las teorías del conflicto –de raíz marxista– subrayan el predominio de unos grupos sociales sobre otros y explican el orden como consecuencia de la manipulación y el control por parte de los grupos dominantes sobre los dominados, lo que puede provocar cambios sociales rápidos y desordenados. Se alinean con estas ideas las teorías sobre el *conflicto sociológico* de Dahrendorf (1959) y sobre el *conflicto radical* de Marx y Engels (1844).

Ahora bien, aunque las teorías del consenso y del conflicto suelen contraponerse como concepciones distintas de la realidad social y sociolingüística, no dejan de ser dos macroteorías centradas en la interpretación de las estructuras y las instituciones sociales, lo que las convierte en posiciones complementarias y no tanto contrarias (Bernard 1983). Para hallar planteamientos radicalmente diferentes a esta sociología de las estructuras, hay que acudir al interaccionismo simbólico, a la sociología fenomenológica o a la etnometodología (Ritzer 1996); una sociología, en definitiva, dinámica de la situación, de la interacción cara a cara en un contexto, de la vida cotidiana, del individuo como protagonista en todas sus dimensiones, incluidas la social y la cognitiva (Azurmendi 2000: 253-260).

A. Sobre los entornos del uso lingüístico

Proposición 2.1

Las lenguas y sus hablantes reciben la influencia del entorno en los planos cultural, comunitario, grupal y situacional.

Proposición 2.2

Los entornos naturales y socioculturales configuran los escenarios para el uso de la lengua por parte del hablante, que habita en ellos y los percibe de modos diversos.

Proposición 2.2.1

Los entornos o medioambientes poseen unas dimensiones y una duración que condicionan la relación que los hablantes y las comunidades establecen con ellos.

Proposición 2.2.2

Los entornos socioculturales percibidos como más amplios son valorados positivamente por los hablantes.

Proposición 2.3

Los entornos socioculturales producen unos valores normativos, cuya aceptación o rechazo, tácitos o abiertos, contribuyen a la configuración de la identidad lingüística de las agrupaciones sociales y las comunidades.

Proposición 2.4.

La ciudad constituye un entorno social bien percibido por los hablantes y ofrece un marco para la producción, el intercambio y el consumo de todo tipo de bienes, incluidos los lingüísticos y los culturales.

Proposición 2.4.1

La ciudad es la entidad social que mejor se corresponde con el concepto de comunidad de habla, tal y como ha sido definida por la sociolingüística tradicional.

Proposición 2.4.2

En las ciudades, las distancias sociales establecidas por las grandes estructuras dificultan la interacción cara a cara, característica del ámbito de las relaciones personales.

Escolio 2-A

Habitualmente, cuando se habla de entornos de la comunicación, se utiliza «sociocultural» como etiqueta para caracterizarlos. Sin embargo, a pesar de la comodidad que supone hablar de «entornos socioculturales», existen diferencias claras entre los elementos propiamente culturales y los sociales. Según William Labov (2010: 3), los factores culturales se distinguen de los sociales por su lejanía de la comunicación cara a cara, mientras los factores sociales aparecen en la interacción lingüística entre miembros de grupos específicos. Los factores culturales mediatizan la asociación de hechos lingüísticos con patrones sociales, que son parcial, si no completamente, independientes de la interacción cara a cara. Entre los componentes de los entornos culturales se incluyen los rasgos dialectales generales. Por su parte, los factores sociales producen unos valores normativos, cuya aceptación o rechazo contribuyen a la configuración de la identidad lingüística de las agrupaciones sociales o las comunidades. En la sociología de Alfred

Schütz (1974), los entornos sociales pertenecerían al reino de la realidad directamente experimentada, donde se producen las relaciones cara a cara (*Umwelt*), mientras que la cultura y las grandes estructuras comunitarias serían realidades indirectamente experimentadas (*Mitwelt*). Esto no es óbice para que existan conceptos, como el de «género» o el de «clase social», que puedan ser tratados como sociales, cuando responden a un aprendizaje de pautas por contacto cara a cara, o como culturales, si se consideran como parte del constructo cultural aprendido.

Como estamos observando, la conformación interna de esa categoría general a la que denominamos «entorno» es compleja e incluye, junto a los factores culturales, otros factores de realidad más específica, como los sociales y los situacionales. Entre los sociales, han de incluirse la «comunidad» y las agrupaciones que la articulan. La comunidad es conceptual y analíticamente anterior al individuo, por lo que la conducta del individuo no puede entenderse sin el conocimiento de la comunidad a la que pertenece. La sociolingüística tradicional suele hablar de «comunidad de habla» para referirse a la agrupación de hablantes que comparten una variedad lingüística (al menos), unas reglas de uso, así como unas actitudes y una valoración de las formas lingüísticas. Desde un punto de vista metodológico, la ciudad es la entidad social que mejor se corresponde con el concepto de «comunidad de habla», tal y como acabamos de definirla. De este modo, la ciudad constituye un entorno social bien percibido por los hablantes y ofrece un marco para la producción, el intercambio y el consumo de todo tipo de bienes (Weber 1921), incluidos los lingüísticos y los culturales. En las ciudades, las distancias sociales establecidas por las grandes estructuras hacen imposible la interacción cara a cara entre todos sus componentes, que sí se produce en el ámbito de las relaciones personales sujetas a los límites de situaciones específicas (Calvet 1994; Villena Ponsoda 1994; Werlen 1995).

Tenemos, pues, que la lengua y los hablantes reciben la influencia de su entorno en cuatro planos diferentes: el cultural, el comunitario, el grupal y el situacional. Aunque esta forma de concebir la estructuración del entorno revelaría ciertos paralelismos con una disposición concéntrica de las competencias cultural, sociolingüística, pragmática y lingüística, que, desde su dinamismo, incluirían los saberes de que disponen los hablantes para la comunicación, su auténtica importancia está en que supone una forma diferente de presentar los elementos sociales que influyen sobre la lengua y de reinterpretar algunos de los factores –como el de clase social– que han ocupado un plano estelar en la sociolingüística tradicional. Desde nuestra actual perspectiva, los factores que determinan la conducta lingüística son los culturales, los comunitarios, los grupales y los situacionales, como queda dicho. Entre las agrupaciones merecen especial atención, por su capacidad explicativa, los «grupos sociales» y las «redes sociales».

Una sociolingüística cognitiva no puede darse por satisfecha describiendo la naturaleza de los componentes externos que determinan la lengua porque, por sus propios fines, también ha de atender al modo en que esos componentes o factores son percibidos por los hablantes. De esta forma, junto al «entorno objetivo», puede hablarse de la existencia de un «entorno percibido» que, en definitiva, será el que ajuste la incidencia del exterior sobre la lengua. Si el entorno objetivo de la comunicación lingüística incluye, en disposición concéntrica, la «cultura», la «comunidad», las «agrupaciones» y las «situaciones», el entorno percibido, como reflejo del objetivo, podrá incluir los mismos componentes y en la misma disposición, con la salvedad de que el grado de percepción de cada uno de ellos puede ser diferente.

Figura 1
La realidad social como entorno objetivo y entorno percibido

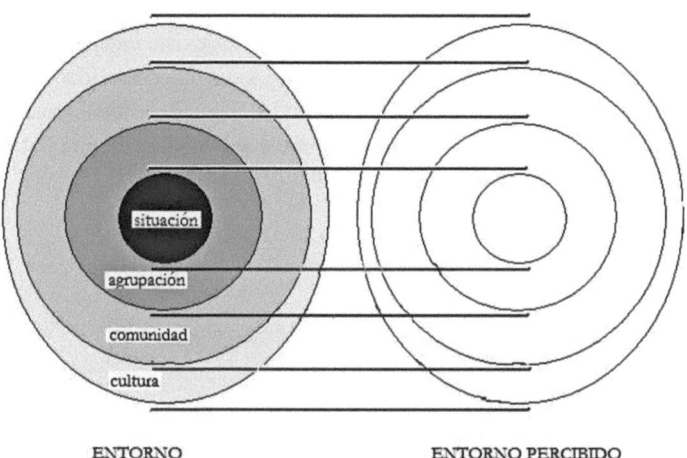

ENTORNO   ENTORNO PERCIBIDO

Vemos, pues, que los entornos naturales y socioculturales configuran los escenarios para el uso de la lengua por parte del hablante, que no solo habita en ellos, sino que los percibe de modo diverso. La acción del entorno sobre la comunidad y sus miembros tiene una existencia objetiva, pero también una existencia reconocida y percibida –o no percibida– por los propios miembros de la comunidad. Esos miembros almacenan y recuerdan información relativa a la incidencia sobre el uso lingüístico de factores culturales como la identidad o la procedencia geográfica, y de factores sociales como la edad o el género. Desde esta perspectiva, el modelo del prototipo ofrece a los sociolingüistas la posibilidad de explicar cómo el hablante categoriza los factores socioculturales y situacionales con los que se relaciona la lengua, incluidos aspectos como el tipo de interlocutor o la situación en que se desarrolla una interacción comunicativa.

El modo en que se interrelacionan los entornos y la comunicación lingüística es asunto que no resulta fácil de explicar. Una forma de hacerlo es acudir a los conceptos de «regulación» y de «creación», manejados también para analizar las relaciones entre estructura social y estructura lingüística (Moreno Fernández 2009: 296). Si admitimos la posibilidad de distinguir, en el entorno sociocultural, niveles que responden a distintos grados de abstracción, se podría identificar un primer nivel, abstracto y general, correspondiente a la cultura y a la macroestructura de la organización social, incluidas las estructuras de poder; un segundo nivel en el que se establecerían las relaciones entre organizaciones y agrupaciones sociales; y un tercer nivel, el más concreto, que correspondería a las relaciones entre los individuos La relación entre esos tres niveles podría explicarse mediante la acción de dos componentes, que John Searle presentó en 1969: un *componente regulador* y un *componente constitutivo*. El *componente regulador* existe independientemente de las formas de conducta y, por tanto, es anterior a cualquier actividad. El *componente constitutivo* «constituye» y crea una actividad, que depende lógicamente de él. El *componente regulador* se crea a partir de la actividad pero, una vez creado, influye sobre la actividad misma (Searle, 1980; 1998: 111-134).

Figura 2
Dinámica reguladora-creadora

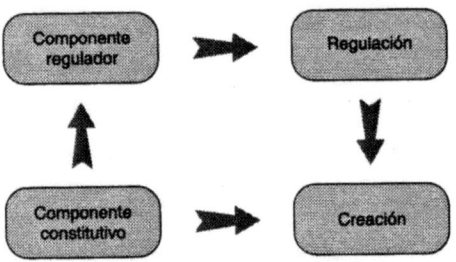

El elemento constitutivo puede ser manipulado por el individuo, en mayor o menor grado, dependiendo de sus características; el componente regulador no puede ser objeto de manipulación individual. Esta ordenación de la regulación a la constitución, de lo nada manipulable por el individuo a lo manipulable por el individuo, se localizaría tanto en los elementos del entorno sociocultural como en los de la lengua.

Finalmente, el estudio de los entornos de la comunicación puede entenderse como parte integrante de la disciplina llamada «ecolingüística», un campo que ha ido ampliando sus linderos desde que en 1972 Einar Haugen comenzara a hablar de la «ecología de la lengua». En términos generales, la ecolingüística está basada en los conceptos de interacción y de diversidad, y da cuenta de la relación de los entornos sociales y culturales con la lengua. Se trata de una visión contextualizada de las lenguas, en la que el hablante se mueve en un entorno y lo percibe, para dejarlo influir sobre su propia conducta lingüística. A partir de aquí, las posibilidades de aplicar los principios ecológicos sobre la materia lingüística son claras, pues abarcan desde el estudio de la coexistencia de lenguas (incluida la desaparición de lenguas o la planificación y la política lingüísticas), hasta la investigación de las interacciones comunicativas o el análisis de los discursos (Fill y Mühlhäusler 2001). Desde el plano sociológico, el pensamiento de Schütz estuvo más preocupado por los entornos culturales que por los sociales, puesto que no le interesaba tanto la interacción física de las personas, como la comprensión recíproca de sus conciencias; esto es, la intersubjetividad.

B. Sobre las relaciones sociales y el uso lingüístico

Proposición 2.5

La lengua y el entorno están conectados entre sí de tal forma que las intenciones comunicativas de los hablantes y los significados de las expresiones solo pueden completarse e interpretarse adecuadamente dentro de un entorno y con referencia a un mundo sobre el que intervienen, a la vez que lo describen.

Proposición 2.5.1

La lengua y su uso reciben la influencia del entorno sociocultural a través de las relaciones que las agrupaciones y sus miembros establecen entre sí.

Proposición 2.5.2

La influencia del entorno social viene condicionada por la forma en que los hablantes interpretan recíprocamente sus perfiles lingüísticos, así como por el modo en que categorizan y perciben la organización social y su dinámica, incluida la comunicativa.

Proposición 2.6

Las sociedades –comunidades o ciudades– se organizan en tres niveles estructurales: el institucional, el grupal y el interpersonal.

Proposición 2.6.1

La articulación de los tres niveles de organización estructural de una sociedad es posible gracias a la distribución de los hablantes en agrupaciones, que deben alcanzar un número crítico para que el sistema social exista como conjunto.

Proposición 2.6.2

La comunicación es el proceso fundamental que posibilita la formación de instituciones y agrupaciones emergentes dentro de una sociedad.

Proposición 2.7

Los tipos fundamentales de agrupaciones sociales son los grupos sociales y las redes sociales.

Proposición 2.8

Las relaciones entre las redes de una sociedad y entre los miembros que las componen se basan en una dinámica que exige el contacto directo entre hablantes, si bien no el contacto de todos los miembros entre sí.

Proposición 2.8.1

Por su función, las redes pueden ser de información o sociales y ambas son fundamentales para el uso de la lengua.

Proposición 2.8.2

Por su forma, las redes pueden conectarse de diferente modo y presentan distinto grado de densidad y complejidad.

Escolio 2-B

La vida de las sociedades –llamémoslas «comunidades» o «ciudades»– se desarrolla dentro de entornos naturales y culturales y se organiza en tres niveles estructurales: el institucional, el grupal y el interpersonal. Tales niveles, así ordenados, implican sucesivamente una mayor perentoriedad de las relaciones cara a cara entre los hablantes y ejercen entre sí influencias verticales de doble sentido. Los tres niveles de organización estructural, aun tratándose de planos diferentes, pueden articularse e interrelacionarse gracias a la distribución de los hablantes en grupos y en redes. Esta articulación es esencial por cuanto la influencia del entorno sociocultural viene condicionada por la forma en que los hablantes interpretan recíprocamente sus perfiles lingüísticos, así como por el modo en que categorizan y perciben la organización social y su dinámica, incluida la comunicativa.

Como fijó el interaccionismo simbólico, son las pautas de acción e interacción, entretejidas, las que permiten constituir las agrupaciones sociales y las sociedades. Es la «interacción», por tanto, el elemento clave para entender las relaciones entre la concreción del individuo, incluida su lengua, y la abstracción de la sociedad, incluida su cultura. La adecuada formulación de las relaciones entre el sistema social y la personalidad del individuo ya fue asunto clave para la sociología de Talcott Parsons (1937) y aporte fundamental del pensamiento de Georg Simmel (1971), al tiempo que ha preocupado en otros muchos ámbitos, como el de la etnografía o la psicología social. Desde una perspectiva comunicativa, la lengua recibe la influencia del entorno a través de las relaciones que las agrupaciones sociales y sus miembros establecen entre sí.

La vieja clase social

Entre las agrupaciones sociales que más han interesado a la sociolingüística moderna, a lo largo de su no muy larga historia, es sin duda la clase social la que más páginas ha ocupado y la que más diatribas ha suscitado. Tradicionalmente, el tratamiento de las clases o estratos sociales en sociolingüística ha hecho concurrir en ellas varios factores o dimensiones —enfoque multidimensional— aceptando que no hay límites claros entre estratos y que estos no son más que categorías ordenadas a lo largo de un *continuum*, de modo que los conflictos entre clases quedan reducidos a su mínima expresión teórica. El consenso propuesto desde el funcionalismo estructural alcanza también a la lengua, desde el momento en que la conducta lingüística responde al seguimiento de normas que afectan a todos los hablantes por su pertenencia a una comunidad o a un grupo. La forma en que esta dinámica consensual se articula está ligada a una formulación de la sociedad por la que esta se organiza de forma estratificada y vertical. Según este planteamiento, las sociedades occidentales pueden subdividirse en agrupaciones de estrato o de clase ordenadas de abajo arriba, de tal manera que existen un estrato *bajo* y un estrato *alto* entre los cuales se identifican uno o más estratos intermedios. La pertenencia a un estrato o clase se reconoce por la aparición de indicadores entre los que los lingüísticos no son los de menor importancia.

Como es sabido, la configuración de los estratos se alcanza mediante la elaboración de índices que atienden a distintos factores o dimensiones, como la ocupación o el nivel de ingresos económicos. Cuando estos factores se combinan con el nivel de estudios o de escolarización se obtienen «estratos socioculturales». Siguiendo estas pautas de estratificación social, William Labov utilizó en su estudio *The Social Stratification of English in New York City* la división de clases propuesta por John W. Michael en 1962. Se trata de una escala lineal de clasificación del estatus social basada en un índice socioeconómico de 9 puntos que combina tres elementos: el *nivel de instrucción*, la *ocupación* y los *ingresos familiares*; cada dimensión queda dividida en cuatro grados o posibilidades (0, 1, 2 y 3). A los hablantes se les asigna una puntuación por cada una de las tres dimensiones, de modo que pueden recibir un máximo de 9 puntos (3 + 3 + 3) y un mínimo de 0. Posteriormente los hablantes quedan agrupados en las siguientes categorías o clases: *clase baja* (0-1), *clase trabajadora* (2-5), *clase media-baja* (6-8) y *clase media-alta* (9). Esta misma forma de proceder fue adoptada por Peter Trudgill (1974) en Norwich (Reino Unido), por Shuy, Wolfram y Riley (1968) en Detroit (Estados Unidos) y por otros investigadores en muchas ciudades occidentales.

Según Abercrombie, Hill y Turner (1986), la división de la población en tres clases –obrera, intermedia y alta— responde a un modelo sociológico convencional de la estructura de clases británica: los trabajadores manufactureros se sitúan en la clase obrera, los trabajadores que no son manufactureros de bajo nivel (oficinistas, técnicos) se sitúan en la clase media y los gerentes administradores y profesionales, en la clase alta. La imbricación de estas clases con sus usos lingüísticos se descubre incluso en las orientaciones cognitivas de los hablantes. En 1967, William Bright reflexionó sobre la relación entre lengua, estratificación social y orientación cognitiva. Uno de los ejemplos que propuso como muestra de esta relación es la distinción entre «códigos elaborados» y «códigos restringidos» establecida por Basil Bernstein en los años sesenta, distinción más orientada hacia las personas que hacia los estatus y que refleja y perpetúa las diferencias sociopsicológicas entre la clase media y la clase trabajadora. Junto a esto, el análisis de algunas diferencias semánticas observadas en las variedades de las castas de la India también revelaba, según Bright, orientaciones cognitivas distintas entre castas, por las que los brahmanes podían tener internalizados unos valores de casta identificados con el conservadurismo, que conducirían a una tendencia conservadora en el plano fonológico y gramatical.

Ahora bien, las limitaciones que supone una interpretación estratificada y vertical de la distribución social son de gran envergadura, lo que ha llevado a replantear su importancia en relación con la lengua y con el análisis de su uso social. El mismo Labov (2001) ha explicado con claridad que la primera distinción social que percibe el niño no es la referida a la estratificación de clases; más bien percibe una diferencia entre grados de formalidad situacional, que, andando el tiempo, se reinterpretará como una jerarquía social. De ahí el vínculo estrecho –la relación especular– que establecen los estratos sociales y los estilos desde el punto de vista de la variación lingüística (Bell 2001). Grimshaw (1981: 11), por su parte, definió los modelos de habla o estilos por el estatus del emisor, además de por el respeto, el tipo de audiencia o el rol del receptor.

Cuando las clases o estratos sociales se han correlacionado con los usos lingüísticos, a menudo se ha hecho pretendiendo identificar en los hablantes rasgos objetivos, sociales y lingüísticos, que condujeran a una medición exacta –supuestamente científica– de tal correlación. Ahora bien, es sabido que la posesión de una característica intrínseca común por los miembros de un grupo no es suficiente, ya que tiene que haber también características que distingan unos agrupamientos de otros y entre ellos han de existir límites espacio-temporales de alguna clase. De esta forma, por más que todo ello se haya valorado y medido para entender cómo determinadas clases influyen sobre determinados usos lingüísticos, los resultados de la investigación no han sido siempre explicativos de la realidad, al margen de que resulte imposible la aplicación de tal tipo de análisis, ya no solamente sobre sociedades no estratificadas verticalmente al estilo occidental, sino también sobre comunidades occidentales donde los fenómenos de la urbanización, los asentamientos precarios o los intercambios de la economía sumergida hacen que pierda sentido hablar de «clases» propiamente dichas. La mejor forma de explicar la dinámica de las comunidades de buena parte de los países de Iberoamérica, de Asia o de África no sería apelar a la ausencia o exigüidad de las clases medias, sino entender que las agrupaciones sociales que allá se descubren no son clases sociales propiamente dichas, sino otro tipo de asociaciones (Sobrero 1978; Calvet 1994). En algunos casos, puede ser útil distinguir las clases de un modo específico o local, como hizo Rickford (1986) en Cane Walk (Guyana), pero en otros casos merece la pena apelar a conceptos diferentes.

Agrupaciones sociales

La sociolingüística cognitiva propone zafarse de la irresistible atracción del concepto de «clase social» –especialmente cuando se describe a partir de supuestos rasgos objetivos– y trabajar con el concepto genérico de «agrupación social». Una «agrupación social» sería cualquier conjunto de miembros de una comunidad, caracterizado por compartir una serie de rasgos y por ser percibido como tal, tanto por los que pertenecen a cada agrupación, como por los ajenos. Visto así, el concepto de «agrupación» tendría, sin duda, una dimensión universal, de la que carece el concepto de «clase». Asimismo, las agrupaciones son de dos tipos fundamentales: *grupos sociales* y *redes sociales*. Los grupos sociales podrían ponerse perfectamente en correlación con rasgos o usos lingüísticos, dando lugar a «sociolectos», que dejarían de entenderse definitivamente como variedades asociadas a unas «clases» determinadas para vincularse a cualquier tipo de grupo social. Las redes sociales, por su parte, se constituirían también mediante la agrupación de miembros de una comunidad, pero se caracterizarían más por el contacto directo y frecuente entre ellos que por la presencia de unos rasgos objetivos comunes. Los grupos y las redes surgen y crecen dentro de las comunidades, hasta alcanzar un número crítico y mínimo que permite que un sistema social exista como conjunto.

Grupos y redes, en tanto que tipos de agrupaciones sociales, muestran semejanzas y diferencias que quedan reflejadas en el cuadro.

Cuadro 1
Tipos de agrupaciones. Caracterización de grupos y redes

GRUPO	RED
Diferencias	
Constituido por marca cualitativa	Constituido sin marca cualitativa
Con una característica identitaria	Sin una característica identitaria
Contacto entre miembros no necesario	Contacto habitual entre miembros
Homogeneidad	Heterogeneidad
Semejanzas	
Inclusión de miembros de grupos diferentes	
Acomodación de usos	
Existencia de líderes	

Una primera característica diferenciadora sería la existencia de un rasgo o una marca, externos y objetivos, que identificaran al grupo. La pertenencia a un grupo se evidencia a través de marcas, mientras que no ocurre así con las redes sociales. De este modo, mientras los grupos sociales suelen asociarse a marcas y usos lingüísticos capaces de conferirles identidad, los usos lingüísticos supuestamente más característicos de una red no tendrían por qué ser exclusivos de ella. Los grupos constituidos por los jóvenes, los ancianos, los hombres o las mujeres, los profesionales de ciertas especialidades, suelen mostrar marcas lingüísticas identificadoras. Las redes, por su lado, surgen allí donde existe un contacto cara a cara y un vínculo de tipo personal entre sus miembros, más allá de que compartan algún rasgo social o lingüístico objetivo. Si recurriéramos a las seis maneras de abordar la definición de agrupación social propuestas por Marvin Shaw (1981), tendríamos que:

a) en términos de *percepción*, tanto los miembros de grupos como los de redes compartirían una particular percepción colectiva;

b) en términos de *motivación*, tanto los miembros de grupos como los de redes se asociarían entre sí para satisfacer necesidades u obtener provechos de la filiación mutua;

c) en términos de *interdependencia*, tanto los miembros de grupos como de redes serían en algunos aspectos interdependientes, para satisfacer necesidades o como parte de su dinámica;

d) en términos de *propósitos*, los miembros de grupos podrían haberlos formado con el fin de alcanzar unos objetivos comunes, mientras que los miembros de redes no han de estar asociados por ningún propósito previo;

e) en términos de *organización*, mientras las miembros de grupos estarían organizados y regulados por un sistema de roles y normas, acordado y aceptado por el propio grupo, los miembros de redes se organizarían por sistemas recibidos socialmente (parentesco) o nacidos de dinámicas internas específicas;

f) en términos de *interacción*, mientras los miembros de las redes entran –o pueden entrar– en interacción cara a cara fácilmente, si bien con distinta frecuencia de contacto, los grupos no obligan al contacto entre todos sus miembros y es muy probable que muchos de ellos jamás lleguen a mantener interacciones personales.

La comunicación es el proceso fundamental que posibilita la formación de instituciones y agrupaciones emergentes o las refuerza dentro de una sociedad. De hecho, en la comunicación intergrupal, los participantes en la interacción conceden más relevancia a su identidad social que a la personal, como ocurre entre los usuarios de las variedades de mezcla llamadas *espanglish* o *ebonics*. Y es en el *continuum* entre la identidad social y la individual donde se configura el uso de la lengua (Tajfel 1984; Viladot 2008), incluyendo el seguimiento de pautas lingüísticas de grupos diferentes: la difusión de los usos normativos y urbanos por parte de los grupos socialmente más acomodados es una constante de las comunidades; de hecho lo que Jules Marouzeau (1944: 96) llamó «*la manie de copier le bourg*» es una noción clave para el surgimiento de una lengua común o koiné. Además, la experiencia muestra que es posible la existencia de categorizaciones basadas en distintos factores; así, en las comunidades mediterráneas europeas es común que se produzca una categorización por grupos geolingüísticos, en los que la lengua funciona como marca de origen dialectal, mientras que este tipo de categorización geolingüística no es tan frecuente en el Reino Unido, donde se concede prioridad a la identidad de rasgos sociolingüísticos, especialmente ligados a las clases o estratos sociales.

Si bien es cierto que el estudio sociolingüístico de los grupos sociales (profesionales, de género, bandas juveniles, ancianos) está dando frutos de mucho interés para el conocimiento del uso de la lengua, en todos sus niveles (desde el fonético al discursivo), son muy valiosas también las propuestas que se están produciendo desde el estudio sociolingüístico de las redes sociales. Una red social, según Lesley Milroy (1987a), primera responsable de la difusión del concepto entre los sociolingüistas, es un entramado de relaciones directas entre individuos, que permite intercambiar bienes y servicios, imponer obligaciones y otorgar los derechos que corresponden a sus miembros. Las redes se distinguen por la densidad, la multiplicidad y la fuerza de las relaciones entre sus miembros. En la investigación sociolingüística se correlacionan las características de las redes y de sus miembros con las variables lingüísticas correspondientes. Así, por ejemplo, Juan A. Villena (2001) ha comprobado que la densidad, la multiplicidad y la fuerza de la red influyen especialmente en los individuos menos instruidos y ha podido observar, en una red social andaluza, que los hablantes de menor nivel educativo rechazan nítidamente la distinción de los fonemas /s/ y /θ/, característica de las hablas castellanas y frecuente en algunos grupos sociales malagueños.

Asimismo, grupos y redes sociales ofrecen rasgos diferenciadores, que sin embargo no niegan sus elementos comunes. Hasta tal punto llegan la complementariedad entre grupos y redes que los miembros de unos pueden serlo también de las otras. La forma en que se organiza la dinámica entre grupos y redes no es fácil de descubrir ni de describir. La sociolingüística de los Milroy (1985) ha confiado para ello en el concepto de «modo de vida», que incluiría las redes dentro de una entidad más abstracta. El concepto de «modo de vida» pone en relación las redes sociales de pequeñas dimensiones con otras estructuras o grupos sociales de mayor entidad. Los modos de vida responden a un modelo en que los grupos sociales son considerados como entidades internamente estructuradas y relacionadas con otros grupos. En este modelo, la conducta lingüística obedece más al poder de determinación de las redes y de las estructuras en las que se mueven los hablantes, que a los atributos percibidos como característicos de ciertos grupos sociales, dando prioridad al tipo de actividad laboral y familiar y a las relaciones que los hablantes mantienen con otros miembros del grupo.

Por su lado, los grupos son considerados como consecuencia de las estructuras fundamentales de la sociedad, que dividen la población en modos de vida sustancialmente diferentes. Desde los años noventa, Peter Trudgill (2002) viene ejemplificando cómo los tipos de sociedad pueden afectar a la manifestación de la variación lingüística. Así, en las comunidades de bajo grado de contacto entre variedades y con redes densas, se produce una concentración del habla vernacular en los grupos de estatus bajo, mientras que, cuando el contacto entre variedades distintas es frecuente, los grupos de estatus alto favorecen la concentración de usos elitistas; si las redes predominantes en una comunidad son laxas y existe un fácil contacto, se favorece la dispersión del vernacular desde los grupos de estatus medio (Villena Ponsoda 2005; 2008a).

Ahora bien, la manera en que se han tratado los modos de vida y otras formas de organización social muy a menudo recuerdan las debilidades que se identificaban en el concepto de «clase social». Tal vez por ello, merezca la pena proponer un doble nivel de articulación de estas agrupaciones: por una parte, grupos y redes se entrecruzan en sus estructuras y dinámicas particulares dentro de la comunidad; y, por otra parte, los miembros de estas agrupaciones y las agrupaciones mismas desarrollan su actividad dentro de un mercado lingüístico, entendido como el espacio social en que se desarrollan todo tipo de interacciones y transacciones comunicativas. A ello nos referiremos más adelante.

Por último, entre los factores comunes a los grupos sociales y las redes sociales está el funcionamiento de la acomodación comunicativa como medio para posibilitar la cohesión de unos y otras, así como la figura de los líderes lingüísticos (Labov 2001; Martín Butragueño 2006), líderes que surgen tanto en las redes más extensas –redes del mundo grande–, como en las redes más concretas –redes del mundo pequeño–. Los líderes lingüísticos suelen ser elementos capaces de mantener contacto con muchos miembros de los grupos o las redes y que, en consecuencia, tienen sobre ellos un gran ascendiente lingüístico y una notable capacidad para difundir variaciones y cambios.

Sociolingüística de redes

El concepto de «red» es fundamental para comprender la realidad social (Wellman y Berkowitz 1988) y la realidad sociolingüística. Las redes, tejidas entre «nodos» mediante «vínculos» y por las cuales circula información, permiten el desarrollo de la inteligencia social y, en definitiva, la creación y la dinámica de la cultura, que José Antonio Marina (2010) redefine como el conjunto de mensajes cognoscitivos, afectivos, normativos, que transitan por una red.

La dinámica de las redes sociales, sin embargo, aún guarda secretos para los estudiosos, tanto en lo que se refiere a su constitución y evolución, como en lo que tiene que ver con el contacto entre sus nodos. Se sabe que la distancia entre dos miembros desconocidos de una misma red podría ser de seis grados de separación, como máximo. Sin embargo, nuestras relaciones personales cotidianas, las que se producen dentro de nuestro entorno social más cercano, crean conexiones reticulares en las que no se dan más de dos grados de distancia entre individuos. Pensemos que las relaciones entre las redes de una sociedad y entre los miembros que las componen se basan en una dinámica que exige el contacto directo entre hablantes, si bien no el contacto de todos los miembros entre sí. Como apunta Ricard Solé (2009), en las redes, lo complejo tiene mucho más que ver con la naturaleza de las interacciones que con la naturaleza de los objetos que interaccionan.

Figura 3
Tipo de redes: centralizada (A); descentralizada (B); distribuida (C). Fuente: Solé (2009: 64)

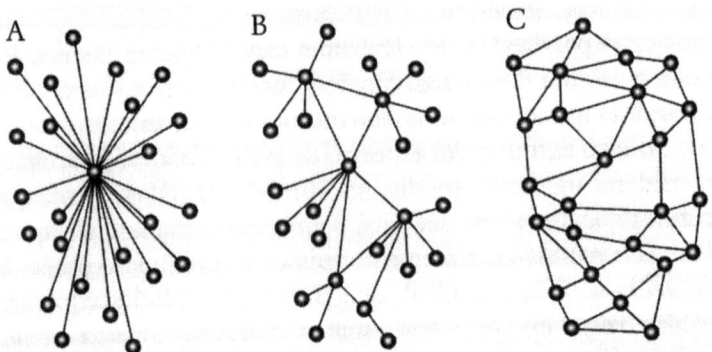

Las formas en que se establecen las conexiones entre redes distintas y entre los miembros de una red pueden ser muy diversas y responder a los esquemas A, B o C de la ilustración. En la práctica de la comunicación sociolingüística, sin embargo, son las redes del tipo B las que predominan, en las que varias subredes, de organización diferente, pueden entrar en contacto por medio de componentes compartidos. Naturalmente, existe un número crítico de conexiones, por debajo del cual el sistema se halla fragmentado, y bastaría superar un número mínimo de relaciones entre elementos para cruzar la frontera que separa la inexistencia de un sistema a gran escala de su existencia (Solé 2009: 37-38).

Desde un punto de vista sociolingüístico, las comunidades fragmentadas presentarían una estructura de redes similar a la del esquema I, mientras que las comunidades más cohesionadas, con un mayor grado de contactos entre sus miembros, presentaría una disposición más cercana al esquema II. En este caso, la propagación de señales sociales y lingüísticas sería mucho más rápida e intensa que en el primero.

Figura 4
Redes formadas por subredes. Fuente: Solé (2009: 187)

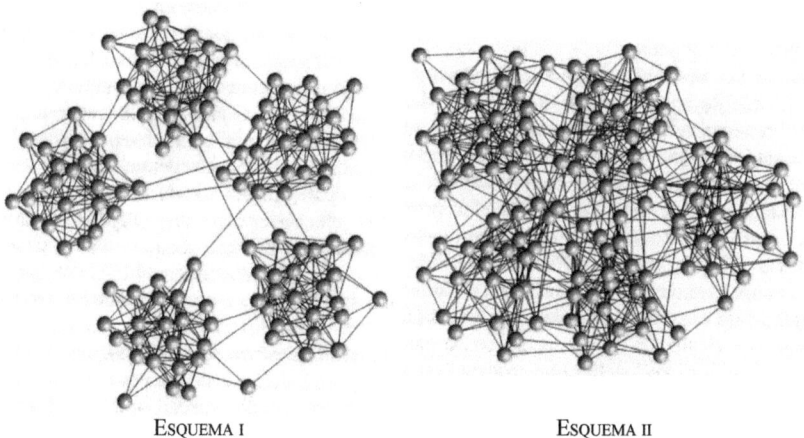

ESQUEMA I   ESQUEMA II

La arquitectura de las redes es enormemente heterogénea: en general, puede haber una gran mayoría de elementos poco conectados, pero a la vez unos pocos elementos pueden presentar un gran número de conexiones, lo que dotaría a estos últimos de una gran capacidad para propagar cambios. Esta es la característica esencial de las redes complejas catalogadas como «redes libres de escala». En este tipo de redes, los miembros de una comunidad de hablantes se relacionarían de forma no aleatoria, dando lugar a una enorme cantidad de potenciales relaciones triangulares que harían posible su comunicación porque, si bien el comportamiento individual es impredecible, las conductas de las masas, incluidas sus conductas lingüísticas, permiten un tratamiento estadístico que nos acerca a su conocimiento (Solé 2009: 27).

El tamaño y la forma de las redes dependen en gran parte de la memoria social del individuo. Este «recuerdo social», basado en mecanismos básicos de aprendizaje, es el que hace posible la asociación de elementos simultáneos, como el uso de rasgos lingüísticos vinculados a grupos y personas. Pero, más allá de la memoria individual, se ha observado que el tamaño y la forma de la red varían según factores sociales. Aunque las relaciones personales acumuladas a lo largo de la vida de un individuo pueden llegar a ser unas 3.500 –muchas se olvidan–, el número de relaciones activas arroja una media de 300 personas, pero con una desviación típica importante en función de la posición social, el sexo u otros rasgos sociales del hablante (Molina *et al.* 2007: 222).

Figura 5
Redes sociales de inmigrante ghanés y de joven catalana. Fuente: Molina *et al.*
(2007: 227; 228)

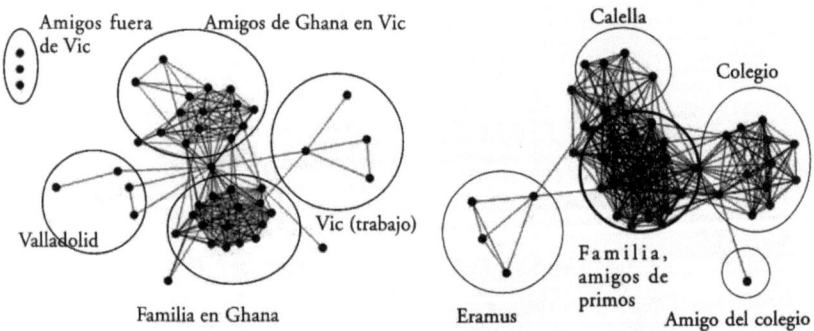

En la ilustración se aprecia con claridad la diferencia de forma y tamaño de la red correspondiente a un inmigrante ghanés residente en la localidad catalana de Vic y la red personal de una mujer joven catalana, con educación superior, con residencia veraniega en Calella y con una posición social acomodada. Es comprensible que las pautas de comunicación, de uso de la lengua, de aceptación o propagación de cambios lingüísticos funcionen de modo diferente en cada tipo de red, según los factores externos presentes en ella.

En cuanto a su función, las redes pueden ser «redes de información» o «redes sociales» y ambas son fundamentales para el uso de la lengua, si bien las primeras se superponen a las segundas. Desde una perspectiva comunicativa, pueden distinguirse dos niveles de redes: las redes del «mundo pequeño» y las redes del «mundo grande». Las primeras son las redes personales de los miembros de una comunidad de habla cualquiera y dentro de ellas se produce una dinámica propia de identidad, variación y cambio, que puede estar sintonizada con las dinámicas de otras redes sociales y de otros grupos. Las segundas serían las redes mediáticas, creadas por grandes grupos de comunicación, con capacidad para acceder a todos los miembros de una comunidad e incluso para penetrar en entornos naturales y socioculturales diferentes. Estas redes del mundo grande están difundiendo pautas lingüísticas y comunicativas unificadoras que están penetrando en las redes pequeñas y que están produciendo una pugna entre identidades y valores comunitarios con consecuencias distintas en la lengua. Por un lado, parece que el léxico unificado penetra con facilidad en las diferentes comunidades que conforman el dominio de una lengua; por otro, los rasgos fonéticos parecen preservar su valor identitario. No obstante, en cualquiera de los niveles lingüísticos pueden existir usos emblemáticos con capacidad de erigirse en señas inequívocas de identidad, mientras la nivelación general afecta a aquellos elementos que no logran presentarse como emblemas de nadie. En esa dinámica, los rasgos más marcados se abandonan o se adquieren antes que los no marcados (Bortoni-Ricardo 1985). Parece claro, con todo, que una arquitectura de redes del mundo pequeño puede favorecer la fragmentación idiomática, como se temió en el mundo hispánico durante el siglo XIX, mientras que las redes del mundo grande son sin duda beneficiosas para la supervivencia de la cohesión, como estamos comprobando por el alcance universal de los medios de comunicación social, especialmente de la televisión.

C. Sobre el hablante como agente de la comunicación social

Proposición 2.9

El hablante como individuo es un agente social que, sirviéndose de un sistema de símbolos aprendido y manejado en un entorno, interactúa con otros individuos con unos fines determinados dentro de una dinámica de mercado.

Proposición 2.10

El individuo construye su identidad y se percibe a sí mismo a partir de patrones que adquiere de su interacción comunicativa con otros individuos y a través de la historia de sus propias interacciones.

Proposición 2.11

El hablante individual tiene la capacidad de percibir usos lingüísticos diferenciados y la habilidad de asociarlos a agrupaciones de hablantes de unas características determinadas, completando un proceso de categorización dialectal, etnolingüística, sociolingüística y estilística.

Proposición 2.12

La habilidad para asociar usos lingüísticos a agrupaciones de hablantes concretas posibilita la aparición de actitudes y creencias sociolingüísticas.

Proposición 2.13

El hablante individual, cuya identidad se manifiesta en sus usos lingüísticos, tiene la capacidad de influir sobre otros hablantes constituyendo un modelo social de referencia y liderando usos y cambios lingüísticos.

Escolio 2-C

Las interacciones de los hablantes individuales, como miembros de grupos y redes, se producen dentro de los mercados lingüísticos. El concepto de «mercado lingüístico» está fundamentado en un principio marxiano según el cual la conducta lingüística viene determinada por la relación de los hablantes con los medios de producción. Un mercado lingüístico refleja conductas dependientes de las actividades socioeconómicas de los individuos (Sankoff y Laberge 1978) y, en él, los hablantes que desempeñan ciertas profesiones tienden a hacer un uso normativo de la lengua, mientras que los que desempeñan otras profesiones no necesitan hacerlo, aunque ambos compartan perfiles socioeconómicos similares. El componente cognitivo aparece cuando se intenta poner en relación unas variables lingüísticas con unos índices de integración en el mercado lingüístico, que se consideran atributos de los hablantes. Para la asignación de tales índices, se parte del juicio emitido por varias personas (jueces) sobre la historia de vida socioeconómica de cada hablante, haciendo correlacionarse el índice de integración en el mercado con las variables lingüísticas estudiadas. Desde una posición sociológica marxista, Rossi Landi (1979: 33) afirmó que las lenguas no son creaciones de individuos, sino productos de la comunidad y que una comunidad lingüística es una suerte de inmenso mercado, donde palabras, expresiones y mensajes circulan como mercaderías; cada palabra, expresión o mensaje se presenta como unidad de valor, de uso y de intercambio.

Somos de la opinión, sin embargo, de que el concepto de «mercado», así planteado no se rentabiliza en todas sus posibilidades teóricas. El mercado es un ámbito adecuado, por ejemplo, para analizar el funcionamiento de la norma sociolingüística o, en general, de la actividad normativa dentro de una comunidad (Fernández Marrero 2004). William Labov estableció en 1972 (1983: 167 y ss.) tres conductas sociolingüísticas clásicas, que tienen lugar en los mercados y que presentan una clara dimensión cognitiva: una sumisa, de obediencia, de concordancia plena entre la normativa institucionalizada y la imagen lingüística del individuo; otra de increpación, subversiva, que opone valores contrarios a la norma institucional de prestigio; y una tercera conducta perversa, que escinde al sujeto entre su discurso de conformidad con las normas que sirven de modelo y su práctica lingüística real de negligencia frente a ellas, que, por lo común, degenera en fenómenos de hipercorrección. Pues bien, el individuo configura y representa lingüísticamente el mundo a partir de patrones normativos que adquiere de la interacción con otros individuos (Fernández Marrero 2004: 142; Bruner 1986: 86). El hablante, mediante las interacciones acumuladas, va creando un sentimiento social de pertenencia a grupos o redes a medida que se involucra lingüísticamente en sus valores sociales normativos. Según Fernández Marrero (2004: 145), en el orden simbólico, la consecuencia principal de la tensión entre el macroideal normativo que representa la variedad sociolingüística considerada como «estándar» y el microideal normativo que configura el propio hablante, es la aparición de la identidad, de la congruencia entre el «yo» y el «otro» a través del dialecto y del registro en un contexto situacional discursivizado.

Kathryn Woolard (1985), por su parte, afirmó que no existe un mercado lingüístico único, sino que cada variedad es evaluada en un contexto vernacular determinado. En el mundo hispánico, por ejemplo, las variedades que emergen como resultado de las masivas migraciones contemporáneas deben ser analizadas dentro de sus propios contextos; lógicamente el análisis es mucho más certero cuando se tienen en cuenta contextos concretos. Según Woolard, esta evaluación contextualizada no es realmente óbice para la existencia de pautas comunes a toda una comunidad, pero, efectivamente, es interesante llamar la atención sobre la competencia de normas dentro de las comunidades. Puede hablarse de variedades de estatus bajo y de poco prestigio, frente a variedades de estatus alto y de gran prestigio, y la única forma de comprender su dinámica de oposición es accediendo a las comunidades locales donde las formas de unas variedades y otras son significativas.

En China, por ejemplo, el estatus o las credenciales políticas son de poca ayuda para competir en los mercados de una economía en transformación. La educación, el conocimiento de idiomas y, sobre todo, la capacidad de adaptarse a las nuevas reglas del mercado, incluida la adaptación lingüística y comunicativa, son las que obtienen mayores recompensas en forma de salarios más altos y mejores oportunidades laborales. La simple capacidad de hablar *putonghua* indica con claridad que el hablante ha adquirido una buena educación y preparación social.

La interpretación de la relación entre la lengua y el mercado que hace Pierre Bourdieu es complementaria de lo que se acaba de explicar. Bourdieu afirmó en varias ocasiones (1977; 1991) que la competencia sobre la lengua «legítima» constituye el capital lingüístico más valioso en el mercado convencional. Los hablantes han de poseer y acumular este tipo de capital lingüístico si quieren asegurarse su presencia y utilidad en el mercado. Bourdieu (1985) establece una relación estrecha entre usos lingüísticos, estilos y simbolismo de la lengua. Las diferencias lingüísticas entre hablantes se analizan en términos de la importancia de la lengua legitimizada en la actividad socioeconómica. La lengua constituye un capital simbólico potencialmente convertible en capital económico. Los usos lingüísticos deben su valor propiamente social al hecho de que tienden a organizarse en variedades que reproducen el sistema de las diferencias sociales en el orden simbólico de las variaciones. De este modo, «hablar» es apropiarse de unos estilos expresivos ya constituidos en y por el uso, y la jerarquía de estilos expresa la jerarquía de las agrupaciones sociales. Las propiedades de la variedad considerada «legítima» –llamada por otros «lengua estándar» o *langue légitime*– sirven para marcar diferencias sociales y por ello las oportunidades de acceder a ella son limitadas. Así, el sistema de enseñanza se convierte en algo esencial para la sociolingüística porque la institución detenta el monopolio de la producción masiva de productores-consumidores y reproduce el mercado del que depende el valor social de la competencia lingüística y su capacidad de funcionar como capital lingüístico (Bourdieu 1985: 38). Asimismo, el *habitus* se encuentra vinculado al mercado tanto por sus condiciones de adquisición como por sus condiciones de uso: no aprendemos a hablar escuchando, sino hablando, es decir, ofertando un habla en el mercado, en situaciones de comunicación, en el seno de una familia que ocupa una posición concreta en el espacio social y que propone a sus miembros más jóvenes sanciones y modelos más o menos alejados de los usos legítimos (Bourdieu 1985: 69).

Para la sociolingüística cognitiva, las variedades y estilos sociolingüísticos existen vinculados a agentes dotados de esquemas de percepción, que permiten apreciar conjuntos de diferencias sistemáticas, aprehendidas sincréticamente. Lo que circula en el mercado son discursos estilísticamente caracterizados, tanto desde la producción, en la medida en que cada locutor construye un idiolecto a partir de la lengua común, como desde la recepción, en la medida en que cada receptor contribuye a validar el mensaje que recibe y evalúa (Bourdieu 1985: 13). Por ello puede decirse que la lengua, nace de la suma de la actividad fisiológica de nuestro aparato vocal-auditivo, de la actividad comunicativa y de la actividad cognitiva, pero también que las manifestaciones lingüísticas ofrecen diferentes valores simbólicos dentro del mercado.

Finalmente, así como los miembros de una comunidad son capaces de percibir las relaciones sociales y la forma en que la lengua las refleja, o de percibir la solidaridad en el interior de las comunidades y de las agrupaciones, a través, por ejemplo, de las formas de tratamiento (Langacker 1991: 496), los hablantes disponen también de una competencia receptiva de esquemas lectales y de una habilidad para relacionarlos con grupos sociales (Kristiansen 2008: 68). Los hablantes, en el desarrollo de su actividad dentro del mercado lingüístico, despliegan una constante actividad de categorización social y lectal de sus interlocutores, que pueden tener manifestaciones y consecuencias distintas, como las que se representan en los esquemas de percepción elaborados por Gitte Kristiansen (2008), en los que el hablante-oyente localiza a sus interlocutores social y dialectalmente a partir de su propio modelo, a través de rasgos específicos o con relación a sí mismo, o donde el hablante-oyente cambia su código según su interlocutor y su estilo a partir de unos modelos preexistentes.

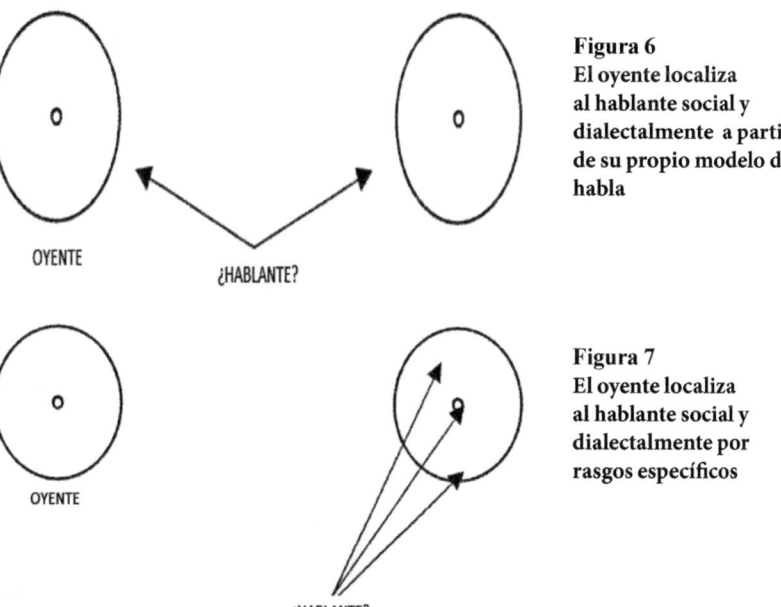

Figura 6
El oyente localiza al hablante social y dialectalmente a partir de su propio modelo de habla

Figura 7
El oyente localiza al hablante social y dialectalmente por rasgos específicos

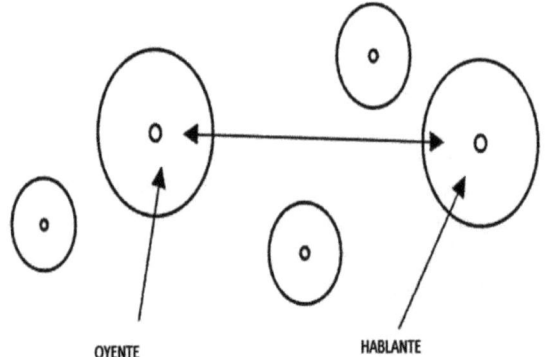

Figura 8
El oyente localiza al hablante con relación a sí mismo

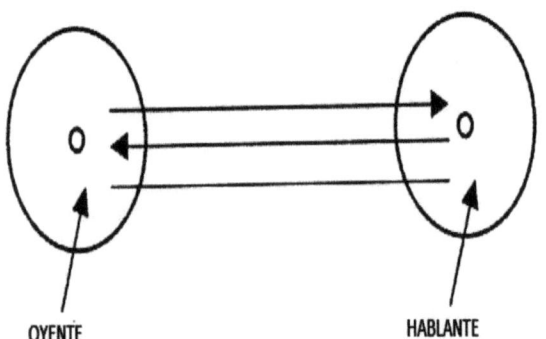

Figura 9
El oyente cambia su código respecto del código del oyente

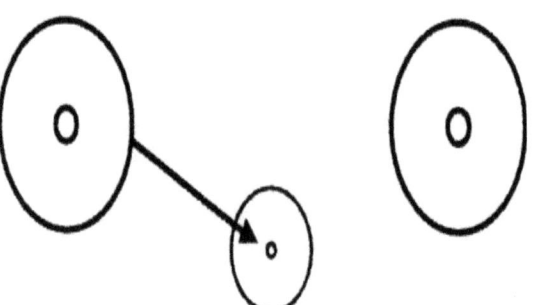

Figura 10
El oyente cambia su estilo hacia un patrón existente

La realidad social y su percepción 67

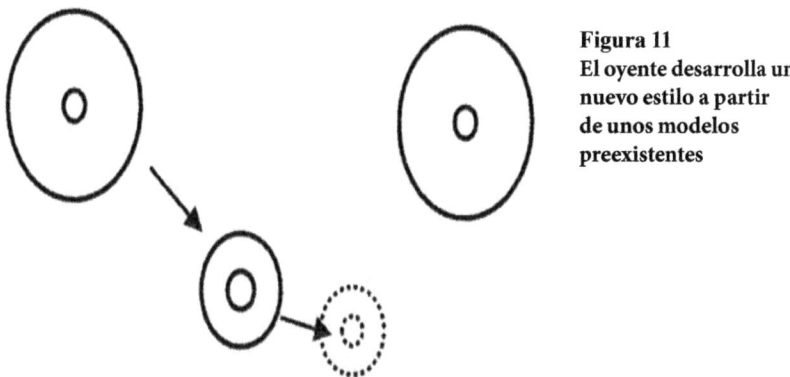

Figura 11
El oyente desarrolla un nuevo estilo a partir de unos modelos preexistentes

De todo ello concluimos que el hablante-oyente tiene la capacidad de percibir usos lingüísticos diferenciados y la habilidad de asociarlos a agrupaciones de hablantes de unas características determinadas, completando procesos de categorización dialectal, etnolingüística, sociolingüística y estilística, y orientando su conducta hacia estilos o posiciones sociolingüísticas que considera beneficiosas para sus intereses. Al mismo tiempo, la habilidad para asociar usos lingüísticos a agrupaciones de hablantes concretas posibilita la aparición de actitudes y creencias sociolingüísticas.

Debate: ¿estratificación objetiva o percepción subjetiva?

El principal debate que la realidad social pone sobre la mesa tiene que ver con el modo y el grado de su influencia sobre la lengua. A este respecto, la sociolingüística tradicional ha partido de una perspectiva objetivista, desde la cual existen unas realidades sociales objetivas, externas a la lengua, que, en sus distintos componentes y en diferentes grados, son capaces de incidir de un modo directo sobre determinados elementos de la lengua. Esta perspectiva presupone la posibilidad de identificar y definir objetivamente realidades sociales –clase, estrato, nivel– con una supuesta capacidad de determinación sobre la fonética, la gramática o el léxico. En otra perspectiva se sitúa la sociolingüística cognitiva, de base subjetivista, para la cual las realidades sociales externas a la lengua ven condicionada su influencia sobre la lengua por el modo subjetivo en que son percibidas y categorizadas por los hablantes y por las agrupaciones que estos constituyen. El debate sitúa en un extremo a la sociolingüística estratificacional y en el otro a una sociolingüística dinámica de la interacción, de base cognitiva.

La sociolingüística laboviana interpreta sus análisis como una forma de descubrir diferencias entre hablantes. Es evidente que ciertos usos lingüísticos son más característicos de unas agrupaciones sociales (clases, niveles) que de otras y que las diferencias sociolingüísticas aumentan conforme crece la distancia social entre los miembros de una comunidad. Además, es palmario que la distribución social de los usos lingüísticos funciona como factor decisivo en el desarrollo y la expansión de los cambios lingüísticos (Labov 1990). No obstante, el empleo de índices de estratificación y el modelo estratificacional en su conjunto presentan unos inconvenientes que no se pueden soslayar. Sin entrar en filiaciones ni en defensas a ultranza de escuelas, los puntos débiles que se han identificado en el modelo multidimensional de estratificación preconizado desde el funcionalismo anglosajón pueden enumerarse del siguiente modo:

i. Hay comunidades con una organización social muy alejada de los cánones occidentales de las sociedades modernas e industrializadas. Las organizaciones tribales africanas o polinésicas, la importancia de las castas en la India, hacen ver que la comunicación social no está necesariamente organizada en estratos verticales (Granda 1994).

ii. El procedimiento de estratificación está sujeto a factores aparentemente objetivos (ingresos, profesiones), pero que, en realidad, suponen una subjetividad implícita en el propio proceso de investigación: qué dimensiones se tienen en cuenta, cómo se subdividen o gradúan, cómo se interrelacionan. Milroy reveló esta subjetividad en el reanálisis que hizo en 1992 de la realidad neoyorquina estudiada por Labov en 1966. Tal vez por ello, la estratificación no es capaz de reflejar siempre, de un modo efectivo, cómo la realidad externa influye sobre la lengua.

iii. Los indicadores o dimensiones manejados por el funcionalismo no tienen todos ellos la misma importancia dentro de una comunidad. Esta desigualdad se puede resolver particularmente, asignando a cada factor un peso o ponderación diferente; sin embargo, tal recurso no resuelve la dificultad de comparar rigurosamente estratos o clases de comunidades dispares. Asimismo, el manejo simultáneo de tres, cuatro o más indicadores para construir las clases podría ocultar o difuminar la importancia particular de alguno de ellos, a la vez que podría contribuir a entremezclar dimensiones que merecen tratarse discriminadamente. Además, está la dificultad de decidir adecuadamente – ¿objetivamente? – los pesos relativos de cada indicador.

iv. El número de individuos susceptibles de pertenecer a los distintos estratos puede variar de una comunidad a otra. Este hecho, además de dificultar la comparación entre comunidades, puede crear una imagen de la sociedad que no refleje sus tendencias naturales o que ignore una configuración mejor correlacionada con los usos de la lengua. Por otra parte, la movilidad entre clases puede ser muy diferente entre comunidades, sin que tal diferencia pueda ser captada por un modelo estático.

La sociolingüística cognitiva no renuncia al análisis de entidades sociales objetivas, como las redes, grupos o mercados, ni siquiera a las clases sociales; pero todas ellas vienen condicionadas por el modo en que los hablantes las perciben y categorizan de forma subjetiva.

Conclusión

Una sociolingüística cognitiva ha de explicar cómo se produce la categorización y tipificación de los objetos lingüísticos y sociales. El uso mismo de la lengua supone una tipificación (Schütz 1974; 1999) y las sociedades siempre disponen de elementos de regularidad que ayudan a las tipificaciones (Evans-Pritchard 1961). Todo ello tiene puntos de contacto con –pero se sitúa muy lejos de– la base sociológica que ha inspirado a la sociolingüística variacionista, una base sustentada en la estratificación y con un efecto sobre la variación lingüística que no siempre es claro y directo.

La sociolingüística cognitiva se sustenta sobre una sociología de la interacción cara a cara en contexto y de la comunicación en la vida cotidiana. Una sociología que se libera del enorme peso del concepto de «clase social» para manejarse en el ámbito de las agrupaciones sociales. Una agrupación social está configurada por un conjunto de miembros de una comunidad, caracterizado por compartir una serie de rasgos y por ser percibido como tal. Las agrupaciones son de dos tipos fundamentales: grupos sociales y redes sociales. Los grupos sociales se correlacionan con rasgos lingüísticos y dan lugar a «sociolectos». Las redes sociales se caracterizan principalmente por el contacto directo entre sus miembros y constituyen una arquitectura que se materializa en la sociedad y que permite la articulación de numerosos elementos lingüísticos. Grupos y redes conviven dentro de las comunidades hasta alcanzar un número crítico que permite la aparición de un sistema social. Una interpretación de niveles múltiples como la que aquí se propone viene a superar la oposición artificial entre grupos e individuos (Villena Ponsoda 2005; 2008a).

Finalmente, por más incidencia que los entornos naturales y socioculturales tengan sobre la comunicación, el agente social primario, el motor de la dinámica sociolingüística y comunicativa es el hablante como individuo que interactúa en una situación y en un contexto. Norbert Elias (1970: 153) afirmaba que «individuo» y «sociedad» no son dos objetos que existan separadamente, sino dos planos distintos, pero inseparables, del universo humano. El hablante se sirve de un sistema de símbolos aprendido y manejado en un entorno sociocultural para interactuar con otros individuos dentro de una dinámica de mercado. Y todo ello con el protagonismo de la realidad lingüística y social tal y como es concebida y percibida por el propio hablante.

CAPÍTULO 3

VISIÓN DEL MUNDO, DISCURSO Y SOCIEDAD

El análisis del discurso habita en la periferia de la sociolingüística. Su origen está vinculado, por una parte, a la pragmática, donde establece oposición con el análisis de la conversación, y, por otra parte, a los estudios sociopolíticos, donde el discurso es fuente primaria de información para el conocimiento de las ideologías. En otro orden, la consideración de la lengua y del propio discurso como elementos configuradores de la cultura y de la visión del mundo ha sido práctica habitual de los estudios antropológicos (Marcus y Fischer 1986) y filosóficos –más recientemente de los estudios culturales–, pero no ha sido asunto central para la sociolingüística.

El punto de vista que se adopta aquí es diferente. El estudio de las manifestaciones más complejas de la lengua –actos de habla, discursos, conversación– se integra perfectamente en la órbita de la sociolingüística cognitiva. Y esto es así por dos motivos principales. El primero es que todo aquello que los discursos reflejan –la visión del mundo, la cultura, los entramados sociales– responde a interpretaciones cognitivistas de la realidad sociolingüística, dado que las representaciones del mundo y las percepciones de las relaciones sociales son procesos de naturaleza cognitiva. El segundo motivo es que el discurso muestra características comunes con otros elementos de interés preferente para la sociolingüística cognitiva, como el hecho de responder a procesos de elección o selección por parte del hablante, de ser objeto e instrumento de acomodación comunicativa en la interacción y de experimentar procesos de variación lingüística.

A. Sobre los hablantes y su representación del mundo

Proposición 3.1

La representación del mundo es una construcción mental que se inscribe en un marco de referencia sociocultural y que forma parte del inconsciente cognitivo.

Proposición 3.2

La relatividad lingüística supone que la representación del mundo, la organización del conocimiento y la percepción sociolingüística vienen determinadas en cada comunidad por la forma y el uso de las lenguas correspondientes.

Proposición 3.2.1

La construcción del discurso se realiza mediante un proceso selectivo capaz de proyectar una representación del mundo.

Proposición 3.2.2

La interacción comunicativa y la experiencia acumulada de interacciones contribuyen a configurar una representación del mundo.

Proposición 3.3

Los discursos y los usos sociales de la lengua reflejan la representación del mundo de un hablante, una agrupación o una comunidad.

Proposición 3.3.1

Los hablantes tienen la capacidad de construir descripciones, argumentaciones, narraciones e instrucciones de acuerdo con su particular visión del mundo y de la realidad.

Proposición 3.3.2

Los cambios sociales y los cambios del entorno natural y cultural pueden tener como consecuencia nuevas formas en la lengua.

Escolio 3-A

La lengua y el entorno en que se utiliza están conectados entre sí de tal forma que las intenciones comunicativas de los hablantes y los significados de sus expresiones solo pueden completarse e interpretarse adecuadamente con referencia al mundo en que se insertan. El entorno natural y sociocultural constituye un marco de referencia en el que se inscribe la representación del mundo predominante en una comunidad de hablantes. La lengua, por su lado, constituye un instrumento que permite al individuo y a la comunidad establecer una relación con su entorno. En esa relación, la lengua expresa o verbaliza la naturaleza del entorno, pero al hacerlo lo construye y categoriza, condicionando la forma en que se percibe. La tesis de la *relatividad lingüística*, propuesta principalmente por Benjamin Lee Whorf (1940), sostiene que la organización del conocimiento, la visión del mundo y la percepción sociolingüística vienen determinadas en cada comunidad por la forma y el uso de sus lenguas correspondientes. Los estudios más recientes sobre las denominaciones de los colores parecen confirmar el peso de la expresión lingüística sobre su percepción categorial (Roberson 2005; Deutscher 2011), lo que justificaría, desde una lingüística cognitiva, la existencia de cientos de designaciones para los colores en algunas lenguas, como en el maorí de Nueva Zelanda, o de solamente unas pocas en otras, como en el bassa de Liberia (Gleason 1970).

Otra forma de entender la relación entre lengua, cultura y visión del mundo es la propuesta por Jerzy Bartmiński y su escuela polaca, inscrita dentro de una «etnolingüística cognitiva» cuyo aparato conceptual se basa en las nociones de «visión de mundo lingüística», «estereotipo», «perspectiva» o «perfil» de los objetos (Bartmiński 2010: 19). Para la etnolingüística cognitiva, una visión del mundo lingüística es una interpretación subjetiva de la realidad, una realidad relativizada desde el sistema de valores y la perspectiva del sujeto. La visión del mundo se manifiesta a través de un conjunto de juicios configurados lingüísticamente y reconstruidos a partir de información sistemática, convencional y textual o discursiva. Esta visión del mundo lingüística incluye estereotipos; es decir, imágenes de personas, lugares y sucesos relacionados con hechos que se consideran normales en una cultura.

Con todo, cuando se oye hablar de «cultura», no siempre es fácil saber a qué se está haciendo referencia. Una posibilidad aceptable es la definición de Goodenough (1957: 167), quien considera «cultura» a aquello que una persona debe saber o creer para desenvolverse de forma adecuada entre los miembros de un grupo humano concreto y para cumplir una función aceptada por ellos. Todo ese conocimiento se adquiere en un proceso de socialización en el que la lengua cumple una función decisiva. Pero esta definición de «cultura» no es la única en la que se ve implicada la lengua. Clifford Geertz, por ejemplo, presenta la cultura como una construcción esencialmente discursiva, cuando la define como el conjunto de relatos que nos contamos a nosotros mismos sobre la realidad que nos rodea. Y otros sociólogos tienen en mente la lengua cuando definen la cultura como un complejo de conocimientos, creencias, costumbres o hábitos (Tylor 1871) o como un comportamiento aprendido de una sociedad o de un grupo (Mead 1964), aprendizaje en el que la lengua sería instrumento capital.

Volviendo al terreno propiamente lingüístico, es preciso señalar que la lengua estructura la realidad en que se inserta mediante la construcción contextualizada del discurso. Además, las interacciones comunicativas llevan a una acumulación de experiencias que paulatinamente van configurando la representación del mundo, tanto la individual como la colectiva. El escenario de uso, el lugar en que la realidad del entorno se expresa y, al mismo tiempo, se construye es el mercado sociolingüístico. Para Bourdieu (1985: 13), el mercado contribuye a construir el valor simbólico del lenguaje, a la vez que construye el sentido del discurso. De este modo, los discursos, para ser bien entendidos, han de someterse a los condicionamientos de la situación y del contexto en que aparecen, así como a su entorno sociocultural. La sociolingüística cognitiva sostiene, pues, que ni la lengua ni los discursos en que se articula son elementos pasivos o simples reflejos de su entorno. Siendo así, no parece suficiente explicar la relación entre realidad, visión del mundo y lengua a partir de una «metáfora del espejo», como si unas fueran reflejo de las otras.

La alternativa a la metáfora del espejo sería la «metáfora de la construcción», según la cual los discursos construyen versiones del mundo y el mundo se construye a medida que se habla, se escribe o se discute sobre él. Para entender cómo funciona el construccionismo discursivo –esto es, cómo los discursos construyen la realidad y la visión del mundo– puede acudirse a diferentes propuestas teóricas. Una de ellas es la que hace la antropología lingüística, desde el pensamiento de Whorf, muy relacionado también con el de Malinowski (1982). Una segunda propuesta es la del análisis de la conversación (Sacks 1992), en la que las interacciones lingüísticas vienen a ser los ladrillos que edifican la visión del mundo y de la sociedad. La tercera sería el propio análisis del discurso, abordado desde diversas escuelas (Lozano *et al.* 1989; Schiffrin 1994; Van Dijk 1978; 2011). Estas tres propuestas comparten elementos cognitivistas y apuestan por concebir la realidad como una construcción social (Berger y Luckmann 1966; Potter 1998). El modo en que los factores sociales y culturales influyen sobre la producción y la interpretación del enunciado sería objeto de una *pragmática sociocultural* e incluiría, entre sus intereses, el estudio de la conversación, de los géneros del discurso y del estilo.

Una interpretación cognitivista de la relación entre discurso y realidad sostiene que la interacción es imprescindible para la comprensión de la realidad y para la construcción de una determinada visión del mundo. A partir de aquí, los discursos se organizan de diferente forma según se intente llevar a cabo alguna de sus grandes tareas: la *argumentación*, la *descripción*, la *narración* o la *instrucción*. La elaboración de argumentaciones permite construir la realidad por medio de la selección discursiva y lingüística. El hablante, para construir argumentaciones, selecciona lo que ha de usar y lo que no ha de usar, desde el punto de vista semiológico y lingüístico, para crear categorías o trazar metáforas discursivas, como muestra George Lakoff en sus trabajos (1987; 2004). Los discursos metaforizados son capaces de conseguir una manipulación ontológica cuando se usan de un modo frecuente y con persistencia en una perspectiva.

El discurso descriptivo permite no solo explicar cómo es una realidad, sino también «construir» realidades, combinando el tratamiento de los hechos en su materialidad con la perspectiva del hablante, y poniendo en liza dos líneas estratégicas opuestas: la acreditación de categorías objetivas y la formulación de intereses subjetivos. Así, el hablante organiza sus discursos descriptivos mostrando un posicionamiento muy próximo a sus intereses particulares o muy distante de ellos. Las acreditaciones –esto es, los elementos que acreditan una descripción– se utilizan para reforzar los discursos en que se hace referencias a hechos (factualidad). Frente a esta táctica, la mención (o reproche) de los intereses particulares de alguien son un instrumento utilizado por los interlocutores para socavar el buen crédito del agente de las descripciones. Así pues, las descripciones suelen moverse entre la invocación de intereses y la ostentación de acreditaciones, con el fin de influir sobre la percepción que el interlocutor tiene de la realida, si bien cuando las descripciones proceden de los líderes de la comunidad, gozan de una mayor credibilidad. En cualquier caso, las descripciones pueden recurrir a los componentes de una «jerarquía de modalidad», como la propuesta por Bruno Latour y Steve Woolgar (1986), que hacen posible reforzar la veracidad –factualidad– de una descripción o esquivar que pueda ser desacreditada o socavada. He aquí una jerarquía que recoge aspectos epistémicos de la modalidad.

Cuadro 2
Jerarquía de modalidad. Fuente: Potter (1998:148),
a partir de Latour y Woolgar (1986)

X
X es un hecho
Sé que X
Afirmo que X
creo que X
establezco la hipótesis de que X
Pienso que X
Supongo que X
X es posible

Los trabajos de Bruno Latour y de Steve Woolgar (1986) son extremadamente interesantes porque intentan hacer ver que toda realidad es una construcción social elaborada a través de la lengua, hecho que puede demostrarse incluso desde dentro del meticuloso y empírico mundo de la investigación científica, al que no son ajenos los errores mecánicos, con escasas consecuencias para el valor final de las investigaciones si estas se revisten del adecuado envoltorio de creencias y de una supuesta aceptación social. Desde una posición afín a esta, la actitud hacia las descripciones puede expresarse en términos retóricos, bien mediante una retórica ofensiva, intentando socavar con discursos irónicos las descripciones contrarias o alternativas, bien mediante una retórica defensiva, intentando evitar, con discursos objetivados, que otros socaven nuestras descripciones.

Los discursos narrativos, que han despertado el interés de lingüistas, psicólogos, etnógrafos y sociólogos, pueden construir una realidad manejando elementos de acreditación de lo narrado y aportando detalles según lo requiera la aceptación o rechazo del interlocutor. Desde este punto de vista, lo más interesante sea tal vez la función que cumplen las citas dentro de los relatos, pues buscan el consenso y la corroboración mediante la construcción de discursos (aparentemente) realistas. Una cita conversacional es un texto oral en forma de secuencias en las que se cuenta algo. La cita directa, al ser una representación selectiva en la que el hablante elige unas acciones y cómo se representan, sirve para la construcción de la imagen positiva del locutor (Brown y Levinson 1987). Como señala Laura Camargo (2004), los hablantes, mediante las citas, manifiestan su percepción del mundo y revelan que la lengua es vital para expresar su punto de vista sobre las acciones narradas y sobre el universo en que se desenvuelven.

Finalmente, el discurso instructivo, tal vez el que menos atención ha recibido por parte de la lingüística, supone una interesante relación con la realidad, por cuanto no la narra ni la describe, sino que la anticipa. En cierto modo, se trata de una prenarración en la que el autor –a menudo escritor, aunque no solo– construye una realidad que únicamente puede materializarse después de la propia instrucción, pero que también requiere la existencia de una realidad previa sin la cual la instrucción se descontextualiza. Los discursos instructivos solo resultan adecuados en la medida en que el receptor (lector) es capaz de materializar las acciones previstas por el emisor para una situación determinada.

B. Sobre el discurso y su dimensión social

Proposición 3.4.

La producción y la interpretación de los mensajes lingüísticos están determinadas por factores culturales, sociales y contextuales.

Proposición 3.5

Los contextos son modelos mentales subjetivos de las situaciones sociales.

Proposición 3.5.1

Los modelos de contexto son determinantes en los procesos mentales involucrados en la producción y recepción del discurso.

Proposición 3.5.2

Los contextos controlan las propiedades variables de los enunciados y la conversación, y hacen posible la variación en el nivel discursivo.

Proposición 3.6

Las manifestaciones fundamentales de la lengua en su uso social son los discursos y las interacciones conversacionales.

Proposición 3.6.1

La interacción conversacional es la forma fundamental de producción de la lengua hablada, está conformada por actos de habla y a ella pueden adscribirse todos los demás usos sociolingüísticos.

Proposición 3.6.2

Los actos de habla son manifestaciones de la lengua hablada con capacidad de realizar acciones de naturaleza social, de situar al hablante respecto a sus interlocutores y de influir sobre su conducta.

Proposición 3.6.3

Los discursos son construcciones lingüísticas complejas destinadas a cumplir funciones comunicativas y sociales específicas.

Proposición 3.6.4

Los géneros del discurso –argumentativo, descriptivo, narrativo e instructivo– vienen determinados por el hablante y su contexto social.

Proposición 3.7

Los actos de habla y los discursos pueden verse sometidos a transformaciones semánticas o conceptuales sin que exista voluntad de transmitir significados o referencias diferenciados.

Proposición 3.8

Los estilos están configurados por conjuntos de características sistemáticas, que pueden ser aprehendidas y percibidas sincréticamente como propias de un hablante o de un contexto social.

Escolio 3-B

De igual manera que la sociolingüística cognitiva reconoce la acción decisiva del discurso en la construcción de la representación de la realidad y de la visión del mundo que posee un hablante, una agrupación o una comunidad, también sostiene que la producción y la interpretación de los discursos están determinadas por factores culturales, sociales y contextuales. A la incidencia de los factores culturales sobre estas manifestaciones de la lengua ya se ha hecho antes referencia, pero aún no hemos insistido en la relevancia de los contextos.

Para Teun van Dijk (2011), los contextos han de entenderse también desde una perspectiva cognitiva. Los contextos son modelos mentales subjetivos de situaciones sociales y estos modelos son determinantes en los procesos de producción y recepción del discurso. Ahora bien, la aplicación de los modelos de contexto en la producción de discursos (textos) y conversaciones no es solamente una forma de procesamiento cognitivo, sino una práctica basada en estrategias de interacción. En esa práctica, los contextos son capaces de influir sobre el discurso provocando la variación discursiva y el control de las variables que actúan en los propios discursos y en la conversación. Al mismo tiempo, los conocimientos socioculturales compartidos son la base tanto para la formación de los modelos de contextos, como para la producción e interpretación de los discursos. Este tipo de procesos son el objeto prioritario de una línea de investigación denominada *sociología del contexto* (Van Dijk 2011: 223-225).

Una vez admitida la decisiva acción de los modelos de contexto sobre la construcción del discurso –incluidas sus variaciones–, es interesante detenerse en las formas concretas que el discurso adopta y en sus componentes. La distinción entre discurso e interacción conversacional, aunque borrosa, resulta fundamental. Decimos borrosa porque no se trata de dos manifestaciones estancas: las interacciones conversacionales pueden incluir discursos de diferentes tipos, así como los discursos pueden reproducir diálogos o interacciones. Con todo, la distinción es posible si se presta atención a su dinámica interna.

La interacción conversacional es la forma fundamental de producción de la lengua hablada en un contexto sociosituacional inmediato (Calsamiglia y Tusón 2007: 20-35). Aparte de tratarse de una interlocución en presencia –cara a cara–, dinámica y cooperativa, más allá de unas características fónicas y gramaticales específicas (Briz 1996), el diálogo o interacción conversacional –coloquial o no– es sensible a la percepción de los interlocutores y a la «presión social» a la que estos se ven sometidos. Asimismo, el diálogo puede adquirir formas diferentes según los fines que persiga: diálogo argumental, narración, coloquio. En el diálogo argumental, por ejemplo, ha de existir una clara intencionalidad, en la que predomine la perspectiva del hablante, cuyos juicios responderán a su actitud y a unas intenciones fundamentales: una observación, una evaluación o una prescripción. A partir de aquí, el acuerdo o el desacuerdo entre los interlocutores sobre lo observado y sobre un conjunto de criterios básicos determinarán el tipo de diálogo que se construya. Según Gilbert Dispaux (1984), los diálogos argumentales pueden ser de cuatro tipos: *diálogo de estrategas* (con acuerdo sobre un conjunto definido de observaciones y sobre un conjunto de normas o criterios esenciales), *diálogo de expertos* (con desacuerdo en lo observado y acuerdo en los criterios), *diálogo de ideólogos* (con acuerdo en las observaciones y desacuerdo en los criterios) y *diálogo de sordos* (con desacuerdo en lo observado y en los criterios básicos).

Las interacciones están conformadas por actos de habla, que son enunciados con capacidad de realizar acciones de naturaleza social, de situar al hablante respecto a sus interlocutores y de influir sobre su conducta. Entre las tipologías de actos de habla, tal vez la más conocida sea la que John Searle propuso en 1976, en la que distinguía actos representativos, directivos, comisivos, expresivos y declarativos.

Cuando los discursos, las conversaciones o los actos de habla se insertan en un contexto determinado y responden a unas condiciones situacionales precisas, se habla de «estilos», que vienen configurados por conjuntos de características sistemáticas que pueden ser aprehendidas y percibidas sincréticamente como propias de un hablante o de un contexto social. Como señala Bourdieu (1982), lo que aparece en el mercado son discursos estilísticamente caracterizados, tanto desde la producción, en la medida en que cada locutor construye su idiolecto a partir de la lengua común, como desde la recepción, en la medida en que cada receptor contribuye a reproducir el mensaje que recibe y evalúa.

En cuanto a los discursos propiamente dichos, puede afirmarse que son construcciones lingüísticas complejas, destinadas a cumplir funciones comunicativas y sociales específicas (Van Dijk 1978). Ahora bien, los discursos no son entes estáticos, que mantienen una estabilidad en su proceso de construcción o que los hablantes reproducen en términos siempre idénticos. Los discursos experimentan transformaciones semánticas o conceptuales, en las que influyen factores comunicativos –por ejemplo, la intención momentánea del hablante–, pero también factores no lingüísticos, como la memoria a corto y largo plazo. Esa inestabilidad en la producción tiene su paralelo en la recepción, por lo que no es extraño que se produzcan malentendidos. Baudelaire decía, en sus diarios de *Mi corazón al desnudo* (1864), que el mundo no funciona sino por el malentendido; y el propio William Labov concede importancia al malentendido para la explicación de los cambios fónicos (2010). En las transformaciones o variaciones que se producen entre discursos o en el interior de los discursos, reconocemos procesos que afectan a las estructuras semántica, sintáctica, léxica y fónica (Van Dijk 1978: 211-223).

Entre las transformaciones o variaciones que los discursos experimentan durante su construcción o en su replicación se incluyen las acciones de *omitir, adjuntar, permutar, sustituir o recombinar* (Coulthard 1977). Estas transformaciones pueden preservar tanto el significado como la referencia del discurso; esto es, su valor de verdad. En este último caso, el resultado discursivo sería, desde el punto de vista semántico, estrictamente equivalente al original y respondería a transformaciones «correctas»; cuando se añade información impropia, se omite información o se recombina y permuta de modo inadecuado, se habla de transformaciones «incorrectas».

Por último, la variación discursiva puede responder a una necesidad de adaptación a una concreta situación social y comunicativa, con lo que ello implica de modificación de significados o referentes. Pero también puede responder a factores de naturaleza individual, grupal o lingüístico-comunicativa, sin que detrás exista una intención de transmitir informaciones diferentes, con significados o referentes distintos. Tanto en un tipo de variación como para el otro, la lengua despliega un rico repertorio de transformaciones discursivas que permiten decir cosas diferentes de modos diferentes o las mismas cosas de maneras distintas.

C. Sobre la posición del individuo en la sociedad

Proposición 3.9

La actividad lingüística individual contribuye a la configuración de la identidad y permite la integración del hablante en las estructuras macro-sociales mediante la oposición de su propio discurso al de otros individuos.

Proposición 3.10

La integración del hablante en la sociedad viene acompañada por procesos de acomodación comunicativa en los que aparecen movimientos tanto de convergencia como de divergencia.

Proposición 3.11

El discurso social y contextualmente determinado es la base del metalenguaje normativo y de la ideología que lo fundamenta.

Proposición 3.12

Las actitudes y creencias lingüísticas condicionan el proceso de acomodación comunicativa de unos hablantes a otros y de unas agrupaciones sociales a otras.

Proposición 3.13

La interacción comunicativa tiene entre sus principales funciones la modelación de las relaciones interpersonales, que se realiza mediante las elecciones lingüísticas.

Proposición 3.14

La conducta comunicativa resulta socialmente adecuada cuando se observan unos principios generales y unas normas específicas que configuran la cortesía y responden a las constricciones sociales de cada entorno.

Proposición 3.15

Las formas de tratamiento son un componente esencial de la cortesía y reflejan tanto la percepción del poder y la solidaridad entre hablantes, como el juicio sobre su estatus respectivo.

Escolio 3-C

La comunicación verbal no se limita al intercambio de información, sino que incluye, como una de sus principales funciones, la modelación de las relaciones interpersonales. La actividad lingüística individual permite la integración del sujeto en las complejas estructuras macro-sociales, mediante la oposición de su propio discurso al de otros individuos, y los hablantes desarrollan estos procesos de integración o de oposición mediante sus elecciones lingüísticas. Además, no debe perderse de vista que la dimensión social de los discursos incluye la manera en que el hablante se enfrenta a su construcción. La sociolingüística cognitiva es muy consciente de ello y concede gran importancia a dos dinámicas: la de la *acomodación comunicativa*, desplegada fundamentalmente en procesos de convergencia y de divergencia, y la de la *actitud sociolingüística*, estrechamente ligada a las creencias. Asimismo, las actitudes y creencias son determinantes en los procesos de acomodación comunicativa de unos hablantes a otros y de unas agrupaciones sociales a otras.

La posición del hablante respecto a su entorno social inmediato puede quedar fijada desde dos planos de singular relevancia para el uso contextualizado de la lengua. El plano de la cortesía y el plano de la ideología. El nivel de la cortesía empapa todos los usos de la lengua donde las constricciones sociales se aprecian de un modo más evidente. La conducta es socialmente adecuada cuando se observan unos principios generales y unas normas específicas que se incluyen en el concepto de «cortesía» (Coulmas 2005: 84). Entre el hablante y su interlocutor existe un juego de percepciones que es decisivo para el funcionamiento de la cortesía, de la solidaridad y del juicio sobre el estatus de los hablantes, lo que repercute, por ejemplo, en un aspecto tan importante para la interacción comunicativa como las formas de tratamiento (Langacker 1991: 496). Las formas de tratamiento son un componente esencial de la cortesía y reflejan tanto la percepción del poder y la solidaridad entre hablantes, como el juicio que estos elaboran sobre su estatus respectivo.

En cuanto al plano de la ideología, cabe reconocer su importante incidencia sobre la construcción de las identidades de los hablantes, en tanto que sujetos sociales, en el entorno de unas culturas determinadas. Las ideologías proporcionan identidades a las personas y llevan asociadas formas de comportamiento, incluidas las lingüísticas. De este modo, la identidad, definida por lo ideológico, se manifiesta a través de los discursos de los hablantes. A su vez, toda cultura incorpora identidades definidas por ideologías que interpretan la realidad y reflejan una visión del mundo. No obstante, es preciso decir que las relaciones entre discurso, identidad, ideología y cultura pueden ser interpretadas de manera diversa, según la posición teórica que se adopte (Althusser 1971; Laclau 2006). Sea como sea, en este momento nos interesa simplemente marcar la existencia de estrechos vínculos relacionales entre tales nociones.

Por otro lado, la trascendencia de la ideología, es enorme para el seguimiento de las normas que marcan la corrección, la propiedad y la adecuación en el uso de la lengua. Pero lo interesante no es tanto que los hablantes cuenten con una ideología favorable o desfavorable a la aplicación de unas normas establecidas externamente –por ejemplo, por las academias de la lengua– en el momento de la producción lingüística, como que el propio uso sociolingüístico sea la base del metalenguaje normativo y de la ideología que lo fundamenta, permitiendo establecer categorizaciones y relaciones entre tipos de hablantes a propósito de la norma. La praxis lingüística es la base del metalenguaje normativo y de la ideología que lo fundamenta, de modo que el propio discurso se convierte en un medio de explicitación de la normatividad (Fernández Marrero 2004: 147).

En definitiva, la sociolingüística cognitiva explica la posición del hablante dentro de su entorno social a través de lo que ocurre en los procesos de percepción:

percepción de los discursos ajenos, percepción del manejo de la cortesía, percepción de la línea ideológica del hablante, y todo ello de acuerdo con sus propios modelos de contextos.

Debate: lengua y realidad

Uno de los debates más antiguos, no ya en la lingüística propiamente dicha, sino también en la filosofía del lenguaje, es el de las relaciones entre lengua y visión del mundo, así como entre lengua y percepción de la realidad social. ¿Es el mundo el que condiciona la forma de la lengua o es la lengua la que condiciona la forma de ver la realidad externa, incluida la realidad social? Parece evidente que el entorno, natural y cultural, puede influir sobre la arquitectura de la lengua, especialmente en la riqueza y la configuración del léxico, pero, de igual modo, los sistemas léxicos pueden influir en la organización de la realidad: por ejemplo, el léxico del parentesco de cada lengua puede influir sobre la forma de interpretar las relaciones familiares, en cada grado y en su conjunto. ¿Dónde está, pues, la preeminencia?

Entre los intereses de la sociolingüística, figuran las interrelaciones de la lengua, la organización social y la visión del mundo (Casado 1988). Este interés no es algo reciente, pues sus orígenes modernos pueden llevarse a la época en que Wilhelm von Humboldt formuló sus ideas sobre la *forma interior del lenguaje*. Para Humboldt, la lengua conforma el pensamiento, a la vez que expresa perfectamente el espíritu nacional de un pueblo, su ideología, su forma de ser y su visión del mundo. Cada lengua posee una *forma interior*, previa a toda articulación, que siempre determina la ideología, de ahí que se sostenga que a diferentes lenguas, distintas mentalidades. En su filosofía del lenguaje, Wilhelm von Humboldt reformula algunas de las principales ideas de Herder, Kant y Hegel. De Herder toma el principio de que cada lengua es una forma diferente del ver el mundo; de Kant asume el apriorismo del individuo y de la lengua: el pensamiento es el lenguaje mismo y no es posible pensar sin la existencia previa del lenguaje; de Hegel toma la idea de que las diferencias en las estructuras semánticas y sintácticas hacen posible que unas lenguas sean más aptas que otras para la transmisión de determinadas ciencias o conocimientos. Esta interpretación quedó consolidada en el siglo XX cuando Ludwig Wittgenstein afirmó en el *Tractatus logico-philosophicus* (1921) que los límites de su mundo coincidían con los límites de su lengua.

La antropología lingüística norteamericana, por medio de pensadores tan destacados como Edward Sapir y Benjamin Lee Whorf, formuló el principio del *determinismo lingüístico* y el principio de la *relatividad lingüística*. El principio del *determinismo* establece que la lengua tiene la capacidad de determinar el pensamiento, lo que viene demostrado por la *relatividad lingüística*: el mundo ofrece un conjunto complicado de imágenes que las mentes de los individuos perciben y organizan a través de un patrón útil para toda una comunidad de hablantes y que está codificado en las estructuras de su lengua. Así pues, la organización del conocimiento viene determinada directamente por la estructura lingüística (Rossi Landi 1974). Las lenguas muestran entre sí diferencias estructurales muy llamativas: no todas tienen unas mismas categorías gramaticales ni las expresan formalmente de la misma manera; algunas lenguas disponen de muchos vocablos para referirse a realidades que en otras lenguas reciben un solo nombre. Todas esas diferencias contribuyen a que la visión del mundo y la organización del conocimiento sean muy diferentes de una cultura a otra.

Desde una perspectiva diferente, la etnolingüística cognitiva de Bartmiński concede preeminencia a la visión del mundo sobre la lengua, coincidiendo con las propuestas de Wierzbicka (1991), puesto que acepta que dentro de una comunidad de hablantes de la misma lengua pueden coexistir diferentes visiones del mundo. Se trata de una etnolingüística de orientación cultural para la que cualquier lengua es capaz de expresar cualquier contenido y en la que no existe experiencia que no pueda verbalizarse mediante cualquier lengua. Este enfoque teórico sostiene que la *hipótesis Sapir-Whorf* no está formulada para defender la prevalencia de la lengua sobre la visión del mundo o sobre el pensamiento y que se debe distinguir entre lo que la forma lingüística expresa habitualmente y lo que es capaz de expresar (Bartmiński 2010: 4).

Por otro lado, la psicolingüística está comprobando que la lengua ejerce una gran influencia a la hora de percibir o de recordar. Siempre es más fácil distinguir dos conceptos si van asociados a palabras diferentes, de igual forma que a menudo se recuerda algo con mayor facilidad si va ligado a algún elemento lingüístico concreto. Adam Schaff (1969) explicó también que la lengua se concibe como producto de una praxis social que determina la visión que una sociedad tiene del mundo: la lengua refleja una realidad a la vez que crea una imagen de esa realidad. Esta propuesta se conoce como *teoría del reflejo*. Desde esa perspectiva, es cierto, como ya señalaba Humboldt, que el hombre piensa tal como habla y habla como piensa. Según Schaff (1975: 209-242), el hombre piensa en algún lenguaje, por lo que su pensamiento siempre es hablado, y la forma en que piensa depende de la experiencia que le ha transmitido la sociedad mediante un proceso de educación hablada.

Ahora bien, para la psicolingüística cognitiva, los prototipos alrededor de los cuales se organizan las palabras en las diferentes lenguas suelen estar menos alejados que los significados de esas mismas palabras. Con esto se quiere decir que es relativamente fácil que las lenguas compartan prototipos y no tanto que compartan significados lingüísticos: las lenguas y las culturas pueden ser menos diferentes de lo que parece, así consideradas (Palmer 2000). Partiendo de estas ideas, Richard Hudson afirmó en 1981 que la *teoría de los prototipos* ofrece al sociolingüista y al antropólogo varios atractivos. Uno de ellos es que permite comprender más fácilmente cómo la gente aprende unos conceptos a partir de otros en relación con unos prototipos determinados: un concepto basado en un prototipo se puede aprender a partir del conocimiento de un número de casos muy reducido y sin ningún tipo de definición mental previa del concepto. Otro atractivo de los prototipos es que dejan un lugar para las interpretaciones particulares de la realidad, dado que los límites entre conceptos u objetos de la vida real son difusos: los individuos o los grupos sociales disfrutan de cierta libertad para aplicar e interpretar los conceptos de una forma particular. Además, el modelo del prototipo ofrece a los sociolingüistas la posibilidad de explicar cómo la gente categoriza de modo distinto los factores sociales con los que se relaciona la lengua, factores como el tipo de interlocutor o la situación en que se desarrolla una interacción comunicativa.

En el debate planteado, la sociolingüística cognitiva insiste en la función conformadora que la lengua tiene sobre la realidad social y su estructura, así como sobre la visión del mundo, pero el pensamiento –la cognición– establece unos puentes entre la lengua y la realidad que permiten llegar de una ribera a otra con toda facilidad.

Conclusión

El discurso, la conversación, los actos de habla o el estilo son parte integrante de la realidad sociolingüística interpretada desde una perspectiva cognitivista. Todas estas manifestaciones de la lengua condicionan la visión del mundo, su representación y las relaciones que se establecen dentro de una sociedad. Las manifestaciones lingüísticas operan, por consiguiente, como elementos condicionantes, pero también como reflejo de las estructuras profundas que sustentan una representación del mundo. En este proceso de condicionamiento y de reflejo, resulta fundamental la interacción comunicativa y el discurso se convierte en una elemento clave para la aproximación a la realidad social y lingüística.

Las manifestaciones lingüísticas constituyen tácita y consensuadamente una visión del mundo y una cultura, a través de los mecanismos que rigen el uso social de la lengua, entre los que son singularmente importantes la elección lingüística o discursiva y la acomodación comunicativa. En la comunicación social, la interacción conversacional es la forma básica de producción lingüística, por cuanto en ella pueden aparecer insertos otros tipos fundamentales de manifestaciones, como los actos de habla o los discursos, en toda su tipología. Estas manifestaciones lingüísticas responden a una dinámica social y pueden verse sometidas al fenómeno de la variación y del cambio. La sociolingüística cognitiva del discurso puede ser tanto ideológica como sociológica y atiende al uso social de la lengua, incluida la forma en que el hablante se sitúa respecto de sus interlocutores.

CAPÍTULO 4

FUNDAMENTOS COGNITIVOS DE LA VARIACIÓN LINGÜÍSTICA

La sociolingüística cognitiva se preocupa por el conocimiento y la percepción que los hablantes tienen de la variación lingüística, incorporando información relativa a los entornos comunicativos, a los procesos de interacción y al modo en que ambos son percibidos. Una sociolingüística cognitiva se interesa por la producción variable de las manifestaciones lingüísticas y por la percepción que los propios hablantes tienen de la variabilidad. Por tratarse de un ámbito que asume principios y conceptos de la lingüística cognitiva –conceptos como los de «prototipo» o «esquema»–, la sociolingüística cognitiva se impone la obligación de explicar, de un modo diferente al de la sociolingüística convencional, muchos de sus elementos fundamentales, incluidas las variables y las variantes lingüísticas. Al mismo tiempo, se plantea preguntas de investigación como estas: qué sabe el hablante acerca de la variación sociolingüística; dónde se instala y cómo se organiza tal conocimiento; cómo detecta el hablante los patrones de variación lingüística de su comunidad y cómo responde ante ellos.

A. Sobre el concepto de variación

Proposición 4.1

La variación es parte esencial de las lenguas, por lo que ninguna lengua carece de elementos variables.

Proposición 4.1.1

La variación se manifiesta tanto en la configuración y evolución histórica de la lengua, como en la adquisición, la interacción comunicativa y el cambio lingüístico.

Proposición 4.1.2

El proceso cognitivo implicado en la variación sociolingüística supone la capacidad de percibir las pautas generales en los usos lingüísticos de una comunidad de habla y de responder a ellas.

Proposición 4.1.3

La percepción subjetiva es un mecanismo fundamental en la adquisición de la variación lingüística.

Proposición 4.2

La realidad invariable y la realidad variable de la lengua son perfectamente compatibles desde una interpretación cognitivista.

Proposición 4.3

El uso lingüístico supone la réplica de elementos lingüísticos preexistentes, que se produce a través de la interacción en un entorno comunicativo y que da lugar a variaciones.

Proposición 4.4

La variación lingüística se produce de modo homosémico y de modo heterosémico, y en ambos se implican factores sociales.

Proposición 4.4.1

La variación homosémica requiere tanto la existencia de enunciados o rasgos diferentes con contenidos equivalentes, como una voluntad de querer decir lo mismo por parte del hablante.

Proposición 4.4.2

La variación homosémica se manifiesta en todos los niveles de la lengua: el fono-morfosintático formal, el semántico-referencial y el enunciativo-discursivo.

Proposición 4.4.3

La variación heterosémica se manifiesta en forma de enunciados o rasgos lingüísticos diferentes para transmitir contenidos o mensajes diferentes.

Proposición 4.5

La variación lingüística puede adoptar tres formas fundamentales: geolingüística, sociolingüística y estilística.

Proposición 4.5.1

La variación geolingüística o dialectal supone que a cada variedad geolectal le corresponde un dominio geográfico.

Proposición 4.5.2

La variación sociolingüística supone que los hechos de lengua tienen una significación social y pueden caracterizar a los hablantes de una variedad determinada.

Proposición 4.5.3

La variación estilística supone que un rasgo lingüístico es utilizado por hablantes de un grupo social determinado, buscando la adecuación en una interacción de acuerdo con el entorno lingüístico, la situación y el perfil del hablante.

Proposición 4.6

La variación sociolingüística se produce en entornos comunicativos concretos y refleja la existencia de patrones normativos que el hablante adquiere mediante su interacción con otros individuos, así como mediante el aprendizaje y la socialización sistematizada en la escuela.

Escolio 4-A

En la interacción comunicativa, las estructuras lingüísticas –los sonidos, las palabras, las construcciones– se replican en los enunciados que emitimos. La replicación aparece en el momento en que ponemos la lengua al servicio de las acciones conjuntas de los miembros de una comunidad y se manifiesta de una forma variable, debido en parte a la incertidumbre que se deriva de la oposición entre la eficacia comunicativa y el esfuerzo de construcción y articulación lingüística (Labov 2010: 371). Así, los hablantes, a través de la interacción con su entorno –a saber, con las situaciones comunicativas y sus interlocutores– replican de un modo variable las estructuras de la lengua.

La variación tiene, pues, un hábitat natural en la producción lingüística y en su replicación, pero también puede ser interpretada desde el lado de la percepción subjetiva y desde el momento de la adquisición. Y es que la percepción tiene un papel decisivo en la adquisición de la variación, dado que la capacidad de reproducción o replicación depende de la puesta en funcionamiento de un mecanismo selectivo de percepción que enfoca unos elementos mientras desenfoca otros. La percepción subjetiva en situaciones sociolingüísticas estables, cuando se ha producido la aprehensión del sistema lingüístico específico del contexto familiar, tiende a debilitarse. Ahora bien, cuando las situaciones son menos estables o cuando surgen hechos infrecuentes, la percepción pone en marcha un proceso de abstracción selectiva que puede conducir a una posterior reorganización del vernáculo (Labov 2001): los nuevos elementos percibidos pueden provocar reinterpretaciones sociales que el individuo desarrolla sobre el sistema de variación recibido de sus mayores. Asimismo, la percepción implica una actividad memorística y selectiva, que depende en gran medida de las frecuencias de los elementos percibidos. Una vez completado el proceso adquisitivo de la lengua, la percepción dejará de ser funcional como recurso cognoscitivo y solo se reactivará en los procesos posteriores de aprendizaje sistematizado de la escuela («The Five Graces Group» 2007). Completado el periodo óptimo de percepción, se establece una rutina comunicativa en el plano de la producción, en la que el papel de la percepción se reduce al máximo en las funciones comunicativas cotidianas. Hasta que de nuevo se presenten circunstancias que alteren la estabilidad sociolingüística, como ocurre en los contextos migratorios (Caravedo 2009).

En relación con el proceso de aprendizaje sistematizado por la escuela, capaz de activar mecanismos perceptivos adormecidos tras la adquisición lingüística, debe resaltarse la centralidad que ocupa el comportamiento lingüístico normado (Fernández Marrero 2004: 109). En el discurso escolar y académico, la norma queda fijada a través de afirmaciones explícitas y de presuposiciones implícitas. En el primer caso, el de las afirmaciones explícitas, el patrón más común es que «existen dos tipos de uso: uno bueno y uno malo», donde la dualidad aserción/ negación es obvia; en el segundo, el de las presuposiciones implícitas, el patrón discursivo que suele presentarse es del tipo «tal uso es correcto (elegante, aceptable, culto)», lo que hace sobrentender la existencia de otros no correctos, no elegantes, no aceptables, no cultos. El metalenguaje normativo expresa siempre una polarización y un contraste que son objeto de percepción y de aprehensión por parte de los hablantes.

En el terreno de la «comprensión» de la variación lingüística, merecen destacarse las propuestas hechas por Ángel López García (1994; 1996). La intención de este lingüista es crear un modelo que haga compatible la realidad lingüística invariable y la realidad variable de la lengua. Además, para López García, lingüística y sociología podrían coincidir en una ciencia común en la que ninguna prevaleciera. El modelo que lo haría posible sería el del «espacio topológico», paralelo a la teoría del prototipo. Desde esta perspectiva, el lenguaje humano está integrado por un conjunto de elementos concretos que se usan en situaciones sociales que constituyen su «contexto». Los factores sociales pueden ser responsables de una conciencia específica, por parte del hablante, de las diferencias que separan a las variantes de una variable; pongamos como ejemplo las realizaciones [h] o [Ø] de una consonante final en español. Por otra parte, como la variación puede adoptar tres formas fundamentales –geolingüística, sociolingüística y estilística– sería posible caracterizar cada uno de esos tipos de variación como espacios topológicos de distinta naturaleza. La variación geográfica o dialectal implicaría espacios normales, en los cuales, a los conjuntos cerrados A y B (dialectos) les corresponderían conjuntos abiertos U y V (territorios), de tal forma que A se incluye en U y B se incluye en V; la variación sociolingüística implicaría *espacios compactos*, en los cuales los hechos lingüísticos tendrían una significación social y podrían caracterizar a los que los usan como hablantes de una variedad sociolingüística determinada: un elemento lingüístico puede ser típico de un grupo social X, pero eso no significa que sea desconocido por el grupo social. Y, finalmente, la variación estilística implicaría *espacios regulares*, en los cuales para cada fenómeno *x* y para cada conjunto de fenómenos A que no incluyera *x*, existiría algún conjunto de expresiones U que incluiría *x* y que no tendría nada en común con el conjunto V que rodea a A, lo que significa, por ejemplo, que una pronunciación como la de los participios en -*ado* (['a.o]) puede ser característica de un estilo poco cuidado cuando es utilizada por hablantes de nivel social acomodado o de un estilo cuidado cuando es utilizada por hablantes de nivel sociocultural bajo; por lo tanto, no puede decirse que, en sí misma, pertenezca a un estilo o a otro: solamente podrá adscribirse a un grupo U o V cuando se haya definido el entorno lingüístico, la situación y el perfil del hablante. De esta forma, la variación estilística supone que un rasgo lingüístico puede ser característico de un estilo, cuando es utilizado por hablantes de un grupo social determinado, o de un estilo diferente, cuando es utilizada por hablantes de otro grupo social, de modo que un rasgo pertenece a un estilo o a otro y solamente podrá adscribirse a un grupo o a otro cuando se haya definido el entorno lingüístico, la situación y el perfil del hablante.

Finalmente, conviene insistir en la existencia de un proceso cognitivo, implicado en la variación sociolingüística, que permite detectar y responder a los patrones generales de una comunidad de habla: el «monitor». Los hablantes disponen de un monitor sociolingüístico que extrae y evalúa la información social de la producción del habla en relación con las pautas de su comunidad. Esas pautas utilizan como referencia el modo y la frecuencia en que se establecen las relaciones semánticas entre elementos variables. Si se entiende el monitor como una habilidad o capacidad individual, no sería extraño que se volviera a plantear la cuestión de si la variación se produce entre gramáticas individuales o dentro de una misma gramática general, asunto revivido también en la adaptación de la teoría de la optimidad a la variación (Anttila 2002). Por coherencia con la argumentación cognitivista que venimos exponiendo, la variación solo puede entenderse como alternativas entre gramáticas diferentes, individuales o grupales. Así se explica que ciertas variables solo aparezcan en determinadas variedades y no en otras.

B. Sobre la variación y sus propiedades

Proposición 4.7

La variación lingüística obedece a un proceso general de elección entre las posibilidades lingüísticas de una variedad y las posibilidades comunicativas de un entorno, proceso que puede darse de manera voluntaria o involuntaria por parte de los hablantes.

Proposición 4.8

Los *lectos* son variedades lingüísticas, con rasgos fónicos, gramaticales, léxicos y discursivos específicos, que derivan de los condicionamientos propios de unos dominios geográficos, unos perfiles sociales o unas situaciones y contextos comunicativos determinados.

Proposición 4.9

Los usos lingüísticos repetidos por los hablantes se almacenan y categorizan mediante un proceso de generalización formando conjuntos de muestras llamados «esquemas».

Proposición 4.10

Los usos o muestras de una lengua, sean advertidos o no por los hablantes, son ejemplares que reflejan sus posibilidades de variación y las de los factores que las condicionan.

Proposición 4.11

Los ejemplares percibidos con referencia a una misma categoría pueden ser considerados como variantes de una misma variable.

Proposición 4.11.1

La repetición de las muestras lingüísticas se produce con una frecuencia determinada, entendida como una propiedad de los usos referidos a una misma categoría.

Proposición 4.11.2

Los usos repetidos son objeto de un almacenamiento mental basado en una pauta probabilística.

Proposición 4.11.3

Los usos lingüísticos almacenados adquieren, por su frecuencia, unas propiedades emergentes que pueden convertirlos en elementos estructurales.

Escolio 4-B

Florian Coulmas (2005) ha elaborado una propuesta sociolingüística en torno al concepto de «elección lingüística», incluyéndose de este modo dentro de la sociolingüística cognitiva. Efectivamente, la variación lingüística obedece en buena medida a un proceso de elección entre las posibilidades lingüísticas de una variedad y las posibilidades comunicativas de un entorno, sobre todo por razones de estilo y de adecuación social. Desde esta perspectiva, la sociolingüística es básicamente una lingüística de la elección y, solo por esta razón, resulta necesario vincular realidades como el libre albedrío, la conducta humana y la lengua. Aquí no entendemos, pues, la elección como una simple acción individual voluntaria, de tipo diafásico o estilístico. La elección es un proceso que presupone la existencia de un agente, no de un autómata, porque la elección es un elemento central de la condición humana, que no requiere un pleno control ni una capacidad de previsión absoluta (Coulmas 2005: 9). Esta forma de entender el proceso del hablar no es completamente original, puesto que Popper y Eccles ya señalaron en 1977 (p. 13) que el ejercicio de la elección o selección ejerce una presión bajo la cual emerge el cerebro humano y la conciencia del yo. En cualquier caso, la elección es una noción clave –aunque no definitiva– también para la sociolingüística.

Para la comprensión del fenómeno de la variación es fundamental prestar atención a las manifestaciones lingüísticas, llámense estas *usos, rasgos, muestras, elementos, hechos o enunciados*, y atender a su frecuencia. A partir de aquí, la observación de las manifestaciones lingüísticas en su contexto social permite reunir información hasta llegar a afirmaciones genéricas como las siguientes (Langacker 1987):

> a. Las unidades y expresiones variables de una lengua no son interpretadas del mismo modo por todos los hablantes; algunas de ellas incluso pasan inadvertidas.

> b. Las unidades de una lengua pueden ser consideradas como ejemplares que reflejan sus posibilidades de variación (alofónica, alomórfica, aloléxica).

> c. Las variantes lingüísticas pueden llegar a formar parte de entidades más complejas, mediante procesos de categorización.

> d. Las categorías complejas pueden ordenarse internamente en diversos niveles de abstracción, de acuerdo con los conceptos de «prototipo» y «esquema».

Vemos, pues, que los usos dan lugar a la creación de esquemas de percepción. Un esquema es un conjunto estático de elementos almacenados y categorizados a partir de un proceso de generalización de unidades lingüísticas. Ese almacenamiento se organiza mediante un sistema de conexiones léxicas basadas en rasgos fónicos y semánticos. A su vez, cuando las palabras establecen conexiones semánticas y fónicas frecuentes, las relaciones también pueden convertirse en morfológicas o gramaticales. Así pues, al hablar de esquemas no se alude a elementos creados por los lingüistas, sino a representaciones psicolingüísticas, y se evita la peligrosa confusión entre el plano de las realidades y el de los modelos teóricos, confusión denunciada por Schlieben-Lange y Weydt (1981) o por Stehl (1986), entre otros.

Un esquema proporciona menos información que los casos concretos que lo materializan y es compatible con una amplia serie de elaboraciones. Siendo así, los esquemas podrían ordenarse en una jerarquía de esquematicidad y admitirían un abanico más o menos amplio y flexible de variaciones. La diferencia entre los esquemas y los prototipos estaría en que estos se refieren a ejemplos tipo y típicos de una categoría determinada, de modo que otros elementos podrían asimilarse a la categoría general dependiendo de la similitud percibida respecto del prototipo. Estaríamos ante una *categoría de grupo* y no ante una *categoría de clase*, como se derivaría de una visión aristotélica de la realidad (Gutiérrez Ordóñez 2008: 108). Los esquemas y prototipos son realidades conectadas a partir de la realidad percibida. Esta conexión se establece del siguiente modo: un elemento X de la realidad lingüística puede asimilarse a la categoría definida por un prototipo PT, de modo que la completa adecuación de X a las especificaciones del PT permitiría reconocerlo como una muestra central o prototípica de la categoría. Si en este proceso no existen conflictos, el PT podría interpretarse como proyección de un esquema, al que también se ajustaría el elemento X, puesto que existiría una similitud entre X y PT.

Figura 12
Esquema y prototipo

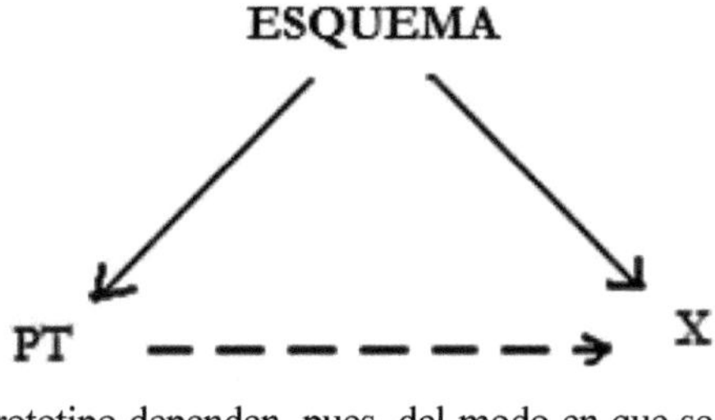

ESQUEMA

PT ------→ X

Todo esquema y prototipo dependen, pues, del modo en que se produce la percepción de las variables y variantes lingüísticas que forman parte de una variedad determinada o, si se prefiere, de un «lecto» determinado, como propuso Charles-James Bailey para referirse a cualquier tipo de variedad. Y esas variantes son percibidas en su propia frecuencia. Por eso la frecuencia afecta a «tipos» o «clases» de elementos lingüísticos y puede dar lugar a la creación de esquemas, construidos a partir de un número elevado de casos referidos a un mismo patrón o modelo.

Los argumentos anteriores encuentran pleno sentido en la práctica de una lingüística basada en el uso. A partir de los análisis fonológicos de Joan Bybee (2001), podríamos elaborar un listado de principios muy claros:

1. La experiencia influye sobre la representación de los fenómenos lingüísticos en la memoria de los hablantes.

2. Las representaciones de los objetos lingüísticos poseen las mismas propiedades como representaciones mentales que como objetos.

3. Las categorizaciones se basan en los conceptos de identidad y similitud, y hacen posible un adecuado almacenado de las percepciones lingüísticas.

4. Las generalizaciones no son independientes de las representaciones almacenadas, sino que surgen de ellas.

5. La organización y el almacenamiento lingüísticos suponen generalizaciones y segmentaciones en varios grados de abstracción y de generalidad.

6. El conocimiento lingüístico es un conocimiento procedimental: una lengua se aprende usándola.

Los modelos teóricos que subyacen a esta interpretación de la lengua basada en el uso son tres principalmente: las *teorías de la categorización natural*, de la psicóloga Eleanor Rosch, que sostienen que la forma de categorizar la realidad no se produce siempre a través de categorías discretas, basadas en la ausencia o presencia de rasgos, sino mediante la comparación de elementos con una realidad considerada como central; el *modelo computacional*, que ayuda a explicar los procesos de almacenamiento mental y se basa en la existencia de una conducta probabilística; finalmente, las *teorías de los sistemas complejos* y sus propiedades emergentes, que afirman que la aplicación reiterada de unas propiedades puede convertirlas en estructurales. Estas últimas teorías sostienen que el uso y la sustancia –tanto la fónica como la semántica– interactúan para crear estructuras y que la sustancia fonética afecta de lleno al ámbito de la fonología.

A partir de todos estos planteamientos, es posible encontrar líneas interpretativas de las estructuras de la lengua en las que se conecta lo fónico con lo gramatical, lo discursivo y lo social, y que contribuyen a integrar lo diacrónico con lo sincrónico. En lo que se refiere a las probabilidades de aparición de los elementos lingüísticos, la lingüística basada en el uso acepta las conclusiones de los psicolingüistas que afirman que las palabras más frecuentes son más accesibles para el hablante que las menos frecuentes, lo que explicaría por qué pueden mantener un alto nivel de uso formas aparentemente extrañas al sistema, como las que suelen recibir la etiqueta de «irregulares». Las estructuras lingüísticas se crean y consolidan mediante procesos de repetición, tanto si son individuales como si son colectivos; es decir, convencionales. La repetición o replicación, por otra parte, puede provocar que los significados se difuminen y las categorías se flexibilicen, como consecuencia de su mayor o menor frecuencia de uso, una frecuencia que puede afectar a un elemento concreto o a un tipo de elementos lingüísticos, y que viene condicionada por los dominios o entornos de uso.

C. Sobre los cambios lingüísticos

Proposición 4.12

Los cambios lingüísticos han de interpretarse como partes de los procesos culturales evolutivos de una comunidad, en los que se implican factores sociales y cognitivos.

Proposición 4.13

Los cambios lingüísticos pueden obedecer a la búsqueda de la comodidad articulatoria y al mantenimiento de la carga informativa en la construcción de las expresiones, así como de su fuerza pragmática.

Proposición 4.14

Los cambios lingüísticos se producen en dos niveles relacionados: el de la replicación y el de la selección.

Proposición 4.14.1

La replicación supone la acumulación de elementos y de usos mutados, dando lugar a la variación que, a su vez, puede conducir al cambio.

Proposición 4.14.2

La selección permite que unos usos se repliquen más que otros, favoreciendo la estabilidad de los primeros y la desaparición de los segundos.

Proposición 4.15

Los cambios lingüísticos se producen más rápidamente cuando los rasgos en mutación tienen una mayor frecuencia, si bien esa misma frecuencia pueda favorecer la retención de alguna de las fases del cambio.

Proposición 4.16

La dimensión social de los cambios lingüísticos afecta principalmente a su origen y difusión, mediante procesos que implican a los grupos sociales, especialmente en el origen, y a las redes sociales, especialmente en la difusión.

Proposición 4.17

Los cambios lingüísticos pueden producirse de forma brusca, mediante saltos cualitativos en su línea evolutiva, o de forma gradual, mediante la sucesión continuada de etapas evolutivas.

Escolio 4-C

Una de las principales conclusiones que pueden obtenerse de la obra de William Labov dedicada a los principios del cambio lingüístico (2010) es que el cambio ha de interpretarse como parte integrante de los procesos culturales evolutivos de una comunidad, en los que se implican factores lingüísticos, sociales y cognitivos. La importancia de los factores sociales nace del hecho de que la propia comunidad de habla participa de la dinámica evolutiva de la lengua (Ellis y Larsen-Freeman 2010) e influye sobre ella. Peter Trudgill (2002) llegó a establecer correlaciones entre diferentes tipos de comunidades analizando la presencia, más o menos intensa, de características como la amplitud del inventario fonológico, la redundancia gramatical o la simplificación del sistema de deícticos. Asimismo, Labov encontró que, cuanto mayor es una comunidad de habla, más difícil es encontrar en ella pautas uniformes de cambio lingüístico (Labov 2010: 368).

La evolución y el cambio lingüísticos encierran unas características que revelan de inmediato su complejidad. Por un lado, el «Grupo de las cinco gracias» («The Five Graces Group» 2007; Ellis y Larsen-Freeman 2009) asume que los procesos evolutivos se producen en dos niveles: el de la replicación y el de la selección. Las replicaciones incluyen los errores acumulados y resultantes de la mutación y de la recombinación de elementos, originando de este modo la variación. La selección, a su vez, es un proceso por el cual los agentes de la interacción producen réplicas diferenciadas. Por otro lado, la evolución lingüística de una comunidad puede ser de naturaleza neutra, cuando los procesos siguen una deriva natural, o de «selección de replicador», cuando se acusa la influencia de elementos extraños o novedosos. La evolución y el cambio lingüísticos se producirían, pues, en dos etapas: la primera correspondería a la generación de variaciones mediante réplicas, que suele ser efectiva en las etapas iniciales; la segunda requeriría una selección de variantes por parte de los hablantes, de acuerdo con unos mecanismos de selección. Estos mecanismos de selección o elección son dos:

I. Mecanismo de evolución neutra, basado en la deriva genética, que conduce a la difusión de la variante mayoritaria por efecto de la frecuencia.

II. Mecanismo de elección basado en la adaptación.

En el primer caso, donde la figura del hablante resulta neutra, es habitual que exista una gran variabilidad en los usos, correspondiente a las primeras etapas de formación de un nuevo dialecto, así como una importante influencia de la estructura de la red social comunitaria sobre la lengua y sus cambios en marcha. En el segundo caso, surge la influencia de hablantes marcados por su prestigio; el cambio se produce si hay una clara disparidad entre los usos de los hablantes prestigiosos y los del resto de la comunidad.

En cuanto a los tipos de cambio, suelen distinguirse dos clases generales: el cambio fónico y la difusión léxica. Como ha explicado Labov, el cambio fónico es regular, gradual, fonéticamente motivado y no suele estar sujeto a condicionamientos gramaticales o sociales, como puede ocurrir en español con la pérdida de consonante en posición final de sílaba (– C > ø, *verdá* 'verdad'; *lo toro* 'los toros'). El cambio por difusión léxica, sin embargo, es abrupto, se produce en todas las palabras con presencia de determinados elementos fónicos y a menudo responde a condicionamientos gramaticales o sociales, como puede ocurrir en español con la pérdida de la dental oclusiva sonora en ciertos sufijos (*–d-* > ø; *matao* 'matado', *bebío* 'bebido'). La forma, gradual o abrupta, que puedan adoptar los cambios lingüísticos se correlaciona con modelos evolutivos más generales, como los modelos gradualista y saltacionista en genética. El propio Labov ha hablado de la «paradoja darwiniana», según la cual las formas evolutivas de la lingüística y la biología son muy similares, aun cuando el objetivo funcional de la selección natural no aparezca en el cambio lingüístico (Labov 2010: 371). Los cambios lingüísticos se producen más rápidamente cuando los rasgos concretos en mutación tienen una mayor frecuencia, a pesar de que esa misma frecuencia pueda favorecer la retención de alguna de las fases del cambio; de ahí la importancia de analizarlos desde la cuantificación (Hruschka *et al.* 2009). Los cambios lingüísticos, finalmente, son consecuencia, entre otros factores, de la concurrencia –a veces compleja– de una búsqueda de la comodidad articulatoria por parte del hablante y de una necesidad de que la comunicación no pierda ni su carga informativa ni la fuerza pragmática que requiera en cada caso.

Pero, el cambio lingüístico y la variación de la que procede han sido objeto de otras interpretaciones teóricas. López García ha trabajado con un modelo matemático que trata de explicar la variación y el cambio lingüísticos desde la teoría de catástrofes. Esta teoría afronta el estudio de las transiciones entre dos estados e intenta explicar los cambios, paulatinos o repentinos, que se producen en una evolución. López García precisa que, si se supone que el hablante conoce su sistema lingüístico, puede conocer también los esquemas que determinan sus posibilidades de variación, continua o abrupta («catastrófica»), esquemas que se incorporan como cogniciones básicas. Las catástrofes han sido adquiridas como instrumentos de simulación de variaciones bruscas o suaves y han permitido, por tanto, la incorporación de variaciones en el aparato simbólico del hablante, en el código lingüístico interiorizado. Desde este punto de vista, los procesos lingüísticos sistemáticos y los variables pueden ser tratados en un mismo nivel de cognición.

Finalmente, la dimensión social de los cambios resulta absolutamente decisiva para su existencia, principalmente en el origen y en su difusión. La forma en que la dimensión social se manifiesta a este respecto es a través de los componentes propios de las agrupaciones sociales; esto es, de los grupos sociales y de las redes sociales. Los grupos son un ámbito idóneo para el origen de un cambio lingüístico, para el inicio de su difusión, mientras que en la difusión cumplen una función primordial las redes sociales. Si las redes tienen una forma «libre de escala», en la difusión de los cambios será clave la acción de los sujetos situados en los nodos principales, sobre todo si han adquirido la condición de líderes lingüísticos. Así pues, las teorías de las redes complejas son un buen modelo para comprender el mecanismo de propagación de un rasgo de lengua entre los miembros de una comunidad.

Debate: origen y lugar de la variación lingüística

La variación es una característica de las lenguas que afecta al corazón de su estructura fundamental y al centro neurálgico de la actividad lingüística. La variación se manifiesta de un modo muy evidente en el uso lingüístico, en cualquiera de sus planos, pero sus raíces se adentran en la naturaleza más profunda de la lengua. En realidad, la relación entre las manifestaciones externas de la lengua y su organización interna es tan intensa, que el propio uso es capaz de contribuir a la configuración de la forma y el contenido de los sistemas lingüísticos. Ahora bien, son muchos los aspectos relacionados con la variación lingüística que no están definitivamente resueltos en su explicación y que dan lugar a la confrontación de opiniones y de perspectivas de estudio. Uno de ellos es su origen; otro, ligado al primero, el espacio que ocupa en la configuración del sistema lingüístico.

El origen de la variación es un asunto controvertido, en el que no puede prescindirse de ninguno de los planos implicados, sean internos o externos a la lengua. Tan es así que podríamos entender como falso o infundado cualquier debate que planteara una preeminencia de los factores pragmáticos y exteriores a la lengua sobre los factores lingüísticos internos, o viceversa. La variación lingüística existe porque lo admite el sistema y lo tolera la competencia del hablante, de modo que los factores externos, tanto lingüísticos como sociales o contextuales, actúan sobre una entidad intrínsecamente variable, que al tiempo posibilita la acción más o menos determinante de diversos tipos de factores. Desde esta perspectiva, el uso lingüístico se convierte en el concepto clave para explicar la variación, dado que, por un lado, determina y refleja la variabilidad interna y, por otro, es sensible a la diversidad de condicionamientos externos, acomodándose a ella.

Más interesante resulta el debate sobre el modo en que la variación se ubica dentro del sistema lingüístico, en coexistencia con sus componentes invariantes, a los que afecta estabilizándolos, cuando los usos se categorizan, o desestabilizándolos, cuando los usos son infrecuentes o dependientes de constricciones variables o inestables. El debate se plantea en estos términos: ¿debe pensarse en la existencia de una competencia sociolingüística colectiva, capaz de reunir en su interior, junto a la potencialidad de la variación, el aparato estadístico que la rige en cada enunciación y contexto?, ¿debe pensarse, por contra, en la existencia de un complejo formado por una suma de contribuciones individuales, de manera que de la yuxtaposición de lo particular pudiera emerger lo colectivo? La sociolingüística cognitiva se siente más cómoda con un modelo basado en una suma de contribuciones individuales, donde los usos particulares, por sus frecuencias, formas y condiciones, llevan a la construcción de esquemas generales y de categorías que se integran en tendencias emergentes. Ello supone, en cierto modo, un difuminado de las fronteras que separan la competencia de la actuación, en la línea señalada por Jay Jackendoff (2002: 9-34), así como la acción decisiva de la monitorización de la frecuencia en el hablante. Desde la perspectiva sociocognitiva, la competencia sociolingüística se interpreta como colectiva desde el momento en que los hablantes son capaces de reconocer coincidencias en las percepciones individuales de los estímulos repetidos. De esta manera, el almacenado probabilístico, tal y como fue concebido por Cedergren y Sankoff en 1974, solo tendría interés como modelo teórico y no podría entenderse como reflejo de una realidad psicolingüística.

Conclusión

La variación lingüística es un proceso esencial en las lenguas, basado en la elección de unas variantes u otras, por parte de los hablantes, entre las posibilidades que les ofrecen su instrumento lingüístico, su entorno comunicativo y su contexto social. La variación nace de los usos repetidos en contextos de interacción o cooperación comunicativas, usos que se producen con unas frecuencias determinadas y que afectan tanto a su representación mental, como a su configuración formal.

La fundamentación teórica de la variación lingüística refleja perfectamente los criterios que conforman la perspectiva llamada «lingüística basada en el uso». Por un lado, la categorización de la realidad lingüística mediante elementos discretos o no discretos, así como la comparación de esos elementos con una referencia considerada central o prototípica, solo puede entenderse a partir de la presencia y ausencia de unos rasgos que se manifiestan de forma variable. Por otro lado, esa variabilidad responde a una conducta probabilística que determina de un modo directo los procesos de almacenamiento central, ya que la aplicación reiterada de unas propiedades puede convertirlas en estructurales. En todo ello, lo fónico se conecta con lo gramatical y lo discursivo con lo social, contribuyendo a integrar lo diacrónico con lo sincrónico. De ahí la estrecha relación existente entre variación y cambio, así como entre estos procesos y la cognición sociolingüística.

CAPÍTULO 5

SOCIOSEMÁNTICA Y COGNICIÓN

El significado es una materia clave para la sociolingüística cognitiva. Se puede decir más fuerte, pero no más claro, si se me permite el traslado de la expresiva locución oral a la lengua escrita. Las diferencias sociales que se manifiestan a través de la lengua y las interacciones cara a cara que se producen en la actividad comunicativa tienen como base los significados de las formas lingüísticas, tanto cuando son compartidos como cuando son diferenciales. A la vez, la vida social de la lengua no puede entenderse al margen de la noción de significado, desde el momento en que los significados se construyen y reconstruyen por medio de la interacción.

Para la sociolingüística laboviana, la variación lingüística requería de significados equivalentes para las formas variables, fueran fónicas, gramaticales, léxicas o discursivas. Y si la sociolingüística consideró la variación como un objeto de estudio preferente fue por haber concedido un valor fundamental a la equivalencia semántica. En realidad, si no existiera tal equivalencia, no sería posible pensar en el concepto de «variación» en el modo en que la sociolingüística lo ha hecho desde los años sesenta. Por este motivo, se ha discutido largamente la posibilidad o imposibilidad de la equivalencia entre formas variables, sea semántica sea pragmática, y se han publicado multitud de estudios firmados por sociolingüistas defensores de la existencia de la variación sintáctica, haciendo frente a los ataques de los analistas del discurso, que la negaban (Moreno Fernández 1988). Hoy las cosas se discuten en un plano diferente. La sociolingüística ha venido a reforzar tres posiciones en relación con el significado: la existencia de la sinonimia léxico-semántica, la posibilidad de la equivalencia semántica entre elementos del discurso y la presencia de la variación semántica en el plano discursivo. La dificultad está en explicar cómo todas ellas se articulan y manifiestan.

La sociolingüística cognitiva viene a aportar nuevos elementos de debate cuando sostiene que los significados pueden variar y negociarse en el transcurso de las interacciones, así como concretarse en las situaciones comunicativas específicas y a través de las posiciones sociales de los hablantes. Se parte de la idea de que, si no existen significados prefijados de un modo absoluto para las unidades léxicas –menos para las discursivas–, la sinonimia o identidad semántica entre variantes es poco menos que imposible. Para Janicki (2006), en una semántica cognitiva en la que no existen significados prefijados, la sinonimia pierde su razón esencial de ser. La sociolingüística, sin embargo, centrada en el funcionamiento de la comunicación en sociedad, no puede permitir la completa demolición del concepto de «sinonimia», dándose lugar así a una paradoja, la «paradoja del significado contextual», por la cual no existen significados estables sobre los que fijar unas equivalencias semánticas, mientras la dinámica comunicativa establece constantemente tales equivalencias durante las interacciones.

Para la sociolingüística cognitiva, es posible distinguir la variación que afecta a los significantes de la que afecta a los significados. En relación con la primera, es perfectamente compatible la existencia de una negociación del significado en el discurso y de una equivalencia semántica entre formas con significantes diferentes. El hecho que lo hace factible, precisamente, consiste en que el significado es resultado final de una negociación interactiva en cuyo seno es posible entender como equivalente incluso aquello que *a priori* podría no serlo por tratarse de un elemento fijado socialmente. Bajtín ya afirmaba en 1929 que la auténtica comprensión es dialógica por naturaleza y que el significado es efecto de la interacción entre un hablante y un oyente (Morris 1994: 35)

Para que todo esto sea posible, se hace imprescindible distinguir entre «identidad» y «equivalencia», pues es esta última la que permite la variabilidad de significantes, así como la variación, sociolingüística y socioestilística. Aceptada tal equivalencia, podría dársele el nombre de *homosemia* al incluir en tal concepto tanto la identidad de significado (*sinonimia*), que no sería imprescindible para la comunicación, como la similitud de significados (*parosemia*) (Casas 1999). En cuanto a la variación de los significados de unos mismos significantes, el discurso es el hábitat natural de su existencia y desarrollo. Tal tipo de variación semántica, vinculado a la *polisemia*, pero diferenciado de ella, puede verse determinado tanto por factores sociolingüísticos como discursivos y es el que finalmente da origen a los cambios semánticos.

A. Sobre la naturaleza del significado lingüístico

Proposición 5.1

El significado lingüístico es parcialmente emergente; esto es, no está completamente fijado antes de la producción lingüística, sino que se negocia durante la interacción, asignándosele formas diferenciadas en contextos específicos.

Proposición 5.2

Las unidades de la lengua están dotadas de un significado lingüístico central, socialmente compartido, y un significado comunicativo, variable y negociable; ambos configuran el significado contextualizado.

Proposición 5.3

La extensión semántica de un enunciado, de una construcción o de una unidad léxica está basada en la percepción de la similitud o la asociación entre un sentido original o central y un sentido comunicativo o figurado.

Proposición 5.4

La especificidad y la generalidad del significado están vinculadas a la frecuencia de los usos: cuanto más alta es la frecuencia de las unidades, construcciones o enunciados, más genérico es el significado.

Proposición 5.5

Las unidades léxicas pueden establecer relaciones de equivalencia significativa u homosemia, de identidad significativa o *sinonimia* y de similitud significativa o *parosemia*.

Proposición 5.6

La palabra es la unidad básica del almacenado de la lengua porque es la unidad mínima completa fonológica y semánticamente, y puede usarse aisladamente con propiedad.

Proposición 5.7

Las unidades léxicas no se ordenan en forma de diccionarios o listados, sino en forma de redes de elementos de asociaciones múltiples, cuyos vínculos pueden ser de naturaleza semántica o formal.

Principio 5.8

El léxico, la gramática y la fonología mantienen unas estrechas relaciones en el discurso: las unidades léxicas, integradas por elementos fónicos, aparecen enmarcadas en construcciones gramaticales que pueden limitar o condicionar su significado.

Principio 5.8.1

Las unidades léxicas ofrecen diversos grados de complejidad y abarcan desde las que tienen un tamaño menor que las palabras gramaticales (sufijos) hasta las unidades multiléxicas regidas por reglas gramaticales.

Principio 5.8.2

Los procesos fónicos que producen variación acaban asociándose a la morfología y al léxico, mientras que las alternancias morfológicas no suelen afectar a los procesos fónicos.

Escolio 5-A

La sociolingüística laboviana ha dado muchas vueltas en torno a la semántica. Recordemos que tradicionalmente dos elementos lingüísticos son considerados como variantes de una misma variable cuando su alternancia no implica un cambio de significado.

– El hablante debe *decir* lo mismo de forma distinta; se afirmaba desde la sociolingüística; para más adelante ampliar el espectro:

– El hablante debe *querer decir* lo mismo para que la variación sea tal.

Pero, ¿cómo demostrar que se está diciendo lo mismo?; o peor, ¿cómo demostrar que se está queriendo decir lo mismo? Esta fue una de las cuestiones claves para la sociolingüística desde los años setenta (Lavandera 1984; Romaine 1982; Sankoff 1988). Realmente, lo que se esconde en la caja negra del cerebro resulta más difícil de desvelar que el contenido del famoso dispositivo aeronáutico. Pero, no es el momento de alardear de cinismo, ya que la sociolingüística ha demostrado, con sus principios y análisis, que es posible descubrir y trabajar con la variación lingüística en todos los niveles, incluido el gramatical. Así lo hemos afirmado y defendido en numerosos trabajos.

Ahora bien, la sociolingüística cognitiva abre otras posibilidades interpretativas y aporta pautas de análisis que merece la pena explorar. El punto de partida es que el significado de los actos, los enunciados, los discursos o los intercambios conversacionales no está completamente fijado antes de la producción lingüística, sino que se negocia durante la interacción en el marco y con la incidencia de contextos específicos. Esto supone fundamentalmente que la comunicación opera con significados emergentes, si quiera parcialmente, que afectan también a los componentes de cualquier tipo de producción. Paul Valéry advirtió de ello en 1910: «el habla no significa lo que pretende significar sino de manera ex-cep-cio-nal» (Valéry 2007: 125).

Uno de los primeros estudios, realizados por sociolingüistas, en los que se abordaba la complicada materia del significado lingüístico, fue «Las fronteras de las palabras y sus significados», publicado por William Labov en 1973. En él se pone en tela de juicio la validez de una «visión categórica» que entiende las unidades lingüísticas como categorías discretas, invariantes o cualitativamente diferenciadas, para proponer un significado léxico de límites borrosos, con un núcleo invariante y un espacio de variabilidad, cuya categorización depende del modo en que aparecen una serie de rasgos característicos en unos contextos de uso. Para medir esa zona de vaguedad en el significado, Labov realizó un experimento que consistió en presentar a unos informantes dibujos de recipientes (*tazas, tazones, vasos, ensaladeras, jarrones,...*) de diferente altura y anchura, con asas o sin asas, y relacionándolos con usos diferentes (para café, para patatas, para flores, neutro). Esto permitió, por ejemplo, identificar objetos que eran llamados *cups* por prácticamente todos los hablantes y otros cuya denominación se hacía depender de la proporción de la altura y la anchura o del hecho de tener un asa. Así se venía a demostrar que las realidades no siempre se denominan de acuerdo con unas características intrínsecas, sino también por el modo en que aparecen ciertos elementos variables.

Figura 13
Objetos con forma de taza. Adaptado de Labov (1973)

La afirmación de que el conocimiento léxico-semántico de las realidades es impreciso ha sido verificada mediante experimentos neurobiológicos, como el realizado por Steven Small (1997) también con «recipientes», y ha estado en la base de una semántica cognitiva que ha asociado los miembros de una categoría al grado en que comparten unos atributos con un prototipo (Rosch 1975; Kleiber, 1995), que ha reconocido la importancia del aire de familia cuando se identifican grados de pertenencia a una categoría (Armstrong, Gleitman y Gleitman 1983) o que simplemente ha hablado de grados de representatividad de las categorías (Geeraerts 1989). Estos son los senderos por los que han transitado muchos estudios de los más influyentes semantistas del cognitivismo (Jakendoff 1983; Lakoff 1987; Taylor 1995)

Llegados a este punto, podemos preguntarnos: ¿es posible una comunicación construida sobre significados «inestables»? Gottlob Frege argumentó en 1892 que las palabras pueden tener sentido sin referirse a nada y Willard Van Orman Quine (1960) introdujo el concepto de «módulo de estimulación» para referirse a un estímulo no verbal que hace converger los usos lingüísticos y que es la base de procesos como la traducción o las equivalencias entre variedades dialectales. Una estimulación sería un evento repetido; y un significado de estímulo afirmativo sería aquel que se acepta como tal y que da a los términos la fijeza necesaria para la comunicación (Quine 1960: 34, 48, 56). Como ya vimos, la etnometodología hablaba de la «indicidad» de los contenidos y el interaccionismo simbólico, por su lado, incluyó entre sus principios básicos que las personas son capaces de alterar o modificar los significados sobre la base de su interpretación de la situación, lo que les permite examinar los posibles cursos de la acción y valorar sus ventajas y desventajas antes de actuar (Rock 1979). A su vez, Karl Popper (1972) dejó muy claro que los conceptos son imprecisos –así como los significados– y que el mundo puede dividirse en tres: el físico, el mental y el de las ideas. Todo ello parece abocarnos hacia la aceptación de unos planteamientos cognitivistas. De hecho, Manfred Bierwisch (1979), otro de los antecesores del cognitivismo socio-semántico, afirmó que los rasgos semánticos no representan propiedades físicas externas, sino las condiciones psicológicas según las cuales los seres humanos procesan su entorno físico y social. La semántica, por tanto, nos remite a mecanismos internos por medio de los cuales se perciben y conceptualizan los fenómenos del mundo real.

La lingüística autodenominada «no esencialista» –siguiendo la estela del pensamiento de Popper– ha convertido la cuestión del significado en uno de sus frentes más activos (Janicki 2006). Desde esta posición, se afirma que el significado no se encuentra en las palabras y que estas no pueden concebirse como simples contenedores semánticos. A la vez, el significado no es algo que se traslade desde el inicio de la cadena comunicativa hasta su final, ya que las palabras no tienen fijado un significado esencial transmitido en su viaje del hablante al oyente; antes bien, el significado es algo asignado por cada usuario de la lengua. En esta misma línea de razonamiento, debería evitarse la «falacia etimológica», por la cual el significado original de una palabra o expresión siempre tiene que ser el apropiado o correcto; en realidad, toda desviación del significado original es igualmente legítima (Janicki 2006: 176).

El panorama teórico que acabamos de recorrer reafirma la conveniencia de una sociolingüística cognitiva que cuente con significados centrales, instersubjetivos y constantes –etimológicos o no–, socialmente compartidos y consensuados, pero también con significados comunicativos, variables y negociables. Los primeros son los que suelen quedar definidos en los repertorios lexicográficos; los segundos son lo que se surgen o se matizan en el propio discurso en contextos determinados. Unos y otros, sumados, configurarían el «significado contextualizado» de los enunciados, de las construcciones o de las unidades léxicas y entrarían en juego a la hora de establecerse relaciones entre significados de unidades diferentes. El análisis semántico latente de Landauer y Dumais (1997) permite extraer y representar el uso contextual de las palabras por cálculos estadísticos aplicados sobre grandes corpus de textos. Teniendo en cuenta tal naturaleza semántica, dinámica y compleja, las unidades léxicas pueden variar sus significados en los discursos, hasta el punto de verse envueltas en transformaciones semánticas sin que exista voluntad de transmitir significados o referencias diferenciados (Palmer 2000: 61). Y, al mismo tiempo, pueden establecer relaciones de equivalencia significativa u homosemia, de identidad significativa o sinonimia y de similitud significativa o parosemia, de acuerdo a las condiciones del contexto.

Ante esta realidad significativa, ¿cómo es y cómo funciona la dinámica de los significados en las unidades léxicas, en las construcciones, en los enunciados y en los discursos? En esa dinámica resulta decisiva la *frecuencia*, puesta en relación con la especificidad semántica, dado que cuanto más genérico es un significado, más alta es la frecuencia de las unidades, construcciones o enunciados que lo portan. Asimismo es esencial la *palabra*, considerada la unidad básica del almacenado de la lengua por ser la unidad mínima completa fonológica y semánticamente, y poder usarse aisladamente con propiedad.

Por otro lado, las palabras o unidades léxicas se disponen dentro del cerebro en forma de redes de elementos de asociaciones múltiples, cuyos vínculos pueden ser de naturaleza semántica o formal, dado que, al estar integradas por elementos fónicos, aparecen enmarcadas en construcciones que pueden limitar o condicionar su significado. Una muestra de la formación reticular que el léxico puede adoptar se obtiene a partir de las esferas léxico-semánticas en que se ordena el léxico disponible. Este léxico se registra mediante cuestionarios en los que los informantes anotan los vocablos que se les van ocurriendo referidos a un tema o campo determinado previamente y que Hernández Muñoz (2006) utilizó para analizar los fundamentos cognitivos de la disponibilidad léxica, así como los procesos psicológicos que los sustentan. Las esferas léxico-semánticas que se manejan para el estudio del léxico disponible funcionan a modo de campos asociativos, integrados por categorías naturales (del tipo X *es* Y), por categorías bien definidas (listas cerradas), por categorías radiales (X *tiene algún tipo de relación con* Y) o por categorías *ad hoc* (elementos vinculados con un fin cualquiera). El estudio del léxico disponible permite descubrir relaciones entre los vocablos recogidos a propósito de una tema y que componen una esfera o centro de interés, relaciones que pueden disponerse gráficamente según el número de veces que aparecen de forma contigua al completarse los cuestionarios de disponibilidad (Echevarría, Vargas, Urzúa y Ferreira 2008). Tales representaciones gráficas (grafos) reflejan una disposición en red de los elementos asociados en el lexicón mental del hablante.

Finalmente, el conocimiento de los hablantes sobre las interacciones de la gramática y del léxico incluye un conocimiento sobre qué palabras aparecen normalmente en qué construcciones, lo que conduce a una concepción entrelazada del léxico y de la gramática (Bybee 2001; Langacker 1987). Las palabras que suelen usarse

Figura 14
Red de la esfera léxico-semántica «cuerpo humano», obtenida de 48 hablantes hispanos de Chicago (a partir de Moreno Fernández 2007)

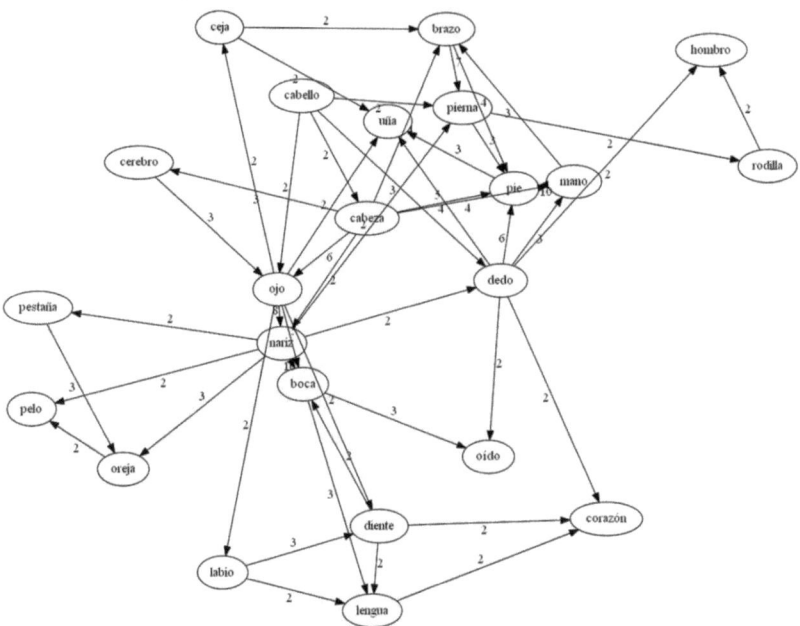

juntas pueden llegar a procesarse como unidades, ya que es más fácil retener un fragmento mayor de lengua que una parte de una expresión unida morfema a morfema o palabra a palabra. Por otro lado, las palabras semánticamente más pobres (partículas, conjunciones) constituirían los conectores principales de las redes léxicas de los hablantes adultos (Solé 2009: 212). De esta forma, la dinámica de los significados está condicionada por la carga semántica de las palabras en relación con su frecuencia en el discurso, por su presencia en determinadas construcciones gramaticales y por la incidencia del contexto de las interacciones sobre todo ello.

B. Sobre las relaciones del léxico con la realidad

Principio 5.9

Las unidades léxicas asociadas a un estilo de vida determinado pueden experimentar auge, transformaciones o abandono dependiendo de las situaciones y necesidades comunicativas.

Principio 5.10

El léxico menos prototípico no suele ser de dominio común, al tiempo que el acceso a ámbitos técnicos, científicos o culturales solo está al alcance de una parte de los hablantes de la comunidad.

Principio 5.11

El vínculo entre las unidades léxicas y las realidades designadas por ellas es arbitrario y, por lo tanto, sujeto a variación homosémica y a la negociación en las interacciones, de tal modo que el significado denotativo es sociolingüísticamente multívoco.

Principio 5.12

Los límites entre el léxico general y el léxico científico-enciclopédico son difusos, así como los límites entre las nomenclaturas y el léxico científico-enciclopédico.

Principio 5.13

Las unidades léxicas pueden asociar su uso a situaciones formales o informales dando lugar a significados estilísticos.

Principio 5.14

Las diferencias entre unidades léxicas dialectales y generales —estándares— operan en el discurso como diferencias de naturaleza estilística.

Escolio 5-B

El significado léxico de las palabras se establece a través de dos vías fundamentales: primero, mediante la designación o denotación, que establece una conexión entre la palabra misma —entendida como signo o símbolo— y la realidad o referencia designada; segundo, mediante la construcción discursiva, que provoca la aparición de significados emergentes (Bierwisch 1988; 1989; Escoriza 2009).

Una de las formas más evidentes en que la lengua se pone en relación con la realidad consiste en la asociación de unidades léxicas a realidades adscritas a un estilo de vida propio de un momento, una cultura, un entorno y unos contextos determinados (Casas 2002). Esa dependencia de la realidad experimentada por el léxico denotativo es la que hace que las palabras conozcan auges, transformaciones o abandonos, según la estabilidad de los propios modos de vida. Unas realidades nuevas pueden llevar a la aparición de nuevos términos, como ha ocurrido con el vocablo internacional *viagra* (nacido en 1996) o con las palabras del español *globalifóbico* (nacida en 2004) o *vuvuzela* (nacida en 2010). Del mismo modo, las transformaciones en la forma de vida llevan al abandono de palabras y construcciones asociadas a estilos en desuso (Parodi 2007): el diccionario académico de la lengua española aún incluye voces como *alahílca* 'colgadura para adornar las paredes', *aríolo* 'adivino por agüeros', *banir* 'pregonar a alguien por un delito' o *buchín* 'verdugo', que nadie utiliza y cuyos referentes se han perdido por completo. Y en el diccionario Merrian-Webster de inglés encontramos algo parecido: *araba* 'carro', *scriptitation* 'escritura continua'. En otros casos, las realidades han dejado de formar parte de la vida cotidiana, aunque el referente no se haya perdido de modo absoluto: *arcabuz, bacía, rodela*, en español; *bascinet* 'casco', *chainmail* 'cota de malla', *sibyl* 'sibila', en inglés.

Pero las palabras denotativas no son las únicas en ser abandonadas; hay multitud de elementos adverbiales, gramaticales o discursivos que integran la categoría de lo desusado o anticuado: en español, *abés* 'difícilmente, con trabajo', *ad* 'a', *adefuera* 'de fuera', *adieso* 'al instante', *ahé* 'he aquí', *cabe* 'junto a'; así como secuencias multiléxicas: *entrar a bureo* 'juntarse para tratar algo'; en inglés, *thou* 'tú', *dost* 'aux., hacer', *aught* 'algo', *apace* 'rápidamente', *yore* 'hace años'. Sin embargo, las circunstancias de estas últimas no dependen tanto de los modos de vida, como de convenciones culturales y de las frecuencias de las construcciones del discurso. Bourdieu recordaba, con Bajtín, que, en las situaciones revolucionarias, de cambios sociopolíticos, las palabras comunes pueden tomar sentidos opuestos (Bourdieu 1985: 15). Sencillamente, la lengua evoluciona para sobrevivir en un ambiente determinado y no hace falta que transcurra mucho tiempo para percibir cómo se producen los abandonos y transformaciones. En un estudio realizado por Orlando Alba (2011), en el que se compara el léxico disponible de la República Dominicana de 1990 y de 2008, se explica que en el léxico de 1990 se incluían formas como *coconete* 'dulce de harina y coco', *jagua* 'árbol de fruto comestible' o *patilla* 'sandía', que han desaparecido totalmente en 2008, así como surgieron formas en 2008 –*capuchino, cheeseburger, churrasco, enchilada, celular, chatear, game boy, tetris*– que estaban ausentes en el léxico de 1990. Y también puede constatarse cómo se produce la movilidad léxica gradual, pues voces como *hot dog, hamburger* o *taco* muestran en 2008 un índice de disponibilidad en el español dominicano mucho más alto que en 1990 (Alba 2011).

Con todo, el léxico con significado denotativo, a pesar de sus vínculos con la realidad referida, es sociolingüísticamente multívoco porque esos vínculos no dejan de ser arbitrarios y, por tanto, sujetos a variación homosémica y a la negociación interactiva. Entre las unidades del léxico general y las que componen el léxico científico-enciclopédico y técnico, en el que parecería obligada una denotación no homonímica, existe una frontera difusa, tan difusa como la que separa al léxico enciclopédico de las puras nomenclaturas. En lo que se refiere al uso de tales tipos de unidades, el acceso a lo enciclopédico, sea científico-técnico sea humanístico, estará solamente al alcance de una parte de los hablantes de la comunidad; de esta forma el léxico menos prototípico, sea del ámbito que sea, exige la posesión de unos conceptos diferentes a los de dominio común y que solo aparecen en ciertas agrupaciones de hablantes.

Ahora bien, los significados, como se ha comentado, también pueden ser fruto de las situaciones e interacciones comunicativas, al margen totalmente de sus vínculos con una realidad objetiva y referencial. La identidad social de los interlocutores y los contextos sociales de interacción pueden provocar la aparición y el abandono de formas lingüísticas asociadas a distintos valores sociales, de modo que, como se propone desde la sociología fenomenológica, la construcción de los significados también se revela sensible a lo social (Schütz 1974). Los contextos y los co-textos son determinantes en ese proceso de construcción, puesto que hacen posible tanto la emergencia como la relevancia y la fijación de los sentidos adecuados en cada momento. El lingüista Joseph Vendryès señalaba (1950: 50) que, si las palabras recibieran siempre todos sus sentidos a la vez, el discurso sería un juego de palabras continuo. Desde un planteamiento más filosófico, Stalnaker (1999) señaló que el contexto influye sobre la forma en que la lengua expresa el pensamiento e insistió en la importancia del entorno externo en la determinación de los contenidos de nuestros pensamientos. Contra la asunción general de la prioridad de la lengua sobre la representación mental, Stalnaker argumentó que la primera ha tenido una influencia distorsionante sobre nuestra comprensión y que la interacción de los contextos y la forma puede explicar fenómenos lingüísticos relacionados con la presuposición, la aserción o la atribución de creencias. Según esta concepción «externalista» del significado, nuestros pensamientos tienen los contenidos que tienen por la forma en que se sitúan en el mundo. Desde una perspectiva sociológica, la estrecha relación de los significados con su entorno conduce a la aparición de palabras clave que pueden funcionar como marcas comunitarias o de agrupaciones sociales.

El contexto, finalmente, hace posible la aparición de significados estilísticos (Geeraerts 2005). La noción de «significado estilístico» es necesaria para distinguir entre palabras neutrales y palabras informales; esto es, entre variantes lectales por razón de estilo. La variación lectal también descansa sobre un tipo de significado no denotativo que encontramos igualmente al diferenciar entre formas dialectales y estándares, que podrían considerarse un tipo de variación estilística dentro del discurso. De este modo, las unidades léxicas pueden asociar su uso a situaciones formales o informales dando lugar a significados estilísticos (Lavandera 1984).

C. Sobre la naturaleza social del significado

Principio 5.15

Las comunidades lingüísticas no son homogéneas en cuanto al conocimiento léxico-semántico, dado que está desigualmente distribuido entre sus miembros.

Principio 5.16

El significado central y el significado comunicativo de las unidades léxicas pueden distribuirse de manera variable entre las agrupaciones y redes de una comunidad.

Proposición 5.17

El léxico virtual de una comunidad se dispone en forma de redes descentralizadas con un núcleo central de palabras muy frecuentes en todos los hablantes y de actualización inmediata en cada centro de interés.

Proposición 5.18

Alrededor del núcleo central de las unidades léxicas más frecuentes de una red, se disponen sucesivas áreas de unidades cada vez menos frecuentes, menos compartidas y de actualización más lenta, lo que produce la imagen de subconjuntos léxicos prototípicos en cada campo de experiencia que todos los hablantes conocen.

Principio 5.19

La capacidad léxica se muestra como un síntoma o como una variable predictora de la posición social de los hablantes y está fuertemente ligada a su educación.

Principio 5.20

La intensidad de los vínculos sociales entre hablantes influye directamente sobre la capacidad léxica de la agrupación social, haciendo relativo el efecto de la educación.

Principio 5.21

El sexo y la edad tienen poca influencia en la adquisición, el conocimiento y la distribución de las unidades léxicas.

Escolio 5-C

La diversidad sociolingüística se manifiesta de modos distintos, de acuerdo con el tipo de unidades que la lengua y la sociedad ponen en juego en cada momento. De igual forma que existen diferencias fonéticas o gramaticales correlacionadas con factores sociales de los hablantes, también existen diferencias sociolingüísticas originadas en el conocimiento léxico-semántico y en el uso de los «significados» que practican los hablantes, como anticipó Julien Greimas (1980).

Las relaciones entre semántica y sociedad se establecen y manifiestan de cuatro formas principales:

a) Mediante la interacción comunicativa, que hace posible que los hablantes de una comunidad participen en el origen y desarrollo de los significados de las palabras.

b) Mediante la asociación de signos diferentes (significados y significantes) a agrupaciones de hablantes de perfil social diferente (léxico socialmente determinado).

c) Mediante la variación del significado de unos mismos significantes, bien por razones socio-geográficas (geo-sinonimia, socio-sinonimia), bien por razones estilísticas o discursivas.

d) Mediante la equivalencia de significados (sinonimia y parosemia) entre formas con significante diferente asociadas a unos factores sociales determinados. Este es el campo de acción de la sociolingüística variacionista tradicional.

El primer modo de relación entre la sociedad y los significados tiene que ver con la composición del signo lingüístico. Como ya se ha comentado, las palabras –los signos– incluyen un contenido central e intersubjetivo, fijado mediante el consenso social, que además permite conformar el tipo cognitivo de cada unidad. Junto a este contenido o significado, las unidades léxicas poseen un significado comunicativo, negociable en la interacción; y aún podría hablarse de un significado periférico que podría variar en su distribución entre los grupos de una comunidad, si bien también podría coincidir perfectamente con la parte negociada del significado (Kristiansen y Dirven 2008). Estos ámbitos significativos de la palabra son, pues, productos sociales y, como tales, objeto de interés para la sociolingüística cognitiva. Según Geeraerts (2008: 28), cada palabra tiene una lectura central y unos sentidos periféricos, como subconceptos que pueden variar en su distribución entre los grupos de una comunidad.

Por su parte, Hilary Putnam (1975) propuso una teoría que prestaba atención al grado en que el significado viene exigido por circunstancias ajenas al propio discurso. A esta teoría la denominó del «externalismo semántico» y a partir de ella se hablaba de cuatro tipos de configuraciones según la rigidez de las designaciones y las diferencias sociosemánticas que comportan. Estos tipos dependerían del nivel de externalismo del significado (su vínculo con un referente externo) y de las diferencias de significado entre palabras según el nivel educativo de los hablantes. En el primer factor, se distinguiría simplemente la existencia o inexistencia de externalismo semántico en las palabras; en cuando al segundo, las diferencias de significado se darían en grupos sociales reducidos y prestigiosos, mientras que no existirían tales diferencias cuando se tratara de sociedades igualitarias, con niveles parejos de escolarización, o cuando se trabajara con sociedades teóricamente homogéneas, integradas por hablantes-oyentes ideales.

Cuadro 3
Tipos básicos de diferencias sociosemánticas. Fuente: Geeraerts (2008: 24)

+ Externalismo semántico	− Diferencia semántica
− Externalismo semántico	+ Diferencia semántica
− Externalismo semántico	− Diferencia semántica
+ Externalismo semántico	+ Diferencia semántica

Para Putnam, conocer el significado de una expresión (su intensión) supone un estado psicológico que permite precisar su referente (su extensión), aunque también aquí pueden entrar en juego factores sociales, dado que hay significados accesibles a ciertos grupos o redes de la comunidad en exclusiva y estereotipos asociados solamente a algunos de ellos.

El segundo modo de relación entre la semántica y la sociedad es el que asocia el uso de ciertas formas léxicas –signos, en definitiva– a hablantes de unos perfiles sociales determinados. Esto supone que el conocimiento léxico-semántico está desigualmente distribuido entre los miembros de la comunidad de habla y que las comunidades lingüísticas tampoco son homogéneas a este respecto. El uso de ciertas formas léxicas por parte de un grupo o una red –su léxico virtual– se muestra como un síntoma o variable predictora de la posición social de los hablantes y está fuertemente ligado a su educación, frente al sexo y la edad, que parecen tener menor influencia en la adquisición, el conocimiento y la distribución social de las unidades léxicas. Por otra parte, la intensidad de los vínculos sociales entre hablantes influye directamente sobre la capacidad léxica de las agrupaciones sociales, relativizando el efecto de la educación de cada individuo (Ávila y Villena 2010: 284).

El empleo del léxico en la vida social de una comunidad o de una agrupación social sería consecuencia de la capacidad léxica o la disponibilidad del léxico virtual que le es propia. El léxico virtual de una comunidad se dispondría en forma de redes sociléxicas, con núcleos de palabras muy frecuentes en todos los hablantes y de actualización inmediata en cada esfera o ámbito comunicativo. Alrededor de los núcleos correspondientes a las unidades léxicas más frecuentes, se dispondrían sucesivas áreas de unidades, cada vez menos frecuentes, menos compartidas y de actualización más lenta. El léxico menos prototípico sugiere la posesión de conceptos diferentes a los de dominio común y el acceso a ámbitos técnicos, científicos o humanísticos solo al alcance de un grupo de hablantes de la comunidad (Ávila y Villena 2010: 282). Asimismo, la estratificación social de los hablantes de la comunidad determinaría el grado de centralidad de cada individuo en un modelo de esta clase. Las redes sociales fijarían fuertemente a los *insiders* mediante lazos recíprocos intensos y favorecerían la formación de consensos de normas internas, así como un aislamiento de la cultura local (Ávila y Villena 2010: 284). En definitiva, la sociolingüística del léxico nos presenta una arquitectura de redes de unidades léxicas, que vincularían los usos de las diferentes agrupaciones de una comunidad. Los estratos sociales bajos dispondrían de una arquitectura de unidades léxicas con contenido más general y muy conectadas entre sí, mientras que en los niveles educativos altos existiría un mayor número de palabras con vínculos únicos o muy específicos dentro de la red léxica (Solé 2009: 202-204). Ni que decir tiene que, si bien estas conclusiones parecen cercanas a las de la teoría del déficit de Basil Bernstein (1964; Dittmar 1973), las epistemologías de la que parten son muy dispares.

Rocío Caravedo (2011) ha llamado especialmente la atención sobre un tercer tipo de relación entre semántica y sociedad, que se establece dentro del discurso y que tiene como consecuencia la variación y el cambio semántico de unos significantes, incluso en el interior de un mismo discurso. Estaríamos, pues, más allá del plano laboviano, puesto que lo que ahora se maneja es la variabilidad y no la equivalencia semántica. El origen de esta variación puede ser puramente discursivo, ya que es el discurso el ámbito en el que se dilucida la interpretación semántica de las variantes en liza. Una vez reconocida la variación de significado, sería posible asociar las variantes a hablantes identificados por sus perfiles geográficos o sociales. Caravedo, en definitiva, propone una teoría de la polisemia en la que se relacionan unas variables semánticas con los sistemas cognitivos, de modo que puede pensarse en la existencia de un componente variable de la propia cognición, en relación con el significado y correlacionado con el orden social (Caravedo 2011: 301). De acuerdo con esta teoría, las unidades lingüísticas –léxicas, por supuesto, pero también gramaticales– podrían ofrecer un espacio semántico de variabilidad más o menos amplio, según los tipos de discurso utilizados por los grupos de hablantes que las manejen o según los territorios de una lengua. Esas unidades tendrían unos valores primarios, probablemente generales a toda la comunidad, y unos valores secundarios, sensibles a factores estilísticos, sociales y geográficos. La voz *escuchar*, por ejemplo, está experimentando en español desplazamientos semánticos que están conduciendo a la neutralización de los significados 'oír' y 'escuchar', si bien hay territorios y grupos de hablantes en los que la neutralización se completa o se bloquea según el peso de factores dialectales o educativos.

Ejemplos léxicos de este tipo de polisemia asociada a factores externos podrían ser vocablos como *necio* 'ignorante' / 'testarudo' en Colombia y 'molesto' en Centroamérica, *cabrón* 'mala persona / persona molesta' / 'persona con desparpajo / persona inteligente', *jíbaro* 'antipático' / 'rebelde' en Cuba y 'enamoradizo' en la República Dominicana; en inglés, podrían servir de ejemplos las formas *lead* 'guiar' / 'cable' en el Reino Unido y 'pista, indicio' en los Estados Unidos o *lush* 'exuberante' / 'atractivo sexualmente', especialmente dicho por mujeres, en el Reino Unido, y 'borrachín', especialmente aplicado a mujeres, en los Estados Unidos. Así pues, cuando se trata de unos mismos significantes que pueden mostrar significados diferentes dentro de un mismo discurso, hablamos de «polisemia extensiva», que también funciona correlacionada con la geografía o la sociedad. Junto a esto, cuando se trata de palabras sinónimas cuyos territorios están en distribución complementaria, hablamos de «geosinonimia» (en español, *coche* 'automóvil' Esp.; *auto* 'automóvil' Am. S.; en inglés, *lorry* 'camión' Reino Unido; *truck* 'camión'

Estados Unidos, Canadá, Australia, Nueva Zelanda); cuando se trata de unos mismos significantes que muestran significados diferentes en espacios geográficos diferentes, hablamos de «geopolisemia» o «polisemia diatópica» (p. ej. en español, *prolijo*: 'largo' en España / 'aseado, cuidado' en Argentina; *conejo*: 'bíceps' en México y Colombia / 'vulva' en España / 'acumulación de grasa en los muslos de la mujer' en Colombia; 'sonido que producen las articulaciones' en Perú / 'tipo de pez' en Puerto Rico (Asociación de Academias de la Lengua Española, 2010); en inglés, *deadbeat* 'exhausto' en el Reino Unido / 'moroso' en los Estados Unidos; *to table* 'agendar, considerar' en el Reino Unido / 'desestimar, suspender, aplazar' en los Estados Unidos) (Bauer 2002). En estos casos, puede resultar complicada su distinción respecto del anterior tipo de polisemia.

El cuarto espacio de relación entre la semántica y la sociedad es el ya mencionado de la variación sociolingüística, al modo en que se entiende desde la escuela de William Labov. La dificultad más elemental que aquí se plantea es la demostración de la existencia de las equivalencias semánticas entre formas diferentes. De ello se habla a continuación, en las líneas de debate, pero nos quedamos con la idea de que la sociolingüística cognitiva se muestra decidida a ir más allá de la sociolingüística variacionista.

Debate: ¿es posible la equivalencia semántica?

A partir de los aspectos comentados, el gran debate no tiene que ver exclusivamente con el léxico; tiene que ver con el significado porque se plantea en un plano netamente semántico, vinculado a lo sociosituacional. El debate estaría en torno a la equivalencia semántica de unidades en el uso de la lengua. ¿Es posible o no tal equivalencia? La negación de la equivalencia se fundamenta en la imposibilidad de hallar identidad plena –identidad lógica– entre dos unidades, imposibilidad que vendría sustentada en el *principio de la eficacia comunicativa*, que impide la existencia de dos unidades con un mismo valor, en el *principio de la identidad semántica*, por el que una palabra o un texto solo pueden ser iguales a sí mismos, y en el *principio de la anterioridad semántica* (Trujillo 1996), por el que la palabra es anterior a la cosa. Si esto es así en el plano léxico-semántico, con más nitidez ocurriría en los niveles gramatical y discursivo, por tratarse de conjuntos de elementos más complejos semánticamente.

La defensa de la existencia real de la equivalencia semántica se sustenta en la distinción entre «identidad» y «equivalencia», así como entre «lógica» y «pragmática». La sociolingüística cognitiva aboga por la existencia factual de una equivalencia pragmática o discursiva, una equivalencia del *querer decir lo mismo*, suficiente para hacer posible la variación lingüística. Tal *querer decir* se halla ligado a un *querer no decir* –silencios, omisiones– que también ocupa un espacio de variación (Ducrot 1982). Trujillo acusa a la sociolingüística de reducir lo semántico a lo referencial y de dar preferencia a la igualdad en los referentes, aunque esta no exista en la estructura lingüística. En parte es así, pero no es esto lo más relevante para la sociolingüística cognitiva: la equivalencia es posible no solo en el plano referencial, sino también y principalmente en el plano comunicativo o discursivo, donde el hablante despliega sus percepciones y su valoración de los significados, conformándolos con sus interlocutores y haciendo posible la equivalencia semántica allí donde la lingüística más estricta la hace inviable.

Conclusión

La sociolingüística cognitiva concede al uso una preeminencia absoluta y subordina los procesos semánticos tanto a la interacción comunicativa como al contexto social. Precisamente, es a partir de estos últimos donde brotan los significados emergentes, como consecuencia de negociaciones que permiten completar, precisar o modificar las sustancias semánticas aceptadas abierta y socialmente. Según esto, el significado de las unidades léxicas no es previo a la producción lingüística, sino consecuencia de ella y es en ella donde se establecen las equivalencias que permiten articular la variación, como ocurre en los planos gramatical y discursivo. Estos serían los términos de un *principio de posterioridad semántica*, contrario al propuesto por Ramón Trujillo en 1996.

En lo que se refiere a la ubicación y la dinámica del léxico, merece comentarse su organización en redes descentralizadas de asociaciones múltiples y en subconjuntos léxicos prototípicos de disposición concéntrica. En los núcleos de cada uno de estos conjuntos se ubicarían las unidades más frecuentes y comunes, y a su alrededor se dispondrían sucesivas áreas de unidades cada vez menos frecuentes y menos comunes. Esta disposición cognitiva es relevante en la dimensión social del léxico, dado que, cuanto más periférico es el espacio léxico, menos comunes y disponibles resultan sus unidades para el conjunto de hablantes de una comunidad. El léxico menos prototípico no suele ser común, sino específico de determinadas agrupaciones de hablantes, por lo que podría decirse, entonces, que el conocimiento léxico-semántico está desigualmente distribuido dentro de una comunidad.

En otro orden de cosas, el léxico (virtual) de una comunidad está formado por unidades que ineludiblemente establecen una relación con la realidad que la circunda y con el estilo de vida que la caracteriza. De este modo, aquellas unidades cuyo significado está más ligado a objetos susceptibles de cambio, sustitución o abandono vinculan su devenir al de esos mismos objetos, mientras que las referidas a realidades más generales, comunes y estables suelen experimentar escasas mutaciones. Aun así, la relación entre realidad y léxico es de naturaleza (relativamente) inestable y la denotación no supone ningún salvoconducto que libere a las unidades léxicas ni de la variación ni de la polisemia. Para el propio Langacker (1987: 154-155), la distinción entre semántica y pragmática, entre conocimiento lingüístico y conocimiento extralingüístico, es artificiosa y por eso aboga por una semántica lingüística de naturaleza enciclopédica, en la que cualquier aspecto de la semántica o de la realidad puede ser objeto de uso o atención en el devenir de una interacción y producir un significado emergente.

Finalmente, es oportuno insistir en que la dimensión semántica del léxico comparte rasgos esenciales con la de otros niveles lingüísticos, como el gramatical, el oracional o el discursivo. A todas ellas les afectan los procesos de negociación de los significados, la posibilidad de entrar en variación y la vinculación tanto a agrupaciones sociales específicas como a unos ámbitos estilísticos determinados.

CAPÍTULO 6

SOCIOGRAMÁTICA Y COGNICIÓN

Las teorías formalistas han abordado el estudio de la gramática centrándolo en su forma o estructura, independientemente del significado contextualizado y de la comunicación. Desde esta misma perspectiva, la gramática generativa ha hecho una asunción fundamental: que la combinatoriedad de las unidades de la lengua nace de su estructura sintáctica. Ahora bien, como puede comprenderse, tal concepción sintactocéntrica de la lengua no ha sido aceptada de modo unánime, incluso se ha afirmado que la principal consecuencia de su predominio ha sido que los teóricos de la fonología y de la semántica han ignorado sistemáticamente a la gramática, proponiendo sus propios modelos independientes (Jackendoff 2006; Clark, Yallop y Fletcher 2007).

La lingüística cognitiva no cree en una lengua organizada en torno a la sintaxis y prefiere fundamentarse en la interrelación de la fonología con la gramática, de esta con el léxico y de todos los planos entre sí, en el marco de una comunicación en la que el propio uso lingüístico, contextualizado y dinámico, tiene capacidad para influir sobre la configuración interna de la lengua (Langacker 1987). De este modo, no puede entenderse la gramática sin acudir al discurso y al contexto, sin atender a la interacción comunicativa o sin valorar la experiencia del hablante y sus percepciones. Y, así las cosas, la gramática cognitiva bien podría formularse siempre como una gramática sociocognitiva.

En esta misma línea cognitivista se sitúa la llamada «gramática de construcciones». El modelo «construccionista» está integrado por una familia de teorías gramaticales que tienen como referentes principales los trabajos de Charles J. Fillmore y George Lakoff (Gras 2011). En todas las variantes de este modelo, el concepto de «construcción» es clave y definitorio. Así, George Lakoff (1987) propone una gramática, de base cognitiva, entendida como un conjunto radial de construcciones gramaticales. Frente a los argumentos más tradicionales o más formalistas, las gramáticas construccionistas se preocupan por los mecanismos que permiten a los hablantes establecer generalizaciones a partir de expresiones lingüísticas concretas, de modo que resulten explícitas las conexiones que se establecen entre los patrones de la lengua y otros patrones más generales con los que se relacionan (Lakoff 1987: 467-468; Gras 2011). En un plano próximo a la gramática de construcciones, se sitúa el enfoque que presenta la lengua como un *sistema adaptativo complejo* («The Five Graces Group» 2007) y el modelo teórico de la *gramática basada en el uso* (Bybee 2010; Bybee y Hopper 2001).

A. Sobre la configuración de la gramática

Proposición 6.1

La gramática de una lengua se manifiesta mediante unidades lingüísticas convencionales, creadas a partir de muestras categorizadas del uso lingüístico.

Proposición 6.2

Las unidades básicas de la gramática son las construcciones.

Proposición 6.2.1

Las construcciones son emparejamientos forma-significado, que pueden ser más específicas (palabras o locuciones) a más generales (p. ej. construcción pasiva, construcción ditransitiva), y que incluyen por ejemplo, desde unidades pequeñas (palabras con afijos) a unidades de mayor entidad formal (cláusulas, unidades del discurso).

Proposición 6.2.2

Una construcción gramatical es una estructura simbólica de componentes integrados que implica la combinación sintagmática de morfemas y de unidades más complejas, de tal modo que no hay una distinción fundamental entre construcciones morfológicas y sintácticas.

Proposición 6.3

La gramática se construye a partir de una categorización de las construcciones basada en su forma lingüística, así como en su significado y en el contexto donde se producen.

Proposición 6.4

La gramática no es fija y estática, sino que tiene la capacidad de cambiar conforme lo hace la experiencia, modificándose las construcciones, en su forma y en su significado, de acuerdo con el uso de la lengua.

Proposición 6.5

La gramática y el léxico establecen unas estrechas relaciones que pueden modificarse o reforzarse a partir del propio uso lingüístico y que llevan a un conocimiento sobre qué unidades léxicas entran normalmente en qué construcciones.

Proposición 6.6

La morfología permite el establecimiento de relaciones emergentes entre palabras, basadas tanto en su similitud fonética como semántica.

Proposición 6.7

La sintaxis establece una red de relaciones entre palabras, dando lugar a secuencias de unidades adyacentes que establecen entre sí vínculos de diferente intensidad.

Escolio 6-A

Como alternativa al sintactocentrismo generativista, Ray Jackendoff (2006) presentó una teoría tripartita, de arquitectura paralela, en la que la lengua ofrece diversas formas de combinatoriedad y donde se crean diferentes tipos de estructuras. En esa arquitectura paralela, las estructuras fonológicas se vinculan mediante una interfaz a las sintácticas y estas, mediante otra interfaz, a las estructuras conceptuales, que quedan vinculadas a las primeras mediante una interfaz específica.

La lingüística cognitiva propone una visión de la lengua tan cercana a estos planteamientos como lejana al formalismo generativista. Para el cognitivismo, la gramática incluye un conjunto de representaciones cognoscitivas de las convenciones lingüísticas por parte de los hablantes. Los conceptos clave para su apropiada interpretación son «cognición», «representación» y «convención», junto a la noción de «construcción», referida a su unidad básica (Goldberg 2006). Las teorías decididas a dar cuenta de ello son, principalmente, la gramática cognitiva (Langacker 1987) y las gramáticas de construcciones (Fillmore 1988; Lakoff 1987).

Figura 15
Arquitectura paralela tripartita de los procesos lingüísticos. Fuente: Jackendoff (2006: 125)

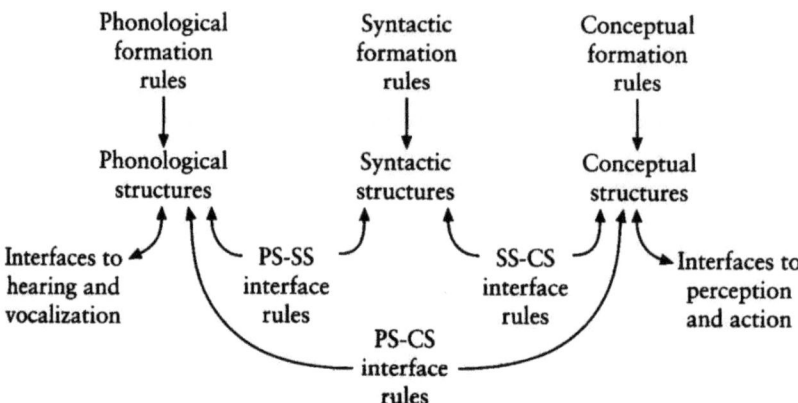

Seguramente el lector considere justificado que estas páginas no aspiren a ser una introducción a la gramática cognitiva ni a la de construcciones, ya que existe una bibliografía más apropiada para acceder a sus fundamentos y a ejemplificaciones profusas sobre sus intereses y procedimientos. Sin embargo, puede ser interesante recordar aquellas características que resultan relevantes para nuestros fines y que refuerzan la importancia aquí concedida al uso, a la acción social y la interacción comunicativa sobre la lengua. Langacker expuso en 2005 (p. 102) las ideas básicas comunes a estas propuestas gramaticales y entresacamos de ellas las siguientes:

a) Las construcciones (y no tanto las *reglas*) son los objetos primarios de la descripción gramatical.

b) El léxico y la gramática no son componentes distintos, sino que forman un *continuum* de construcciones.

c) Las construcciones son emparejamientos de forma y significado (*conjuntos de estructuras simbólicas*).

d) La estructura informativa se reconoce como uno de los aspectos del significado de las construcciones.

e) Las construcciones están vinculadas mediante redes heredadas (*categorización*).

f) Las regularidades en gramática tienen la forma de construcciones esquemáticas vinculadas a expresiones lingüísticas concretas.

g) El conocimiento lingüístico comprende un gran número de construcciones, una gran parte de las cuales son idiosincrásicas en relación con los patrones gramaticales productivos normales.

Con estas ideas generales como fundamento, las gramáticas de construcciones trabajan con unos claros objetivos: 1. demostrar la relevancia y la necesidad teórica del concepto de «construcción gramatical» para analizar aspectos centrales de la gramática (*core grammar*); 2. aplicar los principios generales de la categorización al análisis gramatical; y 3. lograr la adecuación descriptiva y explicativa de los análisis constructivistas (Goldberg 2006: 214; Gras 2010: 149). En cuanto al crucial concepto de «construcción», las diversas propuestas construccionistas están de acuerdo en aceptar que las construcciones son las unidades gramaticales por excelencia y que se trata de entidades simbólicas e interrelacionadas formal y semánticamente (Croft 2007; Croft y Cruse 2004), cuya definición más extendida es la propuesta por Adele Goldberg en 1995:

C es una CONSTRUCCIÓN *syss* C es un emparejamiento forma-significado $<F_i, S_i>$, tal que algún aspecto de F_i o algún aspecto de S_i no son estrictamente predecibles desde los componentes de C o desde otras construcciones previamente establecidas.

Según esta definición, la estructura simbólica de una construcción, tal y como es entendida por Croft y Cruse (2004: 258) o Lakoff (1987: 467), incluye una forma y un significado convencionalizados; la forma está constituida por rasgos fonológicos, morfológicos y sintácticos; y el significado, por rasgos semánticos, pragmáticos y discursivos. Las construcciones pueden limitar o condicionar el significado y la forma de los componentes del discurso, tanto fónicos como léxicos, dando lugar a una estrecha relación entre ellos. Por otro lado, las teorías gramaticales de corte cognitivo interpretan las construcciones como representaciones cognitivas «ejemplares». La «construcción» resulta particularmente apropiada en un modelo o teoría del ejemplar, puesto que las expresiones concretas se identifican con categorías –las construcciones– creadas a partir de generalizaciones que nacen de la asociación de ejemplares o usos concretos. En el caso de las construcciones, los emparejamientos de formas y significados no tienen representaciones intermedias, por lo que pueden ser relacionados con ejemplares asociados a «esquemas» cognitivos (Langacker 2005: 103 y ss.).

Sin perder de vista estos principios cognitivos y construccionistas, una gramática sociocognitiva se constituye a partir de la interacción y se configura desde la convención social. La perspectiva teórica desde la que se opera es, por tanto, la de una teoría de la gramática basada en el uso, según la cual la disposición cognoscitiva de la lengua se fundamenta en la experiencia acumulada. La arquitectura de la gramática, así concebida, no sería la de un sistema abstracto de reglas ni la de una estructura formal que produce usos lingüísticos, sino la de una red de representaciones tejida con muestras categorizadas del uso; esto es, con usos fijados convencionalmente en construcciones de diversa complejidad («The Five Graces Group» 2007). Los trabajos de Bybee sobre gramática (2001; 2010) ofrecen explicaciones gramaticales en las que la interacción social y la comunicación son auténticas piedras angulares.

Las representaciones cognoscitivas que subyacen al uso de la lengua se elaboran categorizando las expresiones y construyendo modelos o agrupaciones de modelos sobre sus formas lingüísticas, su significado y en el contexto en que han aparecido (Bybee y Hopper 2001). Las categorizaciones y construcciones gramaticales se producen con el uso de la lengua, por lo que no puede pensarse en gramáticas fijas o estáticas, sino más bien en procesos emergentes que dependen de interacciones contextualizadas y que implican elementos morfosintácticos, por supuesto, pero también fónicos y léxico-semánticos. El uso lingüístico contextualizado puede dar lugar a la integración de dos o más estructuras para formar una estructura compuesta estableciendo relaciones de valencia entre sus componentes, tanto en el plano fónico como en el semántico (Langacker 1986: 156-157), y fijando diferentes niveles de dependencia entre ellos.

En definitiva, la forma de entender el estudio gramatical por parte de la sociolingüística cognitiva ha de incluir los dos principios o perspectivas fundamentales planteados por Friedrich Ungerer y Hans-Jörg Schmid (1996) y que ligan la dinámica de la categorización y de las construcciones gramaticales a los hablantes que las crean: el *principio experiencial*, que hace necesaria la experiencia del hablante (sus asociaciones y percepciones) para la existencia de construcciones; y el *principio de preeminencia*, que explica cómo las diferencias de percepción están ligadas a diferencias gramaticales. Desde el punto de vista del significado gramatical, hay que tener en cuenta que este nace tanto de su negociación en contexto como de la frecuencia de las unidades en la interacción.

B. Sobre la dinámica gramatical

Proposición 6.8

Los procesos gramaticales básicos derivados del uso de la lengua son la categorización gramatical, la gramaticalización y la analogía.

Proposición 6.8.1

La categorización gramatical es un proceso de constitución de una categoría, que se produce a partir del contraste entre un esquema y una expresión concreta, sobre la base de numerosas comparaciones.

Proposición 6.8.2

La gramaticalización es un proceso por el cual una unidad léxica o una expresión pueden perder o ver transformado su significado específico como consecuencia de una alta frecuencia de uso

Proposición 6.8.3

La analogía se basa en el reconocimiento de similitudes entre construcciones por parte del hablante. Las construcciones a menudo son secuencias aprendidas como un todo, por analogía con la forma en que han aparecido previamente.

Proposición 6.9

Las unidades léxicas que se usan juntas a menudo pueden llegar a procesarse como unidades de naturaleza gramatical.

Proposición 6.10

La frecuencia es un factor fundamental en la configuración gramatical y, en consecuencia, la gramática, por estar basada en el uso, incluye el registro de las probabilidades de las ocurrencias y de las coocurrencias.

Proposición 6.11

La formación, adquisición y uso de las construcciones gramaticales están relacionados con el proceso de memorización de características o segmentos del discurso.

Proposición 6.12

La gramática supone un proceso de construcción en línea, en el que se hace uso de la inteligencia computacional, mientras que las unidades léxicas son almacenadas en la memoria a largo plazo.

Proposición 6.13

La fuerza léxica es una tendencia diacrónica de las unidades léxicas con flexión por la cual las formas más frecuentes de los paradigmas se resisten al cambio regularizador –morfológico o analógico– o a servir como base del cambio.

Escolio 6-B

La dinámica de una gramática sociocognitiva está basada en dos conceptos fundamentales: la convención y la frecuencia. Estos mecanismos dinámicos afectan a los tres procesos gramaticales básicos derivados del uso de la lengua, que son la categorización, la gramaticalización y la analogía. De estos tres procesos, es el de la categorización el de más amplio alcance, puesto que afecta a todos los niveles del lenguaje, como se deriva de nuestros comentarios sobre sociosemántica y sociofonología.

La categorización es un procedimiento para organizar la variada información que se obtiene de la realidad, simplificándola mediante la generalización o la discriminación. En el plano gramatical, las unidades también se organizan en torno a construcciones que comparten un conjunto de rasgos y que se organizan por niveles de centralidad (prototipos y esquemas) o de abstracción y especificidad (Cuenca y Hilferty 1999: 31 y ss.). Según Givón (1984; 1986), los miembros periféricos de esas categorías presentan fronteras difusas respecto a otras categorías. Dentro de la supracategoría de la oración, pueden diferenciarse tres tipos de construcciones: la oración, la cláusula y el segmento o agrupamiento. La primera se caracteriza por tener la estructura «sujeto + predicado», tener autonomía distribucional, unidad prosódica, semántica y comunicativa; la cláusula solo comparte con la oración el disponer de su misma estructura, mientras que el segmento puede compartir con la oración los demás rasgos, pero no la estructura mencionada.

La gramaticalización es un proceso que lleva largo tiempo ocupando a los lingüistas, quienes la han presentado –junto a la analogía– como una fuente principal de creación de formas gramaticales (Meillet 1948), con todas sus implicaciones desde un punto de vista histórico. En esencia, se trata de un procedimiento por el cual un elemento léxico pasa a tener un valor gramatical, si bien puede precisarse que se trata de una conversión de elementos léxicos en gramaticales teniendo en cuenta las condiciones morfológicas y sintácticas, así como las discursivas, en que se producen. Bybee (2010) habla de estadios de evolución, cuando una unidad pasa del plano léxico a lo gramatical, de acuerdo con una escala de gramaticalización según la cual la forma original es más plena, más libre y menos compleja que la final. Esquemáticamente el proceso podría representarse de este modo (Hopper y Traugott 1993: 7):

elemento léxico > palabra gramatical > clítico > morfema flexivo.

La importancia del uso en la gramaticalización se demuestra al analizar las causas que la originan. En las hipótesis que se vienen manejando sobre esas causas (Cuenca y Hilferty 1999: 160 y ss.), siempre aparece como relevante la interacción comunicativa: si aceptamos que el proceso se inicia en el discurso para concluir en el nivel gramatical –*hipótesis de la gramática emergente* (Givón 1979)–, estamos concibiendo que las unidades gramaticales emergen por acción del discurso construido en el uso; si aceptamos que la motivación del proceso está en el emisor, en su tendencia a subjetivizar los mensajes –*hipótesis de la subjetivación* (Traugott 1995)–, estamos incidiendo en el peso de un factor concreto de la comunicación: el hablante. Según Traugott, la gramaticalización tiende a convertir elementos léxicos en elementos que pautan el texto, pero también a mostrar la posición del hablante en una situación discursiva. Así, el paso de una forma latina LOCUS 'lugar' a una forma luego, en el español actual, es una buena muestra de cómo se produce una evolución «sustantivo > adverbio > conjunción consecutiva», que responde a un cambio del dominio en que se sitúa el hablante: «dominio espacial > dominio temporal > dominio nocional)».

En lo que se refiere a la analogía, también de amplio estudio en otros campos, como la historia de la lengua, hay que entenderla como una tendencia, basada en la capacidad humana de percibir semejanzas y generalizarlas, que busca modificar las formas de un paradigma con el fin de regularizarlo. Su funcionamiento contrasta con la producción ordenada mediante reglas porque recurre a la similitud de formas preexistentes más que a reglas simbólicas más generales (Bybee 2010). La analogía se refiere a procesos por los cuales un hablante viene a darle una nueva forma a una construcción. Según la especificidad de las construcciones y la manera en que se construyen a través de la experiencia con la lengua, la probabilidad y la aceptabilidad de una forma nueva se harán de forma gradual y más o menos ajustada a los usos anteriores de la construcción. Por lo tanto, los usos y las experiencias anteriores son decisivos en el proceso de la analogía. A modo de ejemplo de su funcionamiento en sintaxis, podemos mencionar la combinación de verbos como *ponerse, volverse* o *quedarse* con diversos adjetivos (o con sintagmas preposicionales), que crean un paradigma muy productivo en lengua española: *ponerse nervioso, quedarse solo, volverse loco; quedarse a solas, quedarse soltero; ponerse pálido, ponerse furioso*. Las formas más frecuentes y convencionalizadas sirven como base analógica para la formación de nuevas expresiones.

Los procesos básicos que afectan a las construcciones gramaticales y que rigen su origen, uso, variación y evolución, suelen verse afectados por mecanismos cognitivos que no deben perderse de vista, como el de la fragmentación o segmentación (ing. *chunking*). Cuando unas palabras determinadas aparecen juntas en la cadena hablada repetidas veces pueden llegar a formar fragmentos discursivos fijos llamados *chunks*. Se ha comprobado que las frases y construcciones más frecuentes acaban comportándose como palabras, de manera que los procesos fonológicos que suelen experimentarse en el interior de una palabra también se aplican internamente a esos fragmentos. Esta segmentación del discurso, por lo tanto, es provocada fundamentalmente por la repetición en el uso y subyace a la aparición de locuciones y perífrasis del tipo *take a break* 'descansar', *break the ice* 'romper el hielo' o *pick and choose* 'mostrarse difícil', en inglés; *tirar la toalla, estirar las piernas* o *poner una pica en Flandes*, en español. De hecho, todas las expresiones convencionales pluriverbales, desde las locuciones a las frases hechas, pueden considerarse *chunks* a efectos de procesamiento y análisis. Su importancia es decisiva en gramática porque tales secuencias pueden ser almacenadas en la memoria y procesadas de forma autónoma, al contrario de otras unidades gramaticales, como los morfemas, a la vez que funcionan como base cognitiva de la morfosintaxis y de su organización jerárquica. La mayoría de las oraciones se construyen como partes memorizadas, por analogía con la forma en que esas partes han aparecido previamente en otras oraciones que pueden haber sido aprendidas como un todo (Quine 1960: 9). Así es como la gramática basada en el uso entiende el estudio gramatical y lo articula en unos principios de procesamiento y organización en los que léxico, morfología y sintaxis participan de unos mismos procesos (Bybee 2001: 136).

Finalmente, es necesario aludir a la importancia de la frecuencia; y no será la última vez. Las frecuencias de las formas que aparecen en contexto no son meros refinamientos cuantitativos de los que se desprenden juicios de gramaticalidad o de aceptabilidad. La no aparición no supone un juicio de agramaticalidad y la no ocurrencia no siempre significa una prohibición de uso, al tiempo que en la interacción del habla espontánea aparecen infinidad de formas agramaticales. Si la gramática se basa en el uso, debe incluir infinidad de casos de coocurrencias y registrar las probabilidades de las ocurrencias, con lo que el dominio de una lengua implica también el manejo de un componente estocástico (Henry 2002). Los hablantes están al tanto de las construcciones que son convencionales y del impacto de la frecuencia sobre las estructuras, lo que afecta directamente a la velocidad de acceso a las unidades, a la evidencialidad (*priming*) de las propiedades morfonológicas de las palabras con alta y baja frecuencia, así como a los procesos de gramaticalización (Bybee 2001; Ellis 2002). El peso de lo cuantitativo se observa en hechos como los siguientes:

a. Los patrones con una alta frecuencia son más productivos que los de baja frecuencia.

b. Los miembros específicos de las categorías gramaticales se dan menos frecuentemente que los no específicos.

c. Los elementos gramaticalizantes más frecuentes y de significado más general en la construcción pueden perder la capacidad de ser verbos principales.

d. Las construcciones con unidades de alta frecuencia tienen conexiones más débiles con otras formas, más frecuentemente son independientes y menos frecuentemente contribuyen a la formación de clases productivas.

e. Los ítems con unidades de alta frecuencia tienen conexiones más débiles con otras formas, más frecuentemente son independientes y menos frecuentemente contribuyen a la formación de clases productivas.

f. Los ítems con una alta frecuencia de unidades tienen una mayor fuerza léxica y se resisten más al cambio morfológico y analógico, sirven como base para el cambio y tienen una gran autonomía.

Recordemos que la «fuerza léxica» es la tendencia de las formas más frecuentes de los paradigmas a resistirse a los cambios regularizadores. Los paradigmas de alta frecuencia mantienen sus regularidades, mientras que los de baja frecuencia tienden a regularizarse. La alta fuerza léxica o la frecuencia de una forma debilita su capacidad de asociación con otras formas (Bybee 2010: 124). Asimismo, existen también unos principios que determinan la naturaleza de las categorías y de las clases morfológicas, y que implican, igualmente, factores semánticos y formales. Así, por ejemplo, las asociaciones por el significado preceden a las asociaciones por hechos de forma y las clases morfológicas que aplican esquemas acaban teniendo una semejanza estructural. En sintaxis, las diferencias de frecuencia de construcciones específicas pueden llevar a la pérdida de la composicionalidad y la analizabilidad (cuando la frecuencia es alta) o la eventual y gradual creación de nuevas construcciones (Bybee 2010: 32).

C. Sobra la gramática y su dimensión social

Proposición 6.14

Las gramáticas son representaciones emergentes a partir de las interacciones comunicativas de los hablantes de una comunidad, que interpretan unas convenciones lingüísticas establecidas, aceptadas y compartidas socialmente.

Proposición 6.15

Los hablantes son conscientes de las construcciones que son convencionales y del impacto que la frecuencia de su uso social tiene sobre las estructuras gramaticales.

Proposición 6.15.1

Las construcciones pueden ofrecer un distinto grado de gramaticalidad dependiendo de su correspondencia con las convenciones de uso fijadas socialmente.

Proposición 6.15.2

Dos construcciones que gozan de un mismo nivel de gramaticalidad pueden diferir en su grado de aceptabilidad, que también se establece socialmente.

Proposición 6.16

La complejidad, la dinámica y el cambio de las construcciones y los procesos gramaticales pueden venir determinados por las características sociales de los hablantes, especialmente por su nivel educativo y por la agrupación social de procedencia.

Proposición 6.17

La variación gramatical se establece a partir de la equivalencia comunicativa entre unas variantes determinadas, que pueden correlacionarse con factores sociales, contextuales y estilísticos, si bien a menudo son condicionadas solamente por otros factores lingüísticos.

Proposición 6.17.1

En el ámbito de la gramática es relativamente frecuente la aparición de *patrones de estratificación abrupta* o *discontinua*, aquellos en los que existen importantes diferencias entre agrupaciones sociales o que afectan a fenómenos muy infrecuentes en ciertos grupos.

Proposición 6.17.2

Los contextos de ocurrencia de las variables gramaticales son en general más difíciles de identificar y definir que los de las variables fonológicas, dado que la equivalencia puede venir determinada por la interpretación subjetiva que el hablante hace de los discursos y los contextos sociales.

Proposición 6.17.3

La variación gramatical resulta difícil de cuantificar externamente, debido a la escasa frecuencia relativa con que se muestra en los contextos de ocurrencia y a la dificultad de obtener ejemplos de uso de las distintas variantes.

Proposición 6.18

La variación gramatical incluye el cambio de significado de unas mismas unidades o construcciones que aparecen a lo largo de un mismo discurso.

Escolio 6-C

David Sankoff distinguía, en su conocido estudio «Sociolinguistics and syntactic variation» (1988), tres paradigmas divergentes de investigación lingüística: el paradigma introspectivo-generativo, que plantea una teoría de la representación de la lengua en la mente del hablante basada en los datos que proporcionan las intuiciones del lingüista; el paradigma experimental-evaluativo, basado en criterios de corrección y centrado especialmente en la enseñanza de la lengua a aquellos que no dominan las variedades de mayor implantación social (Martinet 1975); y el paradigma descriptivo-interpretativo, preocupado por la variación lingüística en su contexto social y por el uso y evolución de la lengua en su comunidad de hablantes, a lo que puede añadirse una descripción lingüística basada en el uso discursivo de la lengua y en las muestras originadas en la interacción comunicativa. La sociolingüística cognitiva quedaría alineada en este último paradigma y se interesaría por los procesos lingüísticos en sí mismos, más allá de que la sociolingüística –como se planteó en los años sesenta y setenta– pueda cumplir una función social que haga posible que las cuestiones de lengua se emancipen de los conflictos ideológicos.

La sociolingüística tradicional se ha sentido más cómoda en el terreno de la variación homosémica, al relacionar lo gramatical y lo social. Tal variación se establece a partir de la equivalencia comunicativa entre unas variantes que se correlacionan con factores sociales, contextuales y estilísticos, además de con factores lingüísticos (Moreno Fernández 2009: 28-32; 81-82). En una línea más etnográfica, Muriel Saville-Troike (1982) explicó que existen marcadores étnicos relacionados con la fonología, el vocabulario y el estilo, mientras que la clase social y el nivel de instrucción están más relacionados con los hechos gramaticales, aunque insistía en que había excepciones, como el uso invariable de *to be* en el llamado «inglés negro vernacular», donde es considerado un marcador étnico. Ahora bien, el variacionismo también se ha interesado por los procesos más internos de la lengua. La teorías de la variación sintáctica consideran que las estructuras gramaticales deben ser analizadas en el seno del discurso porque es allí donde emerge su polivalencia y donde se observa la aparente inestabilidad de las relaciones entre formas y funciones lingüísticas. La sociolingüística variacionista ha puesto más énfasis en estos criterios teóricos que en la elaboración de una supuesta «gramática comunitaria». La variación se observa en las manifestaciones individuales y es desde aquí donde comienza su elaboración teórica, por eso la metodología sociolingüística se caracteriza por el registro de conversaciones entre hablantes de una misma comunidad, de interacciones naturales que constituyan un buen banco de muestras de uso.

Frente a una visión basada en la dinámica del discurso, la gramática generativa intenta proporcionar modelos esquemáticos aproximados de cómo funciona la mente humana para generar y procesar secuencias estructuradas a partir de elementos léxicos (Bosque y Gutiérrez-Rexach 2009: 58). Estamos ante un enfoque que da prioridad al individuo como tal, no como miembro de una sociedad, ya que el funcionamiento de la mente humana se produce en el individuo. La sintaxis minimista (Chomsky 1995) intenta ver cómo se adecuan los hechos de la lengua natural a los requisitos mínimos de un sistema de sonidos y significados y, desde este modelo generativista, lo único que acarrea la variación son dificultades para el funcionamiento de la sintaxis misma y para su aprendibilidad (Henry 2002). Sin embargo, la realidad nos muestra que un niño adquiere su gramática a partir de los enunciados de hablantes diferentes, cuyas gramáticas probablemente no son idénticas, por lo que el mecanismo de adquisición debe incorporar la variación y ser sensible a las frecuencias. Un mecanismo así permite al niño no solo adquirir la lengua, sino también desenvolverse como miembro de una comunidad.

Desde el enfoque generativista no se niega la determinación de factores sociales sobre determinadas variantes lingüísticas ni se ignoran las múltiples manifestaciones geolectales que la lengua tiene. Lo que ocurre es que, aparte de no interesarle, la variación sociogramatical es vista como algo externo que relaciona la lengua con el hablante y con su entorno, pero no como algo que ayude a entender el propio sistema gramatical (Bosque y Gutiérrez-Rexach 2009: 43). Y es aquí donde se produce la discrepancia, porque la sociogramática cognitiva cree estar en condiciones de contribuir a una mejor comprensión del sistema lingüístico, en su dimensión interna. Es evidente que existen diferencias gramaticales entre hablantes y que los hechos gramaticales pueden correlacionarse con factores extralingüísticos. De igual modo es cierto que los conceptos de «aceptabilidad» y «claridad» dependen de las percepciones de los hablantes y de los usos contextualizados a los que están acostumbrados. Asimismo, es verdad que, aunque la «gramaticalidad» de una construcción suele referirse al cumplimiento de los principios que rigen el sistema gramatical, bien puede relacionarse con otros sistemas cognitivos cuyo funcionamiento depende en origen y en uso de la acción interindividual. Pero no es menos cierto que las variables sintácticas –las de naturaleza homosémica– son un hecho que debe explicarse también internamente y que solo puede hacerse analizando las construcciones que compiten en contextos concretos. Entre construcciones pueden existir diferencias de valor referencial o de valor gramatical que pueden neutralizarse o modificar su significado desde dentro del discurso.

El componente interpretativo del paradigma en que se sitúa la sociogramática cognitiva está en el análisis de los contextos en que se producen las neutralizaciones y los cambios de significado. Dado que no tenemos acceso a las intenciones de los hablantes ni a la sutileza de sus intenciones comunicativas, es la alternancia de formas en el discurso contextualizado el más claro indicador de las funciones que cumplen las construcciones alternantes y el modo en que se producen las neutralizaciones en unos hablantes y en otros. Así pues, las formas alternantes no se originan en la relación interna entre estructuras sintácticas, sino en el hecho de compartir elementos en el nivel pragmático (Sankoff 1988), ya que es el discurso el que permite establecer una equivalencia referencial o funcional.

¿Qué tipo de fenómenos o variables gramaticales son los que requieren un análisis de esta naturaleza? Pedro Martín Butragueño estableció en 1994 una tipología que distinguía variables de tipo morfológico, categorial, funcional y posicional. Las variables de tipo morfológico rara vez implican los niveles sintáctico y pragmático, y suelen verse determinadas por factores tanto sociolingüísticos y estilísticos, como históricos y geográficos (en español, la alternancia *-ra* / *-ría* con valor de imperfecto de subjuntivo, la alternancia *-ste* / *-stes* de la segunda persona o el valor funcional o de referencia de *le, la, lo*). Las *variables de tipo categorial* afectan, en algunos casos, a elementos de la morfología y, en casi todos, a la sintaxis, cuya variación implica a veces los niveles semántico y pragmático. Este tipo de variables a menudo no vienen determinadas por factores sociolingüísticos, estilísticos, históricos y geográficos o se ven determinadas por ellos de un modo bastante irregular (en español, el uso de *para que* + subjuntivo / *para* + infinitivo; secuencias de preposiciones). Las *variables de tipo funcional* afectan sobre todo a la sintaxis y no suelen estar correlacionadas con otros factores de naturaleza semántica. Por otro lado, a menudo resultan determinadas por factores históricos, geográficos, sociolingüísticos y estilísticos, aunque no siempre es así (en español, el queísmo y el dequeísmo, la presencia/ausencia de pronombre sujeto). Las *variables de tipo posicional* suelen implicar valores pragmáticos de diversa naturaleza, no así morfológicos ni semánticos (orden sujeto-verbo, orden verbo-complemento, orden adjetivo-nombre, etc.). Las variantes de estas variables muestran usos estilísticos diferentes que, salvo excepciones, no están correlacionados con factores históricos, geográficos ni sociolingüísticos. En general, las variantes de todos estos tipos de variables no solamente muestran usos alternantes, sino que esos usos revelan, en muchas ocasiones, gradaciones típicas de la variación (*gradience*) (Bybee 2010).

Por último, debemos insistir en el hecho de que las construcciones gramaticales obedecen a convenciones lingüísticas aceptadas y compartidas socialmente.

Toda gramática, por tanto, es sociolingüística en su esencia y así queda establecido cuando se liga la dinámica de las categorías y las construcciones al uso de la lengua en las interacciones y a la fijación de estructuras mediante la convención social y la aceptabilidad por parte de los hablantes. De la misma manera, la complejidad y la dinámica gramatical puede verse afectada por las características sociales de los hablantes, especialmente por su nivel educativo y por su procedencia social. Se ha comprobado, por ejemplo, que la clase trabajadora tiende a la reducción sintáctica y morfológica, con las implicaciones que ello tiene en términos de redundancia y claridad. Este hecho viene poniéndose de relieve desde los estudios de Basil Bernstein (1964; 1965) sobre el *déficit*, a los que ya hemos aludido. Bernstein estudió el proceso de socialización prestando atención al lugar del lenguaje en dicho proceso y poniéndolo en relación, desde principios básicamente psicolingüísticos, con la clase social, la escolaridad y el contexto en que se mueven los hablantes. La teoría del déficit distingue dos códigos: código restringido y código elaborado. El código restringido predomina en las clases o estratos trabajadores y el código elaborado en las clases medias. En un primer momento, Bernstein asoció el código restringido a los niños de la clase trabajadora y el elaborado a los niños de la clase media, aunque posteriormente ofreció una interpretación más amplia, asociando los códigos a estilos de interacción, a procesos de cognición psicosocial y a formas diferentes de interpretar la estructura social, destacando el carácter predecible del código restringido y el menos predecible del elaborado. Para Bernstein (1965), todos los hablantes, de cualquier clase social, tienen acceso a un código restringido, pero sólo algunos grupos tienen acceso al elaborado; en estos últimos, el código restringido se reserva para ciertas situaciones, normalmente de comunicación familiar.

Debate: ¿gramática lingüística o gramática sociolingüística?

El debate sobre la forma y el contenido de la gramática viene ocupando a los lingüistas desde hace más de un siglo. Las discusiones se plantean en distintos niveles, pues afectan tanto a la conceptualización de las entidades y procesos gramaticales como a sus distintas posibilidades de relación y formalización. La *teoría de los tres puntos de vista* de Claude Hagège (1985) propone un estudio de las lenguas en la realidad de sus manifestaciones discursivas, abordable desde tres perspectivas complementarias: en primer lugar, en relación con los sistemas de la lengua; en segundo lugar, en relación con el mundo exterior, según el sentido que transmiten las expresiones de la lengua; en tercer lugar, en relación con los interlocutores, según su estrategia de representación y la jerarquía establecida entre los que enuncian y lo enunciado. En el planteamiento de Hagège, todo estudio realizado desde un solo punto de vista, aislado de los otros dos, es un artificio que ignora la realidad de los lazos indisolubles que existen entre los tres. Siendo así, una gramática abordada exclusivamente desde el punto de vista 1 sería tan artificial como inútil, dada la estrecha vinculación entre las formas morfosintácticas, los significados ligados a sus referencias y los aspectos pragmáticos que unen el discurso a los interlocutores.

Figura 16
Teoría de los tres puntos de vista. Fuente: Hagège (1985: 279)

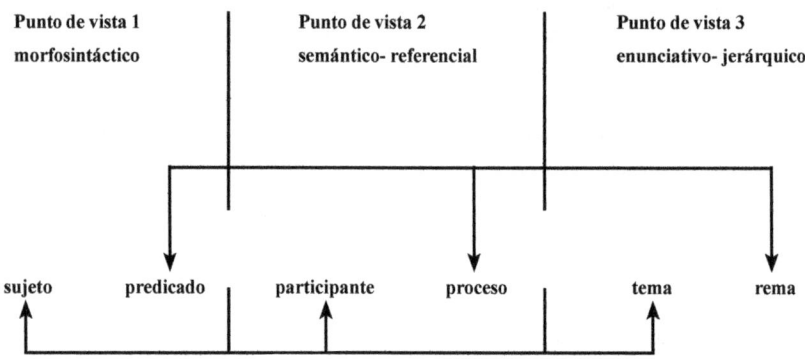

Por su parte, la teoría de la variación sociolingüística aspira a elaborar una gramática en la que la variabilidad de los usos quede correlacionada con los factores lingüísticos y extralingüísticos que la determinan y donde las correlaciones queden aquilatadas cuantitativamente y expresadas mediante unos procedimientos formales en los que haya espacio para la información estadística. Semejante tratamiento de la variación lingüística y, más concretamente, gramatical ha llevado al enfrentamiento teórico de este modelo con otros enfoques: con la gramática normativa tradicional –por su carácter acientífico y por responder a una ideología prescriptiva y no descriptivo-explicativa–, con la gramática generativa –por su carácter psicologista, ajeno a los procesos de naturaleza social– e incluso con las sociolingüísticas no formalistas, menos preocupadas por los procesos internos de la gramática y por su formalización lingüística (Henry 2002).

La visión que la sociolingüística cognitiva tiene de la gramática es la de un conjunto de representaciones que vienen fijadas por el uso lingüístico y la interacción comunicativa. Desde esta perspectiva, no es posible una gramática al margen del uso o de las interacciones que se producen en el seno de una comunidad de habla; por ello puede decirse que toda gramática es esencialmente sociolingüística. Frente a esta perspectiva, está la que concibe la gramática desde parámetros exclusivamente lingüísticos, independientes de la figura del hablante en su configuración y en sus procesamientos, al margen de la comunicación social. Ante un dilema planteado en tales términos, el cognitivismo siempre opta por las concepciones gramaticales basadas en el uso de los hablantes en entornos sociales concretos.

Desde una perspectiva social, no puede obviarse la existencia de una distinción general entre dos formas de hacer gramática: la basada en el modo en que se usa la lengua (gramática descriptiva) y la basada en el modo en que la gramática debería usarse (gramática prescriptiva). De ellas, es sin duda la segunda la de mayor visibilidad social, puesto que formula juicios sobre los usos gramaticales considerados como «buenos» o «malos» y legitima la aparición de consecuencias sociales negativas para aquellos que no se ajustan a los modelos adecuados, a los que se acusa de ignorancia o descuido. Tales formas de entender la gramática, sin embargo, no nos interesan especialmente en este momento, ya que nuestra atención se centra en la dinámica sociolingüística interna de la propia gramática y no tanto en su valoración social. La percepción social de la gramática descriptiva está fundamentada en tres grandes falacias tradicionales: la de la lógica, la de la precisión y la de la autoridad (Ghomeshi 2010), que tienen interés dentro del estudio de las actitudes lingüísticas, pero no tanto para la configuración interna de la gramática, por muy social que esta sea.

Conclusión

La gramática cognitiva tiene sus fundamentos bien afianzados en las propuestas de especialistas como Langacker o Lakoff. Por su lado, la sociolingüística cognitiva aborda el estudio de la gramática desde los planteamientos generales del cognitivismo, pero incidiendo en la dimensión social, situacional y contextual de las formas gramaticales. Los hablantes, además de conocer la lengua, aprenden secuencias y construcciones, las usan en contexto, contribuyen a crear categorías, perciben analogías y similitudes y son conscientes de las frecuencias de uso de las distintas unidades. Además, son capaces de establecer equivalencias gramaticales en el transcurso de la interacción, y de modificar los significantes de acuerdo con la presencia o ausencia de determinados elementos lingüísticos o extralingüísticos.

El estudio sociolingüístico de la gramática lleva décadas embarrancado en el terreno de la duda o la sospecha por haberse centrado de modo exclusivo en el análisis variacionista. Las dificultades de analizar la variación sociogramatical son bien conocidas: escaso número de ocurrencia de las variantes en el discurso continuo, dificultad de demostrar su equivalencia, relativa incidencia de las variables socioestilísticas. Todo ello es cierto, aunque muy pocos han sido los sociolingüistas que se han visto arredrados por ello; los que claudicaron ante las dificultades simplemente abandonaron la sociolingüística variacionista para engrosar las filas del análisis del discurso (Lavandera 1984), una línea que, por cierto, no solo reconoce el peso de los contextos sociales, sino también la importancia del modo en que son percibidos por los hablantes.

La sociolingüística cognitiva viene a reclamar un espacio de naturaleza social en el interior de la gramática, más allá de la variación. La interacción social, la dinámica comunicativa o la percepción del hablante son decisivas a la hora de entender el origen, la configuración, la dinámica y los cambios que se consideran propios de la gramática, en conexión estrecha y directa con los planos fónico y léxico-semántico.

CAPÍTULO 7

SOCIOFONOLOGÍA Y COGNICIÓN

La proyección de la fonología y la fonética en el plano geosocial plantea dudas numerosas y profundas: ¿cuál es el mecanismo que vincula los sistemas fonológicos de distintos territorios en un solo suprasistema?; ¿cómo se produce la vinculación entre sistema y suprasistema en el ámbito (psicológico) del hablante y en el ámbito (sociológico) de las comunidades de habla? En relación con la variación hay hechos que no han sido suficientemente explicados dentro de un mismo modelo teórico. Así, para el estructuralismo, las variantes combinatorias lo son dentro de una comunidad de habla; por lo tanto, no funcionan las mismas variantes en todas las comunidades de una lengua, en todos sus geolectos: ¿cómo se articulan, pues, esas variantes dentro del sistema general? Además, las variantes facultativas individuales son particulares por definición, pero, dentro de una comunidad, una agrupación social e incluso un individuo, es posible encontrar cierta regularidad en la alternancia de variantes. ¿Cómo deberían valorarse esos patrones de regularidad en el modelo fonológico?

Tradicionalmente, la investigación sociolingüística ha recibido una orientación que no permitía a lo cognitivo tener una importante presencia explicativa. Se da la paradoja de que la sociolingüística laboviana, que desde sus orígenes había buscado como referente el generativismo transformacional –un generativismo que no dejaba espacio a lo social ni a lo externo y que privilegiaba lo psicológico– encontró en ello el principal freno para el desarrollo de una dimensión cognitiva capaz de conjugar lo individual con lo social, lo externo con lo interno. Por otro lado, estamos de acuerdo con Rocío Caravedo cuando habla de que el variacionismo ha primado la observación de la variación en microcontextos ligados a unas pocas categorías de orden social y situacional, no siempre bien definidas. Al hacerlo así, se ha ignorado o minusvalorado el estudio de la variación en contextos más amplios, por eso se hace necesaria una inversión complementaria de la dirección analítica: tratar de definir los macrocontextos, los tipos de sociedades, los sistemas valorativos de los hablantes que forman parte de ellas, para comprender los cambios en la organización de la lengua y reinterpretarlos en consonancia con el trasfondo cognoscitivo de los hablantes implicados, considerado, por supuesto, en un sentido social más que individual (Caravedo 2003: 547).

Ese cambio de dirección, al que nos adherimos, ya ha comenzado a producirse y se percibe en la propuesta de modelos integradores, como la sociolingüística cognitiva.

A. Sobre la configuración del plano fónico

Proposición 7.1

Desde una perspectiva cognitiva, los fonemas pueden interpretarse como conjuntos de ejemplares asociados a un «esquema».

Proposición 7.2

Desde una perspectiva social, los fonemas son proyecciones prototípicas de la norma de una lengua.

Proposición 7.3

La estructura interna de los fonemas adopta una disposición radial en la que algunos de sus ejemplares (variantes) pueden coincidir con los correspondientes a otros fonemas.

Proposición 7.4

Los sonidos de una lengua no son percibidos del mismo modo por todos los hablantes; algunos de ellos incluso pasan inadvertidos.

Proposición 7.5

Las variantes fónicas permiten conformar entidades complejas, mediante procesos de categorización.

Proposición 7.6

Los gestos fónicos son las unidades mínimas de descripción fonética; son actos que se despliegan durante la producción del habla y cuyas consecuencias pueden observarse en el movimiento de los articuladores del habla.

Proposición 7.7

Los sonidos de una lengua no se limitan a asociarse a un conjunto cerrado de fonemas, sino que afectan a los niveles suprasegmentales.

Proposición 7.8

Las unidades fónicas establecen relaciones estrechas con las unidades léxicas y las construcciones gramaticales.

Proposición 7.8.1

Las unidades morfológicas requieren la implicación de unidades fónicas, léxicas y gramaticales.

Proposición 7.8.2

Los elementos suprasegmentales, especialmente la entonación, obligan a enlazar la fonología con la sintaxis y la semántica.

Proposición 7.8.3

Los rasgos fónicos dan lugar a variantes en las unidades léxicas y hacen posible su almacenamiento de forma categorizada y vinculada a sus contextos de aparición.

Escolio 7-A

La sociolingüística cognitiva propone que las unidades llamadas «fonemas» y sus variantes han de interpretarse como categorías sujetas a los patrones básicos del cognitivismo. Ello exige aceptar la posibilidad de que el tradicional «fonema» sea reformulado mediante los conceptos cognitivistas de «esquema» y de «prototipo». La fonología cognitiva está aportando información muy valiosa sobre la forma en que los rasgos fónicos son percibidos, categorizados y almacenados por los hablantes. Estos, en tanto que oyentes, ordenan los rasgos percibidos como acústicamente relevantes en categorías fonéticas discretas, primando la información relativa a la identidad categorial y diluyendo la información sobre la forma acústica concreta. De este modo, se construyen las categorías estructurales, teniendo como referencia un representante «central» o «mejor ejemplar», que puede estar sujeto a efectos contextuales. En el establecimiento de las categorías y de sus prototipos, es fundamental la frecuencia de los hechos fónicos conocidos por el hablante, así como la similitud de los rasgos percibidos. Los sonidos concretos o «ejemplares» que se asocian a las categorías muestran unos rasgos que son percibidos, categorizados y almacenados, incluidas sus posibilidades de variación. En el gráfico, creado por Keith Johnson, los ejemplares, originados en distintas condiciones sociales y contextuales, se agrupan en una misma área, que refleja su categorización conjunta.

Figura 17
Representación de ejemplares y factores a los que se asocian.
Basado en Johnson (1997)

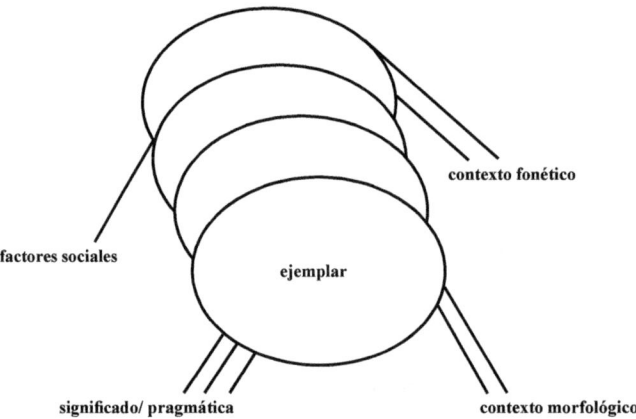

Los conocidos tradicionalmente como «fonemas» son unidades que el cognitivismo trata bien como «esquemas», bien como «prototipos». Los esquemas son realidades cognitivas emergentes, que se construyen a partir de los ejemplares concretos que aparecen en el habla contextualizada. En este caso, los ejemplares o variantes de una palabra se almacenan de forma categorizada y vinculada a sus contextos de aparición. Los prototipos, por su parte, son categorías fónicas perceptivas, conjuntos de variantes cercanas que se agrupan por su similitud; cada variante será una manifestación relevante en un contexto determinado y todas las variantes se manifestarán en el ámbito de la palabra. En este caso, lo que se almacena es una representación abstracta de cada palabra, construida a partir de una serie de casos específicos que, una vez creado el prototipo, dejan de ser relevantes y que se valoran en la medida en que se aproximan al miembro central de la categoría. Los prototipos son categorizaciones de las que los hablantes se sirven para establecer la norma sobre lo que son y han de ser los sonidos de una lengua.

Al hablar de «esquema», la sociolingüística cognitiva piensa en una realidad abstracta en relación con manifestaciones más concretas y plenamente compatibles con todos los miembros de la categoría que lo define. La ventaja de trabajar con «esquemas», en lugar de «fonemas», está en que su naturaleza abstracta se vincula de un modo directo a cada manifestación ejemplar y a su conjunto, de modo que, si bien es posible la existencia de ejemplares previa a su vinculación a un esquema, no es posible la existencia de esquemas sin ejemplares. Esto supone que todo ejemplar es plenamente compatible con su esquema, mientras que la compatibilidad de cualquier manifestación con su prototipo es relativa (Langacker 1987: 371; Taylor 1995: 65-68). Por eso, en el momento de trasladar esta base conceptual al campo fónico, han de aceptarse una serie de hechos, comentados por Langacker (1987), que conforman un conjunto de premisas teóricas:

a) los sonidos de una lengua no se limitan a clasificarse en un conjunto cerrado de fonemas, sino que afectan a los niveles suprasegmentales, como se viene preconizando desde la fonología autosegmental, prosódica o de dependencias;

b) los sonidos de una lengua no son percibidos del mismo modo por todos los hablantes; algunos de ellos incluso pasan inadvertidos;

c) las variantes fónicas pueden darse tanto en un nivel de consciencia como en un nivel inconsciente;

d) los sonidos de una lengua pueden ser considerados como ejemplares que reflejan sus posibilidades de variación alofónica.

Estos principios teóricos dan cuenta de los elementos cardinales de una variación fónica de carácter homosémico, entendida como formas diferentes y/o alternativas de decir lo mismo, incluida la variación ligada a factores extralingüísticos. Pero, al tiempo, están ofreciendo una reinterpretación del concepto de «fonema» que supera con mucho la propuesta estructuralista, principalmente a través del concepto de «esquema», que no es incompatible con el de «prototipo». De hecho, Kristiansen (2001) habla de la existencia de estereotipos lingüísticos formados por variantes o grupos de variantes que serían perceptualmente distintivos y funcionalmente exclusivos. Tales grupos de variantes fónicas se organizarían en estructuras prototípicas, como la «categoría radial» que Lakoff propuso en 1987. Una vez más, la «red» se manifiesta como un principio fundamental de la organización lingüística.

Figura 18
Disposición radial de la estructura interna correspondiente a los fonemas /t/ y /d/ del inglés.
Fuente: Nathan (2007: 621)

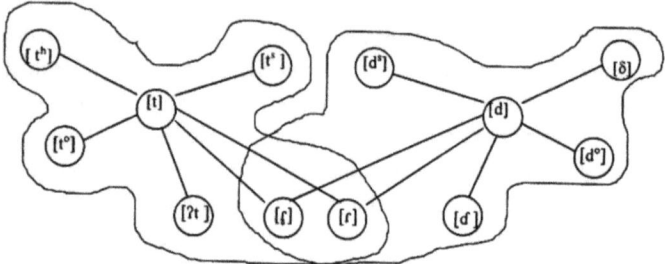

La fonología cognitiva trabaja con categorías radiales de este tipo, en las que sus componentes se distribuyen en forma de red centralizada, con la posibilidad de que algunos de sus ejemplares se liguen, a su vez, a otros centros reticulares, dando lugar, de esta manera, a un solapamiento de redes capaz de crear redes descentralizadas, desde las que es más fácil comprender fenómenos como las neutralizaciones fonéticas o las equivalencias acústicas. Nos alejamos, pues, de la visión artificial del fonema impuesta por la lingüística del siglo XX. Según Quine (1960: 89), los lingüistas han manipulado las normas fonéticas con la ayuda del concepto de «fonema»; la lengua tiene unas normas y es el lingüista quien impone una segmentación técnica a partir de ellas. Quine, sin embargo, en su explicación sobre el fonema, enfatizó el interés de la agrupación cualitativa de «normas estadísticas» y minimizó la existencia de las fronteras de cierre entre elementos fonemáticos.

Finalmente, no puede perderse de vista que, para la fonología cognitiva, es natural hablar de sonidos; no de hechos inespecíficos, sino reales; ejemplares completamente especificados. Esos sonidos se consiguen mediante gestos articulatorios, que son actos desplegados durante la producción del habla, considerados unidades básicas de descripción y cuyas variaciones acompañan a los cambios lingüísticos (Browman y Goldstein 1992). El análisis de la percepción de los sonidos correspondería a una fonética perceptiva (Pickett 1999).

B. Sobre la dinámica sociocognitiva de la fonología

Proposición 7.9

La variación fónica se configura en varios niveles de abstracción: el nivel del esquema, el nivel del prototipo y el nivel físico.

Proposición 7.9.1

El nivel del esquema, el más abstracto, se correspondería con lo que el hablante cree que se pronuncia como consecuencia de su experiencia del uso de la lengua en la comunidad.

Proposición 7.9.2

El nivel del prototipo se correspondería con lo que el hablante cree que se debe pronunciar, de forma que las realizaciones fónicas concretas –las suyas y las ajenas– podrían caracterizarse por su carácter más central o más periférico; esto es, por su grado de similitud respecto al prototipo.

Proposición 7.9.3

El nivel físico corresponde a los sonidos que realmente se pronuncian, aunque puedan ofrecer unas características inhabituales o no percibidas por el hablante, incluidos los casos de ausencias de sonidos que no son percibidas como tales.

Proposición 7.10

El oyente ordena los rasgos percibidos como acústicamente relevantes en categorías fonéticas discretas, primando la información relativa a la identidad categorial y diluyendo la información sobre la forma acústica concreta.

Proposición 7.11

La frecuencia de los hechos fónicos es fundamental para el establecimiento de las categorías fonológicas y de sus esquemas y prototipos.

Proposición 7.12

La similitud de los rasgos percibidos por el hablante en sus contextos es fundamental para el establecimiento de las categorías, de sus esquemas y prototipos.

Proposición 7.13

El uso variable de los fonemas en la interacción comunicativa se produce en la relación entre lo que se dice, lo que se cree que se dice y lo que se cree que se debe decir.

Escolio 7-B

Es tan evidente la distancia entre lo social y lo psicológico en los modelos que analizan la variación lingüística, que no han faltado propuestas teóricas para intentar paliarla. En el acercamiento a los componentes esenciales de la variación –lingüísticos, sociales y psicológicos–, encaminados a la creación de modelos integradores, se ha ido revelando como esencial el elemento cognitivo: los procesos de cognición son claves para entender y explicar cómo es posible articular, dentro de la competencia, la materia lingüística, la social y la psicológica. No puede negarse que el cognitivismo ha impregnado, de un modo u otro, las propuestas variacionistas del propio William Labov, desde los trabajos de los años sesenta en que se establece el concepto de «regla variable». En realidad, la inclusión de las probabilidades estadísticas dentro del modelo variacionista suponía prestar atención a una cuestión de esencia cognitiva, aún no resuelta de un modo definitivo: la posibilidad de que la competencia lingüística, en el nivel psicológico, incorpore un componente cuantitativo, específicamente probabilístico, que rija la aparición de unas variantes u otras según el hablante calcule que son apropiadas a un contexto situacional o a un perfil sociológico determinado. Para Labov (1994), las probabilidades revelan una capacidad biológica del cerebro humano y forman parte de la competencia lingüística individual. El hablante, pues, sería capaz de calcular las probabilidades implicadas en una determinada variable lingüística y de elegir las variantes más adecuadas a cada circunstancia socio-comunicativa. Entonces, surge la pregunta: si el variacionismo de Labov no ha dudado en recurrir a conceptos cognitivos para dar cuenta de la variación sociolingüística en relación con la competencia, ¿por qué no ha ensanchado los límites de este cognitivismo y ha caminado decididamente hacia una sociolingüística cognitiva?

Señalaba Rocío Caravedo en 1990 que resulta mucho más natural tender un puente entre la tradición estructuralista funcional y la teoría laboviana de la variación que enlazar esta teoría con los principios generativistas, que marginan el carácter social y externo del lenguaje para privilegiar lo interno y psicológico. Por eso, esta autora aborda la explicación de la variabilidad desde planteamientos funcionalistas y propone tratar esa variabilidad, no en términos de variantes de unos fonemas determinados, sino como «espacios de variabilidad» cuyo límite sería la funcionalidad del significado representativo. Caravedo renuncia al concepto de «fonema» como unidad invariante y propone sustituirlo por el concepto de «zona funcional» con límites móviles o desplazables, según las comunidades y grupos que en cada caso se analicen. En esta interpretación, las variantes lingüísticas se desplazan o alternan dentro de una misma zona y las zonas pueden relajar sus límites o re-crearse según condicionamientos fónicos, morfológicos y sintácticos, o incluso según condicionamientos extralingüísticos (tiempo, geografía, sociedad, situación). Tal tipo de alternancia se hace posible en otros niveles lingüísticos gracias a la equivalencia semántica u homosémica que se produce entre unidades que aparecen unos mismos contextos y situaciones.

En la formulación teórica de Caravedo, se distinguen tres niveles conceptuales (1990: 66):

Zona funcional. Espacio de realización fónica en un continuum cuyos límites pueden coincidir con la capacidad discriminativa de significado en las unidades léxicas. Por ejemplo, las variantes oclusiva y fricativa de /b/ del español pertenecen a la misma zona funcional.

Espacio de variabilidad. Área de variación que suele coincidir con una zona funcional, pero que puede desplazarse entre zonas distintas o afectar a varias de ellas simultáneamente en virtud de determinadas circunstancias lingüísticas. Por ejemplo, el posible uso de /b, g, d/ en una posición final de sílaba –área de distensión– (p. ej. [ob.ser.'bar], [og.ser.'bar], [od.ser.'bar]) se debe a que las tres unidades pueden aparecer en un mismo espacio de variabilidad.

Variación. Expresión diferenciada y organizada de la variabilidad en entidades perceptibles y reconocibles en el análisis fónico. Cuando la variación no produce un cambio de significado, se denomina «variación no funcional»; cuando la variación lleva a una modificación del significado primitivo, se habla de «variación funcional».

En lo que atañe a la cuantificación, como característica inherente de la variabilidad, Caravedo no niega que la competencia lingüística sea capaz de albergar un componente estadístico o cuantitativo, pero sí llama la atención sobre algunos hechos significativos, como que no todos los fenómenos de variación presentan el mismo grado de recurrencia, que no todo lo cuantitativamente frecuente tiene por qué ser relevante o que no todo lo infrecuente es irrelevante. Además, es necesario resaltar que el criterio de frecuencia pierde relevancia explicativa cuando se trata de variación funcional –la que supone cambio de significado–, cuando se cruzan diferentes variables y variantes –algo usual en los procesos de cambio– o cuando la variación se produce en contextos sociales asimétricos o conflictivos, con varios usos, modelos y variaciones, en situaciones de variedades en contacto (Blommaert 1999). Es en estos casos donde la percepción de los hechos sociolingüísticos, donde los elementos cognoscitivos ligados a la percepción, adquieren su mayor peso. La variación, así, integra la dimensión cognitiva y se reinterpreta desde una posición psicológica sin descuidar su componente social y situacional.

La propuesta teórica de Caravedo, como puede apreciarse, está en la línea de la fonología cognitiva que interpretaba el concepto de «fonema» como una categoría radial, en forma de red centralizada, con la posibilidad de solaparse hasta formar una red descentralizada más amplia. Asimismo, es afin a la interpretación de la variación fónica como un conjunto de muestras que permite la emergencia de esquemas y prototipos: los esquemas serían, en cierto modo, equivalentes a las zonas funcionales, capaces de incluir conjuntos de variantes homosémicas. Para la sociolingüística cognitiva, podrían distinguirse dos o más niveles de abstracción en la configuración de la variación:

1.- El nivel del *esquema*, el más abstracto, que se correspondería con lo que el hablante *cree que pronuncia* como consecuencia de su experiencia social y lingüística en la comunidad. El esquema podría identificarse con el tradicional concepto de «fonema», con todas las diferencias señaladas más arriba en cuanto a su configuración y evolución. El almacenamiento de los ejemplares que conforman los esquemas estaría asociado al almacenamiento de palabras, cuya organización se realiza sobre la base semántica y sobre la propia base fónica, e incorporaría información cuantitativa, relativa a frecuencias de uso, aunque no un aparato probabilístico propiamente dicho.

2.- En un segundo nivel se hallaría el *prototipo*, que se correspondería con lo que el hablante *cree que debe pronunciar*, de forma que las realizaciones fónicas concretas –las suyas y las ajenas– podrían caracterizarse por su naturaleza más central o más periférica; esto es, por su grado de similitud respecto al prototipo. Socialmente, los prototipos pueden verse sometidos a convención y operar como norma. Entre lo que el hablante cree que debe pronunciar, se incluyen sonidos con características diferentes de las percibidas. Esta información es almacenada en el cerebro del hablante, asociada a los esquemas correspondientes, pero incorporando información relativa a los usos en contexto.

3.- En un tercer nivel de concreción, aparecerían los *sonidos que realmente se pronuncian*, aunque puedan ofrecer unas características inhabituales o no percibidas por el hablante. También se incluyen los casos de ausencias de sonidos que no son percibidas como tales.

Con el fin de ilustrar la estructuración de estos conceptos teóricos, nos valdremos de los fenómenos que se producen en torno al uso de /s/ en posición final de sílaba en español. Representaremos los esquemas entre paréntesis precedidos de la letra «E»: p. ej. E(k), que se leería como «esquema velar oclusivo sordo». Representaremos el prototipo entre paréntesis precedido de las letras "PT": p. ej. PT(k), que se leería como «prototipo velar oclusivo sordo». Representaremos los sonidos entre paréntesis cuadrados, encerrados, a su vez, entre paréntesis redondos: p. ej. ([k]), lo que se leería como «sonido velar oclusivo sordo». El uso de los paréntesis redondos, en este caso y en los anteriores, permite incluir información relativa a elementos contextuales que puedan formar parte de la percepción del hablante. Así, (-[k]) representa un sonido velar oclusivo sordo en posición final de sílaba. De este modo, la interpretación cognitiva de la variación correspondiente a /s/ final de sílaba, supondría pensar en un esquema E(-s), que vendría a corresponderse con la abstracción del fonema /s/, fijada en la mente de los hablantes a través de su frecuencia de uso y de otros medios, muy especialmente de la escritura. En muchas comunidades hispánicas, sobre todo en las más conservadoras, ese esquema se asocia a una pronunciación prototípica que sería PT(-s), en su manifestación fonética más frecuente: la sibilante. Asociadas a ese mismo esquema están sus diversas manifestaciones fonéticas, que podrían compartir más o menos rasgos con el PT, pero que se conectan claramente en la percepción del hablante (p. ej. sibilancia (-[s]), aspiración (-[h]), sonido consonántico asimilado, modificación de sonido adyacente). En todos estos casos, el hablante tiene la percepción de remitirse a un mismo esquema E(-s) y, en numerosas ocasiones, de pronunciar un sonido central o prototípico PT(-s), aunque la pronunciación real sea muy diferente, incluso no percibida en concreto por el hablante.[1]

---

1. Representamos con (-[X]) la pronunciación de cualquier otro elemento consonántico que pudiera aparecer en lo que Caravedo llama el mismo «espacio de variabilidad». El hablante puede no tener conciencia de qué sonido se está pronunciando, de ahí que utilicemos la X versal.

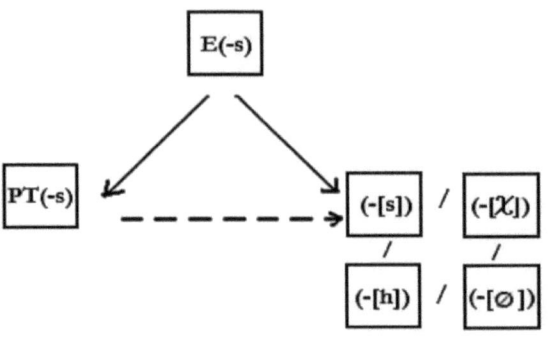

Figura 19
Esquema de –s en español, en comunidades de consonantismo implosivo conservador

En este segundo nivel, lo que el hablante cree que debe pronunciar puede ser incluso un elemento abstracto PT(-X), que nos indicaría que el hablante sabe que pronuncia algo, aunque no sepa o no tenga por qué saber qué es exactamente.

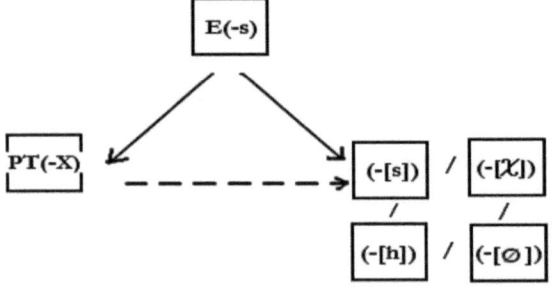

Figura 20
Esquema de –s en español, en comunidades de consonantismo implosivo innovador (I)

En las comunidades más innovadoras, como la canaria, el esquema podría ser el mismo, pero con la aspiración como prototipo, ya que podría existir la conciencia colectiva de que el PT no es sibilante, sino aspirado; el resto de la categoría compleja se organizaría de modo similar al caso anterior.

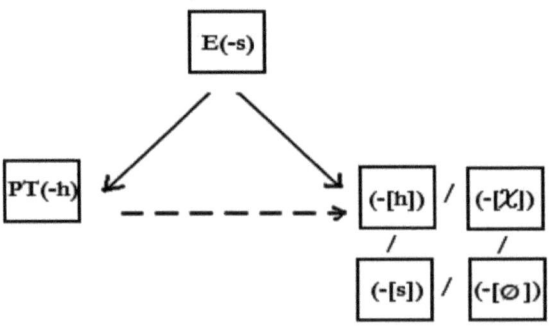

Figura 21
Esquema de –s en el español de Canarias

También podríamos encontrar casos en los que el PT fuera la ausencia de sonido, lo que ocurriría allá donde se dice que lo normal de un habla es «comerse las eses finales». Hasta tal punto podría existir tal convencimiento, que el hablante sería capaz de interpretar como cero fonético realizaciones fónicas reales, incluida la sibilante.

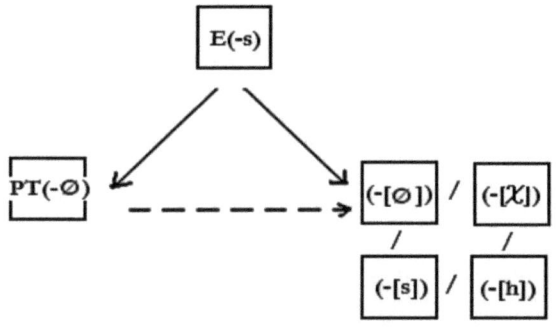

Figura 22
Esquema de –s en español, en comunidades de consonantismo implosivo innovador (II)

Sea como fuere, en todas las posibilidades comentadas, las diversas variantes fónicas podrían asociarse a determinados valores sociolingüísticos y estilísticos. A partir de aquí sería posible componer el inventario de esquemas y prototipos para las comunidades de habla del mundo hispánico, en un ejercicio descriptivo y de formalización que habrá de realizarse en su momento. En ese ejercicio, debería evitarse por todos los medios provocar un cortocircuito frecuente en la fonología y que consiste en la interpretación de las variantes fónicas como derivaciones de una supuesta lengua estándar. Recordemos que el concepto de «lengua estándar» nace más de la sociología del lenguaje, aplicada a su enseñanza y difusión, que de la lingüística propiamente dicha (Moreno Fernández 2010b).

C. Sobre la variación sociofonética

Proposición 7.14

La variación fónica es de naturaleza homosémica y se articula mediante un conjunto de formas diferentes o alternativas de decir lo mismo.

Proposición 7.15

Las variantes fónicas empleadas en contextos lingüísticos, sociales y situacionales concretos constituyen un grupo de ejemplares asociados a ellos.

Proposición 7.16

La variación fónica se establece a partir de la equivalencia comunicativa entre unas variantes determinadas, que pueden correlacionarse con factores sociales y estilísticos, y con otros factores lingüísticos.

Proposición 7.17

La variación fónica resulta fácil de cuantificar externamente, debido a la importante frecuencia con que se muestra en los contextos de ocurrencia.

Proposición 7.18

La variación y el cambio fónicos pueden venir determinados por las características sociales de los hablantes, especialmente por su nivel educativo y por su agrupación social de procedencia.

Escolio 7-C

En el capítulo dedicado a cuestiones semánticas, se apuntó la relevancia de la parte del significado que depende del contexto e incluso de la negociación que el hablante establece durante la interacción. Pues bien, si las fronteras semánticas de las unidades léxicas y de las construcciones son borrosas, también lo son las fronteras fónicas de las unidades fonológicas, hasta el punto de que resulta preferible hablar de esquemas y zonas funcionales que de fonemas inventariables. Ahora bien, si entendemos la variación como la alternancia de formas diferentes de decir lo mismo, los procesos de variación en el plano fónico han sido tratados tradicionalmente desde una doble perspectiva lingüística: la del estructuralismo, especialmente de Eugenio Coseriu, y la del variacionismo de William Labov. Para el estructuralismo europeo, la variación lingüística se localiza fundamentalmente en los niveles más superficiales de la lengua –esto es, en la norma y en el habla–, si bien el nivel más abstracto, el sistema, también es lo suficientemente variable e inestable como para permitir que se produzca el cambio lingüístico (Coseriu 1973a). Las variantes que se hallan en el nivel de la norma se denominan *variantes combinatorias* o unidades *alo-* (*alófonos, alomorfos*). En el plano fonológico, los alófonos se producen en el proceso de actualización de un fonema, cuando toda la comunidad realiza en una posición determinada un sonido concreto y no otro cualquiera; estas variantes están en distribución complementaria, como es el caso de [b] y [β] en español, y por lo tanto nunca aparecen simultáneamente en un mismo contexto. Según los estructuralistas, las variantes que se dan en el nivel de la norma son de naturaleza abstracta y están vinculadas al ámbito de la *langue*; es decir, son realizaciones aceptadas por una norma sociocultural.

Junto a las variantes de la norma, se identifican las variantes del habla, de naturaleza concreta e individual y denominadas *variantes facultativas*. En este caso, se trata de variantes libres, que pueden aparecer en un mismo contexto y que se sustituyen mutuamente sin que por ello se produzcan diferencias de significado; este es el caso de [s], [h] y [ø], como variantes del fonema /s/ en posición final de sílaba. Las variantes facultativas pueden ser individuales, cuando la alternancia se produce en la pronunciación de un hablante, o generales, cuando una variante es de uso general, como ocurre con la variante sibilante predorsal de /s/ en Andalucía, en Canarias o en América. La interpretación de la variación libre se resolvió desde el estructuralismo mediante la noción de «polimorfismo» (Alliéres 1954; Alvar 1965-1966; Lope Blanch 1979).

Estos conceptos son más que conocidos y en ellos se han formado muchas generaciones de estudiosos de la lengua, sobre todo en Europa. Sin embargo, cuando se trata de dar cuenta de la variación, el estructuralismo no parece aportar todas las respuestas requeridas. La realidad geolingüística y sociolingüística pone en evidencia algunas dificultades de la fonología estructuralista y plantea preguntas de solución poco fácil. Cuando Henriette Walter plantea un estudio empírico sobre la diversidad fonológica en una comunidad lingüística –la de París–, señala la heterogeneidad observada en su grupo de referencia por razones de edad, de origen geográfico o de nivel de lengua, y propone abordarlo procediendo, en primer lugar, al análisis de idiolectos, cuya comparación permitiría el descubrimiento de los elementos comunes. Esa fase idiolectal del análisis la lleva a la descripción de la diversidad fonológica de sus informantes de la «École Pratique des Hautes Études» y a la propuesta de más de media docena de sistemas fonológicos. Decimos bien: «fonológicos». En este caso, las variantes individuales observadas se elevan al rango de elementos abstractos referidos a un individuo, que solo se convierten en comunes o comunitarios cuando se comparan los sistemas de varios hablantes. En otros casos, sin embargo, la explicación de las variantes se restringe al nivel fonético, sin que se reconozca en ellas un cierto nivel de abstracción: así interpreta López Morales (1984), por ejemplo, los casos de vocalismo abierto y cerrado en hablas andaluzas orientales. La diversidad «fonológica» entre comunidades diferentes fue tratada y, en gran medida resuelta, mediante el concepto de «diasistema» o «suprasistema» de Uriel Weinreich (1954), pero la solución no es tan evidente cuando se intenta relacionar esa «unidad en la diversidad social» con la que se da en el nivel del hablante individual.

Las propuestas generativistas no resuelven algunas de las cuestiones de fondo aquí planteadas. Los variacionistas norteamericanos siempre han estado condicionados por su entorno generativo-transformacional. Frente a la propuesta de *regla opcional*, concepto teóricamente endeble, la sociolingüística presentó una alternativa destinada a enriquecer el modelo generativista: la *regla variable* (Labov 1969). Estas reglas ofrecían un marco teórico muy adecuado para dar cuenta de la variación: en su formulación, el segmento /X/ se manifiesta variablemente mediante [X] o [Z] y esto ocurre con diversa probabilidad en distintos contextos y condiciones. A la información lingüística se añadía la correspondiente a sus probabilidades de aplicación. De esta forma, la regla variable explicaría en qué medida se cumple un fenómeno y en qué condiciones lingüísticas y sociales. Frente a las propuestas de «hablante-oyente ideal» y de «comunidad homogénea», la sociolingüística propone la experiencia de unos usos reales y representativos. Desde el momento en que el variacionismo convierte estas propuestas en axiomas, aparece el choque dialéctico con el generativismo (Moreno Fernández 1988: 128-130). El análisis emblemático de la sociolingüística variacionista es, sin duda, el que se conoce con el nombre de *análisis de regla variable* y el variacionismo ha dedicado parte de sus energías a perfeccionar una prueba estadística capaz de medir hasta qué punto una serie de factores lingüísticos (contextuales y funcionales) y extralingüísticos (sociales y situacionales) determina la aparición de cada una de las variantes de un fenómeno lingüístico variable (Sankoff, Tagliamonte y Smith 2005).

Muy ligado a todos estos asuntos teóricos está el del emplazamiento de la variación sociolingüística dentro del conjunto de la lengua; dicho de otra forma, la localización de la variabilidad en el sistema. La sociolingüística variacionista parte de la idea de que la regla variable está vinculada a la competencia lingüística, pero en las explicaciones que se han dado de esta hipótesis pueden observarse distintos matices de intensidad: para Labov, las reglas variables son *reglas de producción*, que en una gran mayoría pueden ser caracterizadas también como reglas de actuación, aunque constituyen claramente un aspecto de la competencia. Para Cedergren y Sankoff (1978), la actuación es un reflejo estadístico de la competencia y las reglas variables incluyen un componente probabilístico de lo lingüístico y de lo social. Podríamos decir que unos autores han defendido más radicalmente un concepto de «regla variable» como patrimonio exclusivo de la competencia, mientras otros lo han relacionado con los niveles de la lengua menos abstractos. Esta forma de ver las cosas es más capaz que la estructuralista a la hora de explicar la variación en el individuo y en relación con su comunidad; no le resulta fácil, sin embargo, zafarse de algunas dificultades derivadas de la configuración de la competencia sociolingüística: ¿dónde comienza lo social y termina lo psicológico en la competencia individual?; ¿cómo se incorpora lo cuantitativo en el seno de la competencia?, ¿cómo se articula la diversidad fonológica de los individuos y de las comunidades de habla con la homogeneidad imprescindible para la existencia de una comunidad idiomática?

Las bases para un estudio cognitivo de la variación fónica han venido apuntándose parcialmente desde los años sesenta, si bien quedaron establecidas en la obra fundacional de Langacker (1987) y han tenido un especial desarrollo desde la «lingüística basada en el uso» (Bybee 2010). En nuestra opinión, la «fonología basada en el uso» ofrece garantías suficientes para explicar la variación sociofonética en el marco de una sociolingüística cognitiva y por eso resulta importante conocer sus fundamentos teóricos. El uso lingüístico contribuye a perfilar la forma y el contenido de los sistemas fónicos. El estructuralismo también tuvo en cuenta el uso lingüístico, pero lo hizo tomándolo como base para sus idealizaciones más abstractas, como la del fonema. La frecuencia con que las palabras o las secuencias de palabras se usan y la frecuencia con que ciertos patrones recurren en la lengua –patrones segmentales y suprasegmentales– afectan tanto a la representación mental, como a la forma fónica de las palabras. Cuando se habla de uso lingüístico, se hace referencia no solamente al mero procesamiento del lenguaje, sino a todos los usos sociales e interactivos a los que la lengua se expone. La frecuencia con que se usan ciertas palabras, frases o secuencias acaba teniendo consecuencias sobre su estructura fonológica. Y todo ello nos aboca a un interesante debate.

Debate: la variación como hecho estructural y como hecho cognitivo

Retomemos las cuestiones planteadas al inicio del capítulo: ¿cuál es el mecanismo que vincula los sistemas fonológicos de distintas áreas geográficas en un solo suprasistema?, ¿cómo se produce la vinculación entre sistema y suprasistema en el ámbito del hablante y en el ámbito de las comunidades de habla? La opinión tradicional de los lingüistas ha sido la de proponer la existencia de un suprasistema articulador de unos subsistemas parciales y de todo el repertorio de variables funcionales distribuidas por una geografía. Sin embargo, esta interpretación idealizada o «modelizada» de la realidad lingüística no encuentra el respaldo de la realidad comunicativa. Así, las variantes combinatorias lo son dentro de una comunidad de habla; por lo tanto, no funcionan las mismas variantes en todas las comunidades de una lengua, en todos los geolectos: ¿cómo se articulan, pues, esas variantes dentro del sistema general? Por su lado, las variantes facultativas que los estructuralistas llaman «generales», precisamente por ser generales en una comunidad, no serían variantes esporádicas ni variantes en distribución complementaria, sino elementos constantes, susceptibles, por tanto, de ser componentes de un sistema fonológico, aunque no serían fonemas compartidos. Esto ocurre, por ejemplo, con la [s] predorsal en el español de unos territorios (Andalucía occidental, Canarias, América), frente a la apical de otros (norte de España). Las variantes facultativas individuales son particulares por definición, pero, dentro de una comunidad, una agrupación e incluso un individuo, es posible encontrar cierta regularidad en la alternancia de variantes: ¿cómo deberían valorarse esos patrones de regularidad en el modelo fonológico? En la propuesta estructuralista es evidente la falta de relación de lo psicológico con lo sociológico y de ambos con lo lingüístico. Al mismo tiempo, no ha podido resolverse completamente la ecuación que conecta el plano fonológico y el fonético en el ámbito de la variación, cubierto bajo el impreciso manto del polimorfismo. Es más, «fonología» y «variación» son conceptos que suelen disponerse en planos lingüísticos diferentes.

Desde una perspectiva sociocognitiva, la realidad fónica, incluida su variación, se construye de modo emergente en la interacción comunicativa, condicionada por el contexto; una interacción que produce resultados factuales cuya experiencia se acumula en el conocimiento del hablante, de las agrupaciones sociales y de las comunidades. La percepción del hablante es, por tanto, una percepción parcial, contextualizada, limitada al alcance de las realizaciones fonéticas de su agrupación o comunidad. Es el contacto entre variedades el que hace posible la ampliación de la experiencia perceptiva de los hablantes individuales, y corresponde a los lingüistas la tarea de abstraer tales experiencias y presentarlas como un sistema conjunto, provisto de una unidad virtual.

Conclusión

La sociolingüística cognitiva propone que las unidades llamadas «fonemas» y sus variantes han de interpretarse como categorías sujetas a los caracteres básicos del cognitivismo. La fonología cognitiva se interesa por la forma en que los rasgos fónicos son percibidos, categorizados y almacenados por los hablantes, los cuales priman la información relativa a la identidad categorial y diluyen la información acústica concreta. En el establecimiento de las categorías resulta fundamental tanto la frecuencia de los hechos fónicos, como la similitud de los rasgos percibidos por los hablantes.

Por otro lado, la fonología basada en el uso ofrece los cimientos necesarios para abordar una adecuada interpretación de la variación sociofonética. Los conceptos de «esquema» y de «prototipo» forman parte de esos cimientos. Langacker enunció un conjunto de premisas que condicionan otros hechos de naturaleza teórica y metodológica. Entre ellas se incluye que los sonidos de una lengua no son percibidos del mismo modo por todos los hablantes, que las variantes fónicas pueden darse tanto en un nivel de consciencia como en un nivel inconsciente y que permiten conformar entidades complejas mediante procesos de categorización. Estos principios teóricos articulan la variación fónica, entendida como la alternancia de formas diferentes o alternativas de decir lo mismo, incluida la variación ligada a factores extralingüísticos.

CAPÍTULO 8

METODOLOGÍA PARA UNA SOCIOLINGÜÍSTICA COGNITIVA

Los preceptos que guían la investigación sociolingüística no se apartan mucho de los dictados por René Descartes en su *Discurso del método:*

> El primero consistía en no admitir cosa alguna como verdadera si no se la había conocido evidentemente como tal. [...] El segundo exigía que dividiese cada una de las dificultades a examinar en tantas parcelas como fuera posible y necesario para resolverlas fácilmente. El tercero exigía conducir mis reflexiones comenzando por los objetos más simples [...] para ascender poco a poco, gradualmente, hasta el conocimiento de los más complejos. [...] Según el último de estos preceptos, debería simplemente realizar recuentos tan completos y revisiones tan amplias que pudiese estar seguro de no omitir nada (Descartes 1637: 62).

Santiago Ramón y Cajal, en *Los tónicos de la voluntad*, interpretaba las propuestas cartesianas como meritorias, más por haber sido formuladas clara y rigurosamente, después de haberlas aprovechado en sus meditaciones filosóficas y geométricas, que por haber sido probadas por su autor. Porque las buenas formulaciones en la investigación han de ir acompañadas de una experimentación adecuada.

La metodología de una sociolingüística cognitiva no ofrece unos fundamentos sustancialmente distintos, en cuanto a la recolección de las muestras de lengua hablada y a su análisis, de los que han sustentado a la sociolingüística desde los años sesenta. Podría decirse que continúa siendo una «ciencia de encuestas», como William Labov (1972) afirmó de la sociolingüística urbana. Sin embargo, el cognitivismo ha dejado también su impronta, influyendo sobre decisiones metodológicas en las que se concede primacía al uso de la lengua, a la interacción comunicativa y a la percepción de las producciones lingüísticas. La buena investigación exige el establecimiento de una relación adecuada entre el modelo teórico y la metodología, así como entre los principios metodológicos y las decisiones analíticas y procedimentales. Por eso una investigación sociocognitiva ha de reinterpretar las pautas de la sociolingüística tradicional desde la óptica de la cognición de los hablantes.

La sociolingüística cognitiva no presenta su metodología como única ni como definitiva, sino como alternativa. Naturalmente, esta metodología tiene sus límites, como todas lo tienen, según advierte Feyerabend (1978), pero resulta muy significativo que una disciplina decididamente apegada a la realidad, como la sociolingüística, acepte que no todos sus elementos, factores y procesos son absolutamente observables y reales. La sociolingüística cognitiva propone que tan significativo y real es lo observado, como lo percibido. No olvidemos, en palabras de la pintora Giorgia O'Keefe, que en ocasiones no hay nada menos real que el realismo.

A. Sobre las bases metodológicas de sociolingüística cognitiva

Proposición 8.1

La investigación sociolingüística ha de desarrollarse dentro de un marco conceptual comprehensivo, integrador y cognitivamente realista.

Proposición 8.1.1

La sociolingüística cognitiva no debe ceñirse a ningún conjunto particular de propuestas metodológicas, sino evaluar las alternativas metodológicas existentes para aplicar las más convenientes.

Proposición 8.1.2

En la sociolingüística cognitiva, cualquier aproximación reduccionista falla por completo cuando se enfrenta a una realidad compleja.

Proposición 8.2

La sociolingüística cognitiva debe atender de modo sistemático a la forma en que la realidad es percibida por los hablantes y a los modelos subjetivos creados por ellos.

Proposición 8.3

La sociolingüística cognitiva, al analizar la lengua basada en su uso, debe trabajar mediante la observación sistemática.

Proposición 8.3.1

Las observaciones sociolingüísticas no son siempre completamente fidedignas, por lo que han de hacerse desde diferentes perspectivas y de distintas formas.

Proposición 8.3.2

La dificultad de la observación hace que la identificación del entorno o medioambiente sea, frecuentemente, arbitraria.

Proposición 8.3.3

En la observación sociolingüística actúa el principio de incertidumbre: por el mismo hecho de hacer una medición, el experimentador modifica los datos de algún modo, introduciendo elementos erróneos.

Proposición 8.4

Los hechos sociolingüísticos necesitan recuentos, explícitos o implícitos, para responder a preguntas sobre cómo se producen, y descripciones que respondan a preguntas cualitativas sobre por qué se producen.

Proposición 8.5

La investigación sociolingüística debe distinguir la naturaleza física, conceptual o nemónica de los datos que maneja.

Proposición 8.6

Los estudios experimentales han de presentar datos válidos para la comprensión de la cognición lingüística.

Proposición 8.7

Cuanto más sincrónico es un estudio, más fácil es afirmar la presencia de equilibrio en un sistema, aunque en una investigación empírica sea difícil demostrar si un sistema está en equilibrio o desequilibrio.

Escolio 8-A

La metodología sociolingüística ofrece dos características que, unidas, le confieren una marcada personalidad entre el conjunto de las disciplinas lingüísticas. Una de ellas es la atención a la dimensión social de la lengua y a sus implicaciones epistemológicas: interesa el uso de la lengua en la sociedad, valorando las interacciones de los hablantes reales considerados como sujetos, como agrupaciones o como comunidades. La otra característica es la de su dimensión empírica: la sociolingüística trabaja con datos empíricamente reunidos, almacenados y tratados, concediendo validez científica a las aproximaciones inductivas.

Estamos ante una forma de concebir la investigación que es de aplicación a prácticamente todas las formas de hacer sociolingüística, incluida la cognitivista. Si la lingüística cognitiva se hace desde una perspectiva basada en el uso, necesariamente debe tener en cuenta la diversidad social. En tal caso es imprescindible trabajar desde la observación, lo que se consigue, por ejemplo, elaborando corpus de lengua hablada y escrita. Geeraerts propuso en 2005 una organización esquemática de las formas de concebir la lengua y su observación, con cuatro modos resultantes, según si lo empírico, por un lado, y lo social, por otro, se hacen patentes.

a. − Social − Empírico   *b.* − Social + Empírico

c. + Social − Empírico   *d.* + Social + Empírico

El caso *a* correspondería a la perspectiva chomskyana, básica y fundacional, en la que, por principio, se opera sobre un hablante ideal (no sujeto a empirismo, por tanto) y sobre comunidades de habla concebidas como homogéneas (no sociales, por tanto). El caso *b* corresponde, sin embargo, a una tendencia que se ha ido instalando progresivamente en el generativismo y que conduce a una teoría enriquecida por la observación, muy singularmente por la consulta de corpus lingüísticos. El caso *c*, por su parte, es algo especial porque admite una concepción social del lenguaje (no psicologicista) sin necesidad de practicar el empirismo, en la que basta con que el lingüista recurra a su intuición para entender la práctica de la lengua, aplicando un recurso que se asemeja mucho al de la pura introspección, practicado por la lingüística teórica durante décadas (Itkonen 2005). Por último, la sociolingüística cognitiva representa perfectamente una concepción del estudio de la lengua fundamentada tanto en el empirismo como en la atención a lo social.

Parece claro que la sociolingüística cognitiva ha de elaborarse a partir de datos, datos que han de valorarse cualitativamente, para explicar por qué las cosas son las que son, y calibrarse cuantitativamente, para explicar por qué las cosas son como son. Pero no podemos olvidar la importancia que esta disciplina concede a la percepción de la realidad, lo que hace que el concepto de «dato» resulte algo más complejo de lo que se suele pensar. Porque la investigación cognitiva −sobre todo la psicología y la sociología del conocimiento− distingue entre tres tipos de datos, cuya relevancia depende de la materia analizada: los datos sensoriales, los datos conceptuales y los datos nemónicos. Los datos sensoriales son realidades concretas y físicas, por tanto registrables y mensurables. Los datos conceptuales son representaciones de los primeros, entidades interpretadas y procesadas por los investigadores, definidas por criterios de carácter subjetivo, aunque exista una base real sobre la que apoyarse. Finalmente, los datos nemónicos son conjuntos de propiedades abstraídas que se fijan en la memoria o entidades simbólicas que identifican un hecho de forma simplificada, lo que facilita su memorización (Landi 1995). Cada una de estas conceptualizaciones de «los datos» resulta de aplicación para el análisis sociolingüístico. Pensemos en el estudio de la /d/ en posición intervocálica en español: los registros grabados (datos reales) no suelen ser exactamente los que manejan los sociolingüistas, que a menudo prefieren reducirlos a tres categorías (plena, debilitada y ausente) que son, en definitiva, el objeto de los recuentos (datos conceptuales); esos datos, además, pueden ser valorados como simples manifestaciones fónicas o como expresiones de unas normas o reglas operativas en los hablantes, según las cuales lo adecuado es usar siempre /d/ cuando la terminación es -*ado*, por ejemplo (datos nemónicos). Así pues, la sociolingüística cognitiva debe atender de modo sistemático a la forma en que la realidad se manifiesta, a la forma en que es percibida y a los modelos subjetivos creados por los hablantes. Tal tipología de datos tiene cierta correspondencia con la distinción entre lo *etic* (realidad) y lo *emic* (interpretación del sujeto) establecida en 1954 por Kenneth Pike para la lingüística y más adelante aplicada en las Ciencias Sociales.

Para Barbara Johnstone (2000), la investigación consiste básicamente en realizar intentos sistemáticos de encontrar respuestas a unas preguntas. Para ello es necesario combinar búsquedas bibliográficas con la recolección de datos que respondan a observaciones sistemáticas, teniendo en cuenta que las observaciones directas no son completamente fidedignas. Por este motivo es necesario realizarlas desde diferentes perspectivas y de distintas formas. La sociolingüística cognitiva −dada su naturaleza metateórica− no obliga a trabajar con ningún conjunto particular de estructuras metodológicas, sino a evaluar las alternativas, siempre desde una formalización rigurosa, siempre desde un marco conceptual comprehensivo, integrador y cognitivamente realista. Porque la realidad sociolingüística –la manifiesta y la percibida– se caracteriza por su gran complejidad y responde al comportamiento de sistemas formados por múltiples elementos en interacción, de ahí que cualquier aproximación reduccionista falle por completo (Solé 2009: 19). Al mismo tiempo, como han comprobado los especialistas en ecología humana (Hawley 1991), la dificultad de la observación hace que la identificación del contexto (medioambiente) esté sujeta a arbitrariedades, ya que, según Vidal de la Blache (1922), el medioambiente puede ser tanto una condición permisiva como limitativa y hace difícil demostrar si un sistema está en total equilibrio o desequilibrio.

La arbitrariedad de las observaciones es precisamente uno de los caballos de batalla del estudio de la realidad lingüística y no son pocos los conflictos planteados al respecto en todos los niveles de la práctica investigadora. Uno de ellos es el de la «paradoja del observador», por la cual la simple observación puede afectar a la forma y el contenido de la lengua (Labov 1972), lo que sitúa a los investigadores en el terreno de la duda permanente sobre la fiabilidad de sus registros. La paradoja del observador es una manifestación, focalizada en el estudio de la lengua, de lo que Werner Heisenberg formuló en 1927 como «principio de incertidumbre», según el cual, por el mismo hecho de realizar una medida, el experimentador modifica los datos de algún modo, introduciendo un error que es imposible de reducir a cero, por muy perfectos que sean sus instrumentos. En el ámbito de la física, para medir la posición y velocidad de un electrón, es necesario que un fotón de luz choque con el electrón, con lo cual se modifica su posición y velocidad (Heisenberg 1961). El principio de incertidumbre propone la existencia de límites fundamentales en la precisión de las medidas y establece que, si un sistema real se describe en términos de la física clásica, solo podría hacerse mediante una aproximación, con lo que sería la relación de incertidumbre la que nos indicaría la calidad de esa aproximación. Estamos, pues, ante una validación del procedimiento que podríamos denominar «medición por aproximación».

B. Sobre los principios del análisis sociolingüístico cognitivo

Proposición 8.8

El análisis sociolingüístico cognitivo no considera incompatibles los procedimientos cuantitativos y cualitativos, sino que los maneja conjuntamente para una mejor comprensión de la percepción y del uso social de la lengua.

Proposición 8.9

El análisis sociolingüístico cognitivo debe guiarse por la factualidad: la teoría debe estar de acuerdo con los datos.

Proposición 8.10

El análisis sociolingüístico cognitivo debe guiarse por la economía y buscar la simplicidad en la descripción.

Proposición 8.11

El análisis sociolingüístico cognitivo debe guiarse por la explicitud, que supone aceptar que la formalización no es un fin en sí misma, sino un medio para la comprensión, y que la aplicación de los métodos formales debe ser razonada, juiciosa y apropiada.

Proposición 8.12

El análisis sociolingüístico cognitivo debe guiarse por la generalidad, lo que supone buscar tanto reglas generales, como principios universales, y tratarlos con la relatividad necesaria.

Proposición 8.13

El análisis sociolingüístico cognitivo debe guiarse por la predictividad, que supone que el análisis preferible es el que minimiza la desviación de las tendencias naturales, a menos que haya evidencia de lo contrario.

Escolio 8-B

En 1987, Ronald W. Langacker se confesaba poco entendido en materia de metodología científica, pero ello no impidió que dedicara a estas cuestiones unas interesantes páginas, a modo de compendio, sobre una epistemología bien asentada en la filosofía de la ciencia (Popper 1972; Kuhn 1962; Feyerabend 1978). Los principios metodológicos sobre los que Langacker asentó su gramática cognitiva fueron los de *factualidad, economía, explicitud, generalidad y predictividad* (Langacker 1987: 31 y ss.). Dedicaremos a cada uno de ellos una mínima atención.

Factualidad

El principio de la factualidad afirma que la teoría debe estar de acuerdo con los datos. Esto implica que es preferible tener más datos que menos y asimismo que las descripciones deben ser cuidadosas y detalladas. Desde esta posición, ni siquiera los datos atípicos (*outliers*) pueden descartarse, por cuanto pueden tener incidencia en los valores medios de los rasgos lingüísticos percibidos socialmente (Labov, Baranowski y Dinkin 2010: 189). El cognitivismo concede gran importancia, por un lado, a los elementos discretos de la lengua y, por otro, a la capacidad simbólica de las unidades lingüísticas, que representan las convenciones de los hablantes de una comunidad. Por este motivo, hay razones para dudar de los juicios de aceptabilidad y gramaticalidad independientes del contexto social. Este principio fundamental obedece a unos planteamientos similares a los propuestos por Authier y Meunier o por Dittmar en los años setenta.

Economía

El principio de la economía obliga a buscar la simplicidad en la descripción lingüística. Tal principio no es exclusivo del cognitivismo, ni mucho menos: forma parte del decálogo básico de la filosofía popperiana y aparece expresamente formulado desde el generativismo mediante la alegoría de la navaja de Occam, capaz de rasurar los «enredos» de las barbas de Platón. En este último caso, sin embargo, se aprecian algunas claras diferencias respecto al cognitivismo: los generativistas buscan reglas o principios generales y rechazan las listas de datos y hechos, materia natural y muy conveniente para los cognitivistas. Al fin y al cabo, la economía es significativa cuando se aplica sobre conjuntos de datos bien delimitados, tanto si responden a realidades sencillas como si reflejan hechos dinámicos complejos.

Explicitud

El principio de la explicitud lleva a buscar la precisión en la descripción y la explicación lingüísticas. Para ello hay que alcanzar un adecuado nivel de formalización, pero sabiendo que no existe una correlación necesaria entre adecuación empírica y grado de formalización, y que la formalización no es un fin en sí misma, sino un medio para la comprensión de la realidad sociolingüística. Como sería exigible en toda investigación, la aplicación de los métodos formales ha de ser razonada, juiciosa y apropiada.

Generalidad

El principio de la generalidad habla de buscar reglas generales y principios universales, tratándolos siempre con la relatividad necesaria. La lengua es una curiosa mezcla de regularidad e irregularidad, de la que resulta complicado extraer universales, sobre todo cuando se analiza e interpreta desde realidades socioculturales específicas. A menos que haya evidencia de lo contrario, el análisis preferido es el que minimiza la desviación de las tendencias generales y naturales. En cuanto a las reglas, el cognitivismo no las cultiva entre sus preferencias metodológicas, pero tampoco renuncia radicalmente a su formulación.

Predictividad

El principio de la predictividad establece que el modelo teórico ha de ser capaz de prever comportamientos y elementos que aún no se han hecho realidad. Existen, no obstante, ciertas prevenciones que han de tenerse muy en cuenta a la hora de valorar la predictividad en la investigación. Así, en la realidad lingüística existen niveles de aceptabilidad que permiten situar las construcciones y expresiones en relación con un rango de convencionalidad. De este modo, la conceptualización de la realidad puede no ser homogénea, sino variable, lo que revela precisamente un distinto grado de convencionalidad, que refleja las condiciones del uso, la variación y el cambio lingüísticos.

Restrictividad

El principio de restrictividad establece que la lengua funciona con una serie de elementos y estructuras permitidos, con sus esquemas correspondientes y y mediante las relaciones que establecen unos y otros. La lengua no funciona con elementos absolutamente discretos y contrapuestos, ya que no hay una transición abrupta entre lo posible y lo imposible lingüísticamente.

C. Sobre las técnicas de la sociolingüística cognitiva

Proposición 8.16

La recolección interactiva de muestras es el procedimiento básico para el estudio sociocognitivo de la lengua.

Proposición 8.16.1

La recolección de muestras de la realidad no genera necesariamente datos objetivos ni definidos en sí mismos.

Proposición 8.16.2

La recolección de muestras da lugar a percepciones que afectan a todos los componentes de la interacción: el hablante, el interlocutor, el ámbito referencial de cada interlocutor, el contexto percibido y la situación comunicativa en su conjunto.

Proposición 8.16.3

El modo en que se concretan las percepciones desplegadas durante la recolección de muestras puede estar correlacionado con factores psicosociales, sociales y situacionales.

Proposición 8.17

La entrevista es la técnica básica para la recolección de materiales de la lengua hablada.

Proposición 8.17.1

Los materiales recolectados en la entrevista sociolingüística se almacenan y ordenan en corpus de lengua.

Proposición 8.17.2

Los corpus más utilizados en sociolingüística son de lengua hablada y sincrónicos, aunque también pueden serlo de lengua escrita y diacrónicos.

Proposición 8.17.3

La dinámica interna de la entrevista sociolingüística es capaz de revelar las percepciones subjetivas de los hablantes.

Proposición 8.18

El cuestionario permite acceder al conocimiento de las percepciones subjetivas de los hablantes y de su visión del mundo.

Proposición 8.19

Las muestras de lengua hablada almacenadas han de incluir información sobre el modo en que se ha desarrollado la interacción comunicativa, intentando no implicar el juicio subjetivo de los investigadores que manipulan las muestras.

Proposición 8.20

La aplicación de técnicas de investigación sociolingüística ha de responder a los principios de la cuantificación, la responsabilidad y la representatividad.

Escolio 8-C

La sociolingüística cognitiva comparte muchos criterios con otras aproximaciones de la misma raíz. Así, Pedro Martín Butragueño (2011: 11) habla de una *lingüística realista* con tres características que han de hacerse evidentes al afrontar una investigación:

1. emplear datos obtenidos en contextos naturales, antes que en el laboratorio por medio de la introspección;

2. focalizar la observación en los hablantes y en la interacción que sostienen, más que en las lenguas como objetos abstractos fuera de contexto y fuera de la historia;

3. tomar como objeto de investigación la comunidad de habla, antes que la competencia de individuos idealizados.

La investigación en sociolingüística cognitiva aprecia especialmente las posibilidades que ofrece la metodología cualitativa y explota al máximo las posibilidades de una adecuada coordinación de los análisis cualitativos y cuantitativos (Maynts, Holm, Hübner 2005). Isadore Newman y Carolyn Benz construyeron en 1998 un continuo interactivo de los procesos cualitativos y cuantitativos que resulta de perfecta aplicación a la investigación que nos ocupa. En una fase cuantitativa, puede partirse de un modelo teórico, debidamente documentado en la bibliografía, desde el cual pueden construirse hipótesis que han de ser contrastadas y falsadas por medio de análisis que nos llevan a conclusiones que, ya en una fase cualitativa del análisis, vuelven a ofrecer la posibilidad de construir hipótesis que sirvan de base para un modelo teórico.

Figura 23
Continuo interactivo de la filosofía cualitativa-cuantitativa. Cuadrados: cuantitativo. Círculos: cualitativo. El solapamiento 1-E cierra el ciclo y hace coincidir lo cualitativo y lo cuantitativo. Fuente: Newman y Benz (1998: 21)

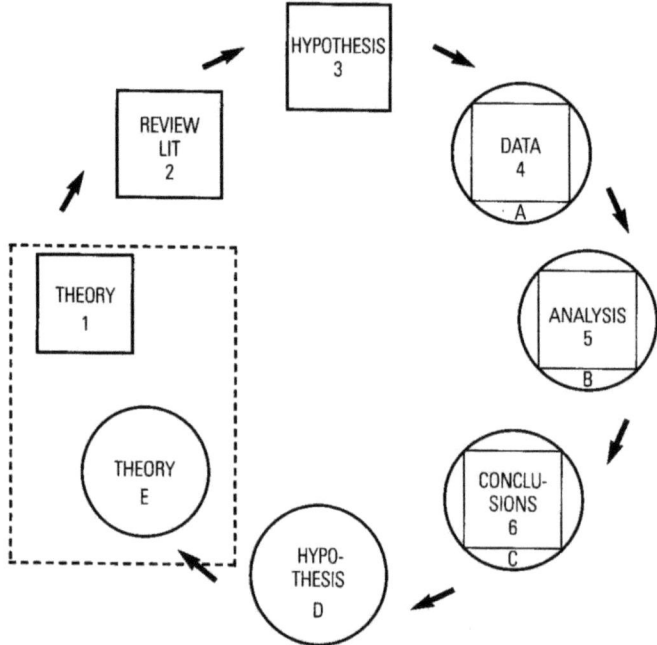

Para Phil Scholfield (1994: 32), la recolección de datos para la cuantificación puede abordarse de cuatro modos. En primer lugar, mediante la *observación* (tanto de materiales orales como escritos), que constituye un método natural y no reactivo. En segundo lugar, mediante *cuestionarios*, que a su vez pueden ser de dos tipos: cerrados (*encuestas*), método reactivo que incluye opiniones; y abiertos, como método reactivo también, pero que implica producción discursiva por parte del sujeto informante. Los cuestionarios, sean del tipo que sean, son capaces de descubrir la visión del mundo (Bartmiński 2010: 35) y las percepciones subjetivas de los hablantes en relación con el discurso, el tipo de lengua, sus interlocutores o la situación comunicativa. Esta técnica suele recurrir al uso de los hablantes como jueces y puede ser aplicada de múltiples formas, directas e indirectas, entre las que cabe destacar, por su interés para la sociolingüística cognitiva, las encuestas de opinión, la utilización de cintas estímulo y la técnica de los «pares falsos» (Moreno Fernández 2010a).

Hay aún un cuarto método de singular relevancia para la sociolingüística: *la entrevista*; se trata de un método reactivo, que procura la elicitación de materiales por medio de una interacción que intenta aproximarse a un proceso comunicativo natural. Los materiales allegados mediante entrevistas se reúnen y organizan en grandes colecciones o corpus de lengua, que frecuentemente están formados por las transcripciones de los materiales obtenidos verbalmente. Como es natural, tales transcripciones implican la intervención de un nuevo agente-hablante que, por supuesto, también porta actitudes, percepciones y representaciones personalizadas, que habrá que valorar de un modo conveniente. En cualquier caso, para la sociolingüística cognitiva, los estudios de corpus, tanto sincrónicos como diacrónicos, así como los estudios experimentales, presentan datos imprescindibles para la comprensión de la representación cognitiva de la lengua. Vemos, pues, que las fuentes de datos para una lingüística basada en el uso, como la que se practica desde el cognitivismo, son mucho más extensas y variadas que las de la lingüística estructural o generativa.

Debate: el hablante en la metodología sociolingüística

Una de las cuestiones más interesantes que la metodología sociolingüística viene planteando desde los años setenta –si bien la sociología ya le había prestado atención con anterioridad– es la del lugar que ha de ocupar la figura del hablante como individuo dentro del entramado metodológico. No es este un asunto aislado, ya que otros debates de profundidad se alinean con él, como el de la oposición entre las técnicas cualitativas o cuantitativas de investigación, el de la conveniencia de una sociología funcionalista estratificacional frente a una sociología etnometodológica o el de la concepción de la lengua como competencia sociolingüística variable o como complejo polilectal.

El debate sugerido puede plantearse de este modo: ¿la metodología sociolingüística debe difuminar la figura del hablante, como individuo, subsumiéndola en categorías más abstractas, como las de clase, grupo o red, o debe conceder un espacio específico para los datos procedentes de conductas individuales? La sociolingüística cognitiva, en tanto que sociolingüística, basa sus análisis en las categorías sociales de grupos y redes, pero la atención a las percepciones de los hablantes individuales y sus procesos cognoscitivos obliga a una consideración específica y a su tratamiento como protagonistas del proceso de interacción comunicativa y como agentes tanto de producción, como de percepción lingüística.

En esta línea de atención metodológica al individuo, cabría entender los análisis de líderes lingüísticos dentro de agrupaciones y comunidades especialmente complejas o con un dinamismo favorecedor de la sustitución y el cambio lingüísticos. El trabajo con líderes obliga a la aplicación de técnicas de observación y de entrevista particulares, centradas en cuanto a contenido sobre la figura del propio hablante y sobre su relación con el resto del grupo. Ahora bien, el análisis de los líderes no impide el estudio de otros tipos de hablantes particulares, de los que no se esperaría más que una muestra de su propia conducta. Y el tratamiento de los individuos como tales no concluiría con la recolección de muestras de habla, sino que se prolongaría en el proceso analítico, tanto cualitativo como cuantitativo. Desde esta última perspectiva, la estadística ofrece múltiples posibilidades para que la conducta individual no se pierda en una masa de muestras colectivas, sino que quede específicamente identificada (Moreno Fernández 1989; 1994).

Conclusión

La sociolingüística cognitiva propone que la investigación ha de desarrollarse dentro de un marco metateórico integrador, cognitivamente realista y no reduccionista. Para ese desarrollo resultan decisivos los procesos de observación, derivados de una concepción social de la lengua y de una atención preferente al uso lingüístico. Sin embargo, la observación misma, aun revestida de un aura de realismo y objetividad, está sujeta a percepciones subjetivas y ofrece arbitrariedades que invocan el «principio de incertidumbre».

La investigación cognitiva de la lengua requiere la aplicación de procedimientos experimentales y de análisis cuantitativos, con el fin de manejar y ofrecer datos válidos para la comprensión de la representación cognoscitiva de la lengua. En el desarrollo de los análisis, la sociolingüística cognitiva asume los principios metodológicos propuestos por Langacker en 1987. Estos principios son los de *factualidad, economía, explicitud, generalidad y predictividad*.

En cuanto a la aplicación de las técnicas de investigación, la sociolingüística responde a los principios de la *cuantificación*, la *responsabilidad* y la *representatividad*, al tiempo que convierte la entrevista, la construcción de corpus y los cuestionarios aplicados sobre jueces en sus mejores instrumentos metodológicos.

CAPÍTULO 9

LA ENTREVISTA SOCIOLINGÜÍSTICA

El programa de la sociolingüística cognitiva exige prestar atención a una técnica clave en la investigación variacionista: la entrevista. En 1972, William Labov marcó para la sociolingüística el objetivo de proveer a los estudios del lenguaje de un nuevo método de trabajo, que incluía la entrevista sociolingüística como instrumento esencial. Consecuentemente, a la entrevista se le han dedicado muchas de las principales páginas referidas a cuestiones metodológicas (Ander-Egg 1995; Arfuch 1995, Frattini y Quesada 1994) y no podría ser menos en una obra dedicada a la sociolingüística cognitiva.

La entrevista sociolingüística se ha revelado y manejado como la principal fuente para la provisión de materiales analizables desde una perspectiva cuantitativa variacionista y, por tal motivo, muchas de sus dimensiones han recibido la debida atención en diferentes estudios, dimensiones como su valor estilístico, su representatividad en relación con el vernáculo, su contenido temático o su dinámica discursiva (duración, contexto, situación, características de los interlocutores). Ahora bien, siendo la cognoscitiva o cognitiva una de las dimensiones más interesantes de la entrevista sociolingüística, solamente se ha tratado de un modo parcial u orientado a aspectos muy concretos. Así, la valoración estilística de la entrevista se ha puesto en relación con la atención que el hablante/entrevistado presta a su propio discurso; es decir, con la teoría del monitor. Se echa de menos, sin embargo, una interpretación cognitivista integral de la entrevista sociolingüística, que no excluya la aportación de otros enfoques, pero que, al variar el ángulo de visión, permita atender a elementos no siempre observados en un modelo general ni tratados de una forma coherente.

A. Sobre los fundamentos de la entrevista

Proposición 9.1

La entrevista sociolingüística es una interacción comunicativa en la que se implican factores como la distribución de los participantes, la estructura y contenido del discurso, junto a factores culturales, sociales y contextuales.

Proposición 9.2

La entrevista semidirigida es el medio más adecuado para obtener muestras de lengua hablada en la cantidad y con la calidad necesarias para su análisis cuantitativo.

Proposición 9.3

La entrevista semidirigida es el medio más adecuado para el registro sistemático del objeto lingüístico denominado *vernáculo*, en el que se presta una atención mínima al discurso propio.

Proposición 9.3.1

El desarrollo de la entrevista semidirigida debe tener presente el efecto de la paradoja del observador.

Proposición 9.3.2

La búsqueda de la naturalidad en la entrevista se ha orientado hacia dos alternativas metodológicas: influir en el contenido de la entrevista y modificar la dinámica de la entrevista.

Proposición 9.4

Cada entrevista semidirigida presenta características diferentes a lo largo de su desarrollo.

Proposición 9.5

La entrevista semidirigida, en su desarrollo, puede transformarse en una observación participante.

Escolio 9-A

Para la sociolingüística variacionista clásica, el *principio de la entrevista* forma parte de los axiomas metodológicos formulados por William Labov (1981) y se establece del siguiente modo:

> Las entrevistas cara a cara son el único medio de obtener el registro de lengua hablada en la cantidad y con la calidad necesarias para su análisis cuantitativo. En otras palabras, el análisis cuantitativo exige datos obtenidos por medio del más evidente tipo de observación sistemática.

Desde la pragmática del discurso, la entrevista sociolingüística, caracterizada como «semiformal» y «semidirigida», estaría caracterizada por los siguientes rasgos anotados por Marta Albelda (2004: 112):

> Rasgos primarios: finalidad transaccional; tono semiformal; planificación diseñada, con acuerdo previo de interlocutores.

> Rasgos situacionales o coloquializadores: relación de mayor o menor igualdad social entre los interlocutores; relación de desigualdad funcional; relación vivencial: desconocimiento mutuo; marco de interacción no familiar, no cotidiano; temática no especializada.

La comparación de la conversación coloquial y de la entrevista semiformal de acuerdo con parámetros situacionales y discursivos le permite a Albelda presentar un cuadro en el que destaca la toma de turno predeterminada, en el caso de la entrevista, como factor que provoca una reducción del dinamismo conversacional.

En el axioma metodológico de Labov, la entrevista se presenta como el medio más adecuado de obtener unos materiales susceptibles de análisis, pero también se caracteriza como un medio para la observación sistemática de un objeto lingüístico al que se da el nombre de «vernáculo» y que aparece explicado en otro de los axiomas propuestos en 1981:

> El vernáculo, en el que se presta al discurso propio una atención mínima, aporta los datos más sistemáticos por el análisis lingüístico. El vernáculo se define como la forma de hablar adquirida durante la preadolescencia. Su carácter altamente regular se ha observado empíricamente. [...] Todo hablante dispone de una forma vernácula al menos en una lengua, que puede ser un dialecto de prestigio [...] o una variedad no estándar. En algunos casos pueden obtenerse datos

sistemáticos de estilos de habla más formales, pero no estaremos seguros de ello hasta que no se hayan contrastado con el vernáculo.

Cuadro 4
Comparación de conversación coloquial y entrevista semiformal por parámetros situacionales y discursivos. Fuente: Albelda (2004: 113)

	PARÁMETROS COMPARATIVOS	CONVERSACIÓN COLOQUIAL	ENTREVISTA SEMIFORMAL
RASGOS SITUACIONALES	1. Relación vivencial entre los interlocutores	PROXIMIDAD	NO PROXIMIDAD
	2. Marco de interacción	FAMILIAR/ COTIDIANO	TRANSACCIONAL
	3. Relación social funcional de los interlocutores	IGUALDAD SOCIAL Y FUNCIONAL	+/- IGUALDAD SOCIAL/ DESIGUALDAD FUNCIONAL
	4. Temática	NO ESPECIALIZADA	NO ESPECIALIZADA
RASGOS DISCURSIVOS	5. Toma de turno	NO PREDETERMINADA	PREDETERMINADA
	6. Tono	INFORMAL	SEMIFORMAL
	7. Planificación	AUSENCIA	+/- PRESENCIA
	8. Finalidad	INTERPERSONAL	TRANSACCIONAL
	9. ¿Dinamismo, tensión dialógica?	SÍ	NO O MUY POCA

El vernáculo, por tanto, es un elemento de interés primario para la sociolingüística, que orienta sus trabajos hacia la consecución de muestras representativas de esta «forma de hablar». Es importante resaltar la atención que se presta al discurso, puesto que se trata de un proceso cognitivo de gran significación. No obstante, el vernáculo es objeto de una doble caracterización –variedad no monitorizada y variedad adquirida en la preadolescencia (Labov 1972: 208)– que no tiene por qué ser coincidente entre hablantes. Pero, además, la bibliografía sociolingüística ofrece otras definiciones: Penelope Eckert (2000: 17) lo define como la lengua de las comunidades locales; Trudgill (2003 s. v. *vernacular*) se refiere a él como la variedad de lengua local de una determinada comunidad de habla, pero también lo define como la variedad menos sensible a la influencia de otras variedades y a la noción de corrección.

Ahora bien, por válidas que puedan resultar estas caracterizaciones, no debe caerse en la trampa de considerar el vernáculo de un hablante determinado como su forma de hablar más natural o habitual, ya que una persona puede modificar su lengua a lo largo de la vida y en función del contexto situacional. De hecho, en los procesos de grabación de entrevistas sociolingüísticas, son muchos los problemas que se plantean relativos a este asunto, por tratarse, en la mayoría de los casos, de conversaciones semidirigidas por un investigador y con grabadora a la vista. Milroy y Gordon (2003: 50) afirman que, en la entrevista, un acontecimiento del hablar enteramente natural es insostenible. Y ello enlaza directamente con la bien conocida «paradoja del observador», según la cual la sociolingüística se interesa por el discurso que el hablante emite cuando no se siente observado, pero no es posible recoger muestras de ese discurso sin recurrir a la observación sistemática.

La metodología sociolingüística no ha escatimado esfuerzos a la hora de evitar o minimizar las consecuencias de la paradoja del observador. Se han hecho muchas propuestas que van, desde la encuesta rápida y anónima a la grabación secreta, aceptada sin mucho rubor en el mundo latino e iberoamericano, pero rechazada, por cuestiones éticas, dentro del mundo anglosajón y de su amplísimo radio de influencia científica. Una estrategia que cuenta con gran aceptación, contra la paradoja del observador, es la «observación participante». De hecho, se ha llegado a comprobar que, en ocasiones, la entrevista semidirigida acaba transformándose en una auténtica observación participante (Niedzielski y Preston 2003: 34), como le ocurrió a Lesley Milroy:

> La intención era permitir al entrevistador simular una conversación y, tras un periodo, pasar a una relación interactiva simétrica, de modo que el estilo de entrevista llegaba a asemejarse a la observación participante (Milroy 1987b: 69).

Frente a la simple estrategia de provocar interacciones comunicativas de una a dos horas de duración, con el fin de obtener muestras extensas de lengua hablada, Labov sugiere una contra-estrategia: la actitud de «aprendiz» por parte del entrevistador, adoptando una posición de menor autoridad que la persona con la que está hablando, si bien, según Briggs (1986), esta estrategia no funciona con algunos sujetos. La actitud de aprendiz consiste en favorecer el principio cooperativo de la interacción comunicativa. Ahora bien, tampoco puede perderse de vista que, en la sociedad occidental, una entrevista crea una situación comunicativa claramente definida, en la que lo común es la aparición de un estilo formal. La entrevista, como acontecimiento comunicativo, no favorece la espontaneidad del discurso: es una interacción diádica entre extraños, con roles participativos que dan más peso al entrevistador y con derechos de toma de turnos distribuidos de modo desigual. Una de las misiones del investigador es atenuar la rigidez de la situación, para hacer que el entrevistado se relaje y produzca una mayor cantidad de discurso. Esto no siempre es fácil, dado que el entrevistado puede llegar a confundirse o incluso a enfadarse, si el formato de la entrevista no responde a sus expectativas.

Generalmente, la búsqueda de la implicación emocional del entrevistado, de la mayor naturalidad posible en el habla de la entrevista, se ha orientado hacia dos alternativas metodológicas (Milroy y Gordon 2003: 65): a) influir en el contenido de la entrevista; b) modificar la dinámica de la entrevista. Lo primero se busca introduciendo temas específicos, como las situaciones de peligro de muerte, la descripción de algo terrible, incluidas historias de fantasmas, o la explicación de juegos de la infancia. Lo segundo se alcanza modificando la estructura de los participantes en cuanto a su número y función –por ejemplo, mediante un entrevistador procedente del propio grupo estudiado–, estrategia que vuelve a poner sobre la mesa factores cognitivos relevantes.

En relación con los temas o asuntos tratados durante la interacción, es preciso saber que influyen directamente sobre la diversidad interna de la entrevista. A la estrategia orientada al tratamiento sucesivo de temas diferentes se le da el nombre de «redes de módulos» o «módulos conversacionales» (Labov 1981) y consiste en ir proponiendo, de un modo lo menos forzado posible, temas que provoquen la aparición de tipos de discurso diferentes y, consecuentemente, de elementos lingüísticos distintos: la infancia, el barrio, el trabajo, las amistades o anécdotas, por ejemplo. El tejido de redes de módulos evidencia la importancia de las preguntas del investigador.

Por otro lado, el contenido y la configuración interna de la entrevista tienen implicaciones muy directas en asuntos tan complejos como la consecución y catalogación de estilos de habla. De hecho, cuando Labov establece su inventario de estilos, incluye uno de «entrevista», junto a los estilos «cuidado», «espontáneo», «casual» y de «lectura». La posición que adopta Allan Bell es algo diferente porque su interpretación va más allá de la respuesta a un estímulo: por un lado, el estilo responde a un «diseño de audiencia», por el cual los perfiles de los personajes que componen la audiencia modelan el estilo del hablante; pero, por otro lado, responde a un «diseño de iniciativa» y a una estrategia orientada hacia un destinatario, que incluso puede estar ausente de la interacción («diseño de destinatario»): los hablantes se identifican con determinados grupos e intentan responder al prototipo del hablante característico de tal o cual grupo, con lo cual

Figura 24
Red de módulos temáticos para hablantes adolescentes y adultos jóvenes, basada en Labov (1981). Fuente: Milroy y Gordon (2003: 59)

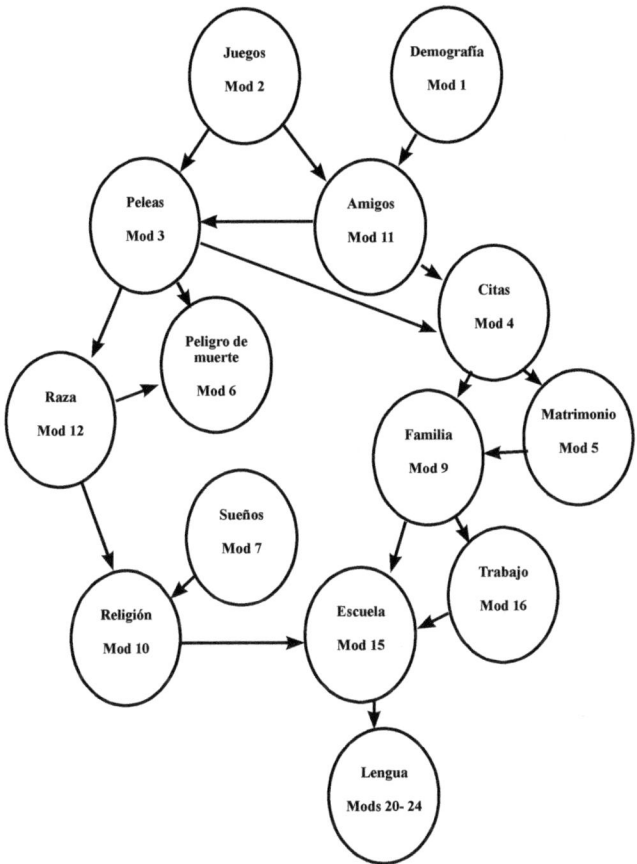

la forma en que el interlocutor o el destinatario ausente son percibidos –un mecanismo cognitivo más– se convierte en elemento de gran importancia. Además, para nuestros actuales intereses, es significativo valorar que, dentro de una misma entrevista, pueden aparecer fragmentos que respondan a varios de los estilos mencionados. El estilo se entiende como respuesta a una situación y la «situación de entrevista» puede presentar momentos o circunstancias diferentes a lo largo de su desarrollo, muchas veces provocados por el tratamiento de temas distintos.

En definitiva, la entrevista sociolingüística semidirigida es una actividad discursiva en la que se implican factores tan diversos como la disposición de los participantes, la estructura del discurso, su contenido o las presuposiciones subyacentes de los hablantes (Preston 1994; Schiffrin 1994), a lo que debe sumarse la influencia de los factores etnográficos y los condicionamientos contextuales y culturales. Y todos los componentes de la entrevista que se acaban de comentar quedan reflejados, de un modo o de otro, en los corpus orales. Por ello, estos corpus nos ofrecen una información muy valiosa para el análisis, desde una perspectiva cognitiva, tanto del discurso hablado como, específicamente, de la entrevista sociolingüística.

B. Sobre la interpretación cognitivista de la entrevista sociolingüística

Proposición 9.6

La entrevista sociolingüística puede caracterizarse atendiendo a los elementos que la componen, los objetivos con que se desarrolla y el modo en que todos ellos son percibidos por los interlocutores.

Proposición 9.7

La entrevista sociolingüística exige, entre entrevistador y entrevistado, el cumplimiento de las máximas de cantidad, calidad, relación y modo.

Proposición 9.8

La entrevista sociolingüística suele responder a un guion cultural fijado de acuerdo con las pautas de interacción aceptadas en el mundo occidental.

Escolio 9-B

El estudio cognitivo de las entrevistas está ligado en buena medida al desarrollo de las teorías cognitivas del discurso. Entre sus antecedentes, contamos con las teorías de Dell Hymes (1972) o la lingüística cultural de Gary B. Palmer (2000), que se ha ocupado de los escenarios discursivos en tanto que contextos percibidos. Porque, en efecto, el concepto de «escenario» se ha revelado fundamental en el tratamiento del discurso. Deborah Tannen y Cynthia Wallat (1993) han hablado de marcos interactivos, definiéndolos como modelos cognitivos y culturales de los acontecimientos discursivos, así como de esquemas de conocimiento, que recogen las expectativas de los participantes en una interacción sobre personas, objetos, acontecimientos y situaciones del mundo. Schiffrin, por su lado, ha hablado de modelos situacionales y los explica como estados de información que incluyen lo que un hablante y un oyente saben en su interacción, dando lugar a representaciones más amplias del contexto social. Aunque, en la teoría, los escenarios discursivos estarían ubicados dentro de modelos de situación, en la práctica puede ser problemático diferenciar entre unos y otros. Un modelo situacional cuenta con un contexto relativamente estable, no construido ni negociado por los participantes en una situación comunicativa. Según Gary Palmer (2000: 341), los escenarios discursivos son modelos cognitivos de interacción verbal conformados por secuencias de esquemas de actos de habla pragmáticos.

Tenemos, pues, una serie de conceptos, todos ellos muy cercanos, incluso tautológicos, que constituyen una base que da coherencia al estudio de las interacciones, puesto que los interlocutores han de compartir elementos como sus visiones del mundo, los escenarios discursivos o los modelos situacionales. Con todo, las posibilidades de interpretación de la entrevista sociolingüística desde una perspectiva cognitiva son muchas y diversas. Una de ellas consiste en partir de las máximas que desarrollan el «principio cooperativo» de Paul Grice (1989). Desde esta perspectiva, una interpretación pragmática del desarrollo de la entrevista sociolingüística incluiría argumentos como los que se presentan seguidamente a propósito de las cuatro premisas clásicas (Moreno Fernández 2005: 146):

Máxima de cantidad. Haz tu contribución tan informativa como sea necesario.
La aplicación de esta máxima en la entrevista sociolingüística plantea varias dificultades. Desde la perspectiva del entrevistado, la dificultad principal es decidir hasta qué punto su contribución está siendo informativa, dado que el juicio final no depende de él: la dinámica de la entrevista concede al entrevistador un rol de autoridad, con criterio, por tanto, para aceptar la cantidad de información proporcionada como justa, excesiva o escasa. Desde la perspectiva del entrevistador, la dificultad está en calibrar el propio discurso, en la búsqueda de un equilibrio entre la brevedad de sus turnos, la transmisión de confianza y el mantenimiento de la tensión conversacional necesaria para un adecuado transcurso de la entrevista. Al mismo tiempo, la «cantidad» de discurso requerida puede verse condicionada por el deseo de agotar una red de módulos temáticos previstos con antelación.

Máxima de calidad. Di solamente lo que crees verdadero y para lo que cuentes con pruebas adecuadas. El límite de esta máxima para el entrevistador está simplemente en que el entrevistado pueda descubrir falsedades o argumentos sin fundamento, especialmente en lo referido a la finalidad de la entrevista. Así pues, aunque podría pensarse que la máxima de calidad sería susceptible de indiferencia por parte del investigador, en tanto que hablante y conversador «real» ha de velar por su cumplimiento. Sí hay un condicionamiento específico en la figura del entrevistado, que podría intentar que su discurso fuera «absolutamente» fiel a la verdad, dado que está siendo observado por un extraño y registrado en una grabadora, o que fuera falaz, para conseguir que su imagen y la de su grupo quedara salvaguardada. El efecto monitor, desde este punto de vista, se hace notar y puede provocar conflictos o disonancias cognitivas, que en no pocas ocasiones se resuelven con discursos impostores.

Máxima de relación. Sé relevante. El cumplimiento de esta máxima dentro de la entrevista sociolingüística viene fuertemente condicionado por los temas tratados en ella y la forma en que estos se proponen como materia de discurso. La relevancia ha de ser estricta si existen módulos temáticos preestablecidos o si se trata de módulos secuenciados o dispuestos en forma de red.

Máxima de modo. Haz tu contribución fácil de entender; evita la ambigüedad, la extensión y la oscuridad. En el caso de la máxima de modo, la dinámica conversacional de ambos interlocutores podría seguir las pautas de la conversación coloquial. Existiría, no obstante, un choque de intereses en cuanto al carácter escueto o no de los turnos. El entrevistado tiende a aplicar la máxima general de «sé escueto», mientras el entrevistador procura que su interlocutor no lo sea, en la búsqueda de una mayor cantidad de discurso analizable.

Por otra parte, tan interesante como este ejercicio, resulta la aplicación del concepto de «guion cultural» de Anna Wierzbicka (1994). Los guiones culturales ayudan a configurar unas estrategias comunicativas en las que se reflejan diferencias culturales, relacionadas también con distintas formas de pensar. Un guion es un sistema tácito de reglas culturales que ordenan y articulan las interacciones comunicativas. En el caso de la entrevista sociolingüística, también es posible elaborar un guion cultural de acuerdo con el concepto de «entrevista» que predomina en el mundo occidental. Ese guion de la entrevista tendría una configuración interna diferente para el entrevistador y el entrevistado.

Guion de la entrevista sociolingüística para el entrevistador

a. Es bueno si adopto una actitud simpática y cercana en la conversación.

b. Es bueno si parezco espontáneo en la conversación.

c. Es bueno si hablo lo menos posible.

d. Es bueno si el interlocutor hace turnos muy largos.

e. Es bueno hablar de todos los módulos previstos.

f. Es bueno que la grabadora funcione y pase inadvertida.

g. Es bueno si no me quedo en blanco.

Guion de la entrevista sociolingüística para el entrevistado

a. Es bueno si puedo saber lo que el entrevistador quiere/siente/piensa sobre mí.

b. Es bueno si no digo al entrevistador todo lo que pienso.

c. Es bueno si no hago afirmaciones comprometidas.

d. Es bueno si no digo muchas cosas en la entrevista, porque quien lo oiga puede pensar algo malo sobre mí.

e. Es bueno si utilizo bien la lengua porque mi discurso va a quedar registrado.

f. Es bueno si dejo en buen lugar a mi grupo social.

g. Es bueno si colaboro en una investigación.

Estos guiones culturales pueden ponerse en correspondencia tanto con los argumentos manejados a propósito de las máximas de Grice, como con los esquemas de perspectivas del escenario discursivo de las entrevistas sociolingüísticas.

C. Sobre la percepción de la entrevista sociolingüística

Proposición 9.9

La entrevista sociolingüística se configura de un modo distinto a la conversación convencional en cuanto a la conceptualización de los elementos que participan en la interacción y en cuanto al discurso mismo.

Proposición 9.10

La entrevista sociolingüística ofrece diversos formatos, susceptibles de ser ordenados mediante esquemas de perspectivas, al incorporar un componente metadiscursivo que convierte a los hablantes también en observadores.

Proposición 9.11

En la entrevista sociolingüística, la conceptualización del acontecimiento discursivo en su conjunto es máximamente subjetiva por parte de los interlocutores.

Proposición 9.12

En la entrevista sociolingüística, la grabadora forma parte de la utilería de la interacción y tiene una influencia notable sobre el monitor, por cuanto el discurso se evalúa con consecuencias ulteriores a la interacción misma.

Proposición 9.13

Desde la perspectiva del entrevistado, su esfera de percepción se construye como un todo que incluye tanto al hablante-entrevistador como a la grabadora.

Proposición 9.14

Desde la perspectiva del entrevistador, existe un área de percepción alrededor de la figura del interlocutor y un foco de atención preferencial en el propio entrevistado.

Proposición 9.15

Desde la perspectiva del investigador-transcriptor, la entrevista se percibe como una interacción en su conjunto, incluidos todos los participantes y discursos emitidos.

Proposición 9.16

En la entrevista sociolingüística, el tema de la lengua ha de obviarse, minimizarse o contextualizarse.

Escolio 9-C

Una interpretación cognitiva de la entrevista sociolingüística utiliza como punto de partida el concepto de «escenario discursivo» tal y como es entendido por Palmer (2000); es decir, como modelo cognitivo de interacción formado por secuencias de esquemas de actos de habla. Los esquemas serían categorías analíticas que darían cuenta de diferentes dimensiones de las interacciones, y entre ellos estarían los llamados *esquemas de perspectivas*, que suponen una conceptualización de los participantes en la interacción y se derivan de la manera en que se perciben los unos a los otros. De este modo, el hablante no solamente es un agente discursivo, sino que es observador y perceptor de su entorno, especialmente de su interlocutor. Langacker estableció en 1990 que la conceptualización de la interacción puede ser objetiva, si se hace desde fuera del campo perceptivo de la interacción (observador ajeno), o subjetiva, si se hace desde dentro de la propia interacción (interlocutores en acción).

Las entrevistas sociolingüísticas ofrecen una diversidad de posibilidades, susceptibles de ser ordenadas mediante esquemas de perspectivas, dado que incorporan un componente metadiscursivo que convierte a los hablantes también en observadores. En general, la conceptualización de la entrevista como acontecimiento discursivo es máximamente subjetiva, por parte de los interlocutores, si bien pueden presumirse algunas diferencias entre las conceptualizaciones practicadas por entrevistador y entrevistado: el entrevistador focaliza sus observaciones en el interlocutor; el entrevistado probablemente conceptualiza la interacción de forma más integral y tal vez más sensible a cada uno de los elementos –verbales y no verbales– que concurren en la interacción.

Con el fin de explicar con mayor claridad cómo funcionan los esquemas de perspectivas en las distintas condiciones de las entrevistas sociolingüísticas, recurriremos a unos gráficos que han de interpretarse de la forma siguiente: el rectángulo encierra el acontecimiento discursivo en su conjunto, la extensión plena del campo perceptivo del observador (Langacker); el área sombreada encierra la parte del acontecimiento discursivo conceptualizada por el interlocutor; el círculo de trazo grueso señala un foco específico de atención; la flecha con línea continua indica dirección de percepción; la flecha con línea discontinua marca una relación perceptiva débil entre observador y elemento percibido. Los códigos indican lo siguiente: H1, hablante 1 o entrevistador; H2, hablante 2 o entrevistado; O, observador del escenario; G, grabadora o elemento de apoyo técnico utilizado en las investigaciones sociolingüísticas.

Para una mejor comprensión de los esquemas correspondientes a la entrevista sociolingüística, partiremos de la conceptualización de una conversación coloquial, ordinaria o neutra. En ella se aprecia la presencia de dos hablantes que observan, perciben y conceptualizan de modo recíproco al interlocutor y su entorno; ambos ejercen de observadores sobre su interlocutor y ambos disponen de entornos equivalentes. En tal tipo de intercambios no tienen por qué darse diferencias sustanciales apriorísticas ni en la manera de percibir los participantes, ni en la fuerza ilocutiva de sus actos, ni en la forma de secuenciar sus intervenciones ni en la perspectiva que rige sendas conceptualizaciones.

Figura 25
Conceptualización subjetiva de situación de conversación coloquial

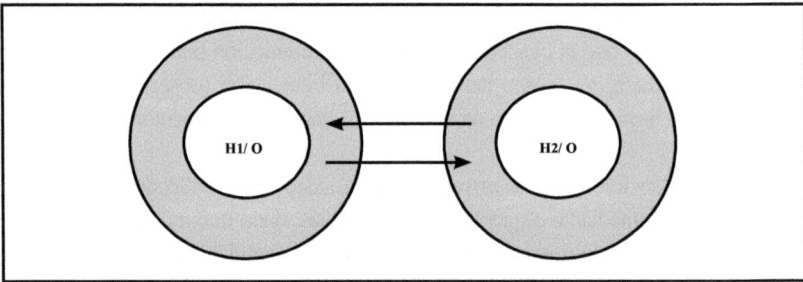

La entrevista sociolingüística, sin embargo, por más que disponga de elementos comunes con la conversación convencional, se configura de modo distinto en cuanto a la conceptualización de la interacción y en cuanto al discurso mismo. Resulta imprescindible, para su cabal interpretación, distinguir entre la perspectiva del entrevistador y la del entrevistado, dando lugar a una asimetría que no se presupone en la conversación ordinaria. Por otro lado, en la entrevista sociolingüística convencional se incorpora un elemento ausente en las conversaciones neutras: la grabadora. La grabadora forma parte de la utilería o atrezo de la interacción y tiene una influencia notable sobre el monitor, por cuanto el discurso se evalúa con consecuencias ulteriores a la interacción misma. Junto a ella es posible el manejo de otros instrumentos (apuntes, cuestionarios) con cierta capacidad de afectar al discurso, pero que, a efectos del esquema, preferimos incluir bajo el elemento único «G».

Desde el punto de vista del entrevistador, existe un área de percepción alrededor de la figura del interlocutor y un foco de atención preferencial en el propio entrevistado. Al mismo tiempo, se produce una atención secundaria –o así debería ser– hacia el elemento G, una grabadora por lo habitual, cuyo funcionamiento se vigila por si se produce algún inconveniente. Como parte de la atención que el entrevistador presta al entrevistado, hay que considerar las estrategias destinadas a provocar en él un determinado tipo de reacciones y de discurso. En líneas generales, esas reacciones buscadas tienen que ver con una reducción de la monitorización, con un relajamiento de la tensión causada por la propia situación de entrevista: los iniciadores de conversación o «rompehielos» facilitan la interacción en el comienzo, la parte más tensa. En el proceso de búsqueda de la espontaneidad, son relevantes elementos lingüísticos de diverso tipo, desde la cercanía de los hablantes o la lengua nativa del investigador, que condiciona tanto el estilo como los contenidos de los discursos de entrevista, hasta los temas tratados, entre los que suele evitarse la propia lengua o variedad. En la entrevista sociolingüística convencional, el tema de la lengua se obvia, se minimiza o se contextualiza en el desarrollo más natural de la entrevista, para no provocar una intensificación del efecto monitor, aunque tampoco es extraño que se llegue a hablar sobre ello (inadvertidamente o a propósito), bien por implicación emocional de los interlocutores en ciertos temas, bien cuando los informantes saben que sus entrevistadores son estudiantes o profesores de lengua o de lingüística (Niedzielski y Preston 2003: 34); incluso Preston (1994) ha llegado a proponer una relación de temas precisamente para entrevistas en las que se habla de la lengua (los participantes, la interacción y el código), generalmente con el fin de estudiar las creencias o las actitudes lingüísticas. Por otra parte, también suele contribuir a la distensión el hecho de compartir alguna experiencia con el entrevistado, si bien, cuando el entrevistador cuenta historias de sí mismo, no debe hacerlo de forma tan detallada y emocionada que el entrevistado piense que no merece la pena añadir nada o que concluya que el investigador es una autoridad inabordable, poseedora de un gran capital simbólico.

Figura 26
Conceptualización subjetiva de la entrevista sociolingüística. Percepción del entrevistador

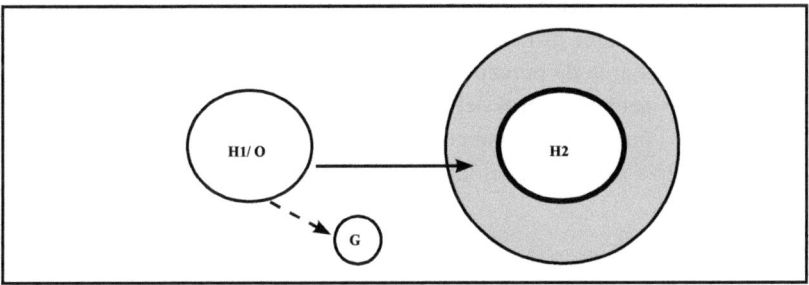

Desde la perspectiva del entrevistado, las referencias de percepción son semejantes, pero se muestran invertidas, dándose un efecto espejo que, sin embargo, no es completo. En este caso, la esfera de percepción se construye como un todo que incluye tanto al hablante-entrevistador como al elemento G, y ambos reciben –son susceptibles de recibir– la atención preferente del entrevistado, que fijará más su atención en uno u otro según diversos factores: fase de la entrevista, aspecto físico de G, atención de H1 a G, entre otros. El adecuado desarrollo de la entrevista debería hacer que la atención sobre G se debilitara o incluso desapareciera, pero esto es difícil de prever, por la cantidad y opacidad de los factores que intervienen, incluida la habilidad del entrevistador para crear una atmósfera cooperativa y agradable.

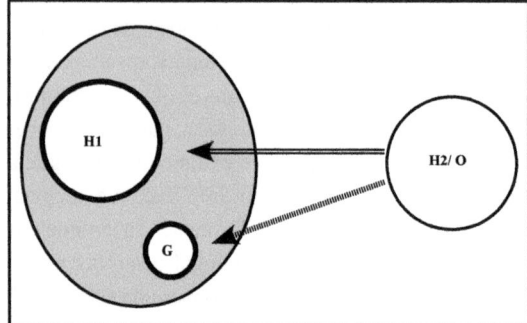

Figura 27
Conceptualización subjetiva de la entrevista sociolingüística. Percepción del entrevistado

Más arriba se comentaba que la necesidad de minimizar la paradoja del observador había llevado a los sociolingüistas a desplegar estrategias metodológicas encaminadas a modificar el marco de la interacción. Con este fin, la estrategia básica consiste en aumentar el número de participantes en la entrevista, pero puede hacerse de diversos modos. Uno de ellos es la concurrencia de varios entrevistadores. En este caso, tanto los entrevistadores como el elemento G se perciben dentro de una esfera común de atención, que abarca, sin embargo, diversos focos, entre los cuales ninguno de ellos recibe una atención prioritaria, aunque uno de los hablantes H1 podría erigirse en entrevistador principal. Sea como sea, la atención hacia cada uno de los focos del área de percepción ha de ser discontinua. En tal situación, las maniobras para el control del elemento G (toma de notas, manipulación de grabadora) puede realizarse con mayor naturalidad puesto que el entrevistado dispersa más su atención.

La entrevista sociolingüística 195

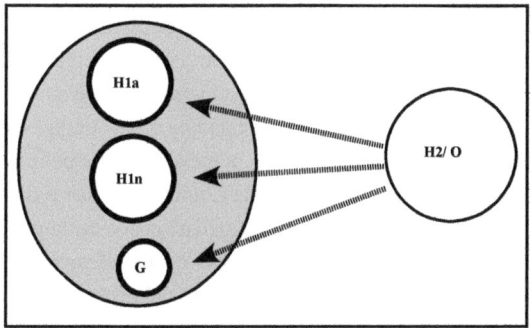

Figura 28
Conceptualización subjetiva de entrevista con observador múltiple. Percepción de entrevistado

Una segunda estrategia de modificación de la estructura de participantes consiste en la convocatoria de varios entrevistados, por lo general miembros de la misma red o del mismo grupo sociolingüístico (Nordberg 1980). Supuestamente, los entrevistados ejercerían un control social los unos sobre los otros, pues se parte del principio de que sería inaceptable que uno de ellos siguiera pautas inhabituales dentro de su grupo o su red. La percepción de cada uno de los entrevistados, como H2 principales que son, es diferente respecto de las representadas en otros esquemas. En primer lugar, surge la percepción no de una, sino de dos áreas de percepción bien diferenciadas dentro de la misma interacción: el área de los observadores percibidos, incluido el elemento G, y el área de los participantes miembros del mismo grupo social (entrevistados). Siendo así, la atención principal de H2 se dirige, como en el caso de la entrevista con dos participantes, hacia H1 y, secundariamente hacia G, atención que se debilita en esta configuración de sujeto múltiple, por compartirse con otros participantes (H3) que, si bien no son foco prioritario, sí se incluyen en una de las áreas percibidas. Esta conceptualización posibilita la aparición de diferencias lingüísticas y conversacionales entre el discurso dirigido hacia H1 y el dirigido a H3: el primero, en principio, sería objeto de una mayor monitorización que el segundo.

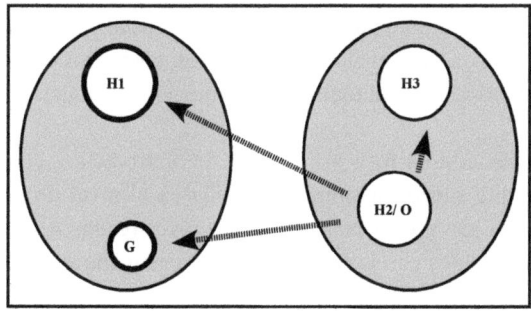

Figura 29
Conceptualización subjetiva de entrevista con sujeto múltiple. Percepción de entrevistado principal

Los esquemas representados ofrecen variantes que se han aplicado en distintas investigaciones sociolingüísticas. Una de ellas consiste en que el entrevistador acuda con un niño pequeño a la entrevista, con el fin de que propicie una distensión derivada de su carácter poco amenazador; sin embargo, la práctica investigadora desaconseja esta posibilidad porque los niños absorben mucho la atención y, a menudo, monopolizan los temas de conversación. Más interesante, en cambio, es la técnica de grabar a dos o más informantes en un contexto alejado de la entrevista convencional y sin la presencia del entrevistador. En este caso, el efecto monitor provocado por el elemento G se vería contrarrestado por el hecho de interactuar con un miembro del mismo grupo, que incluso podría cumplir el rol de entrevistador. Esta técnica la utilizaron, con buenos resultados, Stuart-Smith (1999) en Glasgow (Reino Unido) o Cestero Mancera (2000; 2007) en Alcalá de Henares (España), por citar unos ejemplos. La entrevista dirigida por alguien del grupo (*insider*) fue practicada por Labov, Cohen, Robins y Lewis en 1968, entre otros. La técnica, desde una perspectiva esquemática, consiste en acercar el intercambio comunicativo objeto de estudio al esquema de la conversación coloquial, con la inclusión de una grabadora como elemento G (Maurer 1999: 116).

Por otro lado, la perspectiva cognitiva es capaz de mostrarnos los esquemas que subyacen a situaciones poco deseables para la entrevista sociolingüística. Una de ellas es la conceptualización del entrevistador que, enfocando su interés sobre el entrevistado, no es capaz de eludir, sin embargo, su auto-percepción como elemento de la misma interacción. En estas circunstancias, es fácil que aparezca una de las siguientes posibilidades:

a) Que el entrevistador se implique de tal modo en la interacción que pierda el control sobre otros factores de la dinámica conversacional, como el autodominio de sus turnos de habla, la supervisión de la grabadora o la consideración del entrevistado y su discurso como finalidad primaria de la entrevista. No puede afirmarse taxativamente que esto sea negativo para el desarrollo y el resultado de la interacción, pero sí es presumible que surjan efectos perniciosos, como la merma de las iniciativas que el entrevistado pudiera tomar en determinados momentos.

b) Que el entrevistador se convierta en foco principal de la observación, con un nivel de autoconsciencia que supere la simple inclusión en el nivel de la percepción general. Estos casos son poco frecuentes, si los investigadores son expertos, y relativamente abundantes en las entrevistas de investigadores primerizos, más pendientes de construir bien su discurso que del material sobre el que deberían centrar su atención. El efecto monitor, en tal conceptualización, invade la participación del entrevistador, sea por un deseo de cumplir un guion modular a rajatabla, sea por miedo a que sus técnicas de entrevista sean cuestionadas por observadores externos, sea por autocomplacencia.

Pero aún queda una consideración general que añadir a propósito de los esquemas de perspectiva. Los esquemas analizados hasta ahora son reflejo de conceptualizaciones subjetivas, protagonizados por unos participantes u otros y hechos desde dentro del campo perceptivo de la interacción. Ahora bien, la conceptualización del discurso por el observador es máximamente objetiva cuando este se sitúa enteramente fuera del acontecimiento del habla; esto es, cuando el acontecimiento se conceptualiza como ajeno. La investigación de la lengua hablada ofrece una muestra clara de esta conceptualización objetiva: la que se produce cuando un investigador transcribe o translitera entrevistas sociolingüísticas grabadas en un lugar o un momento diferentes (Hidalgo 2005).

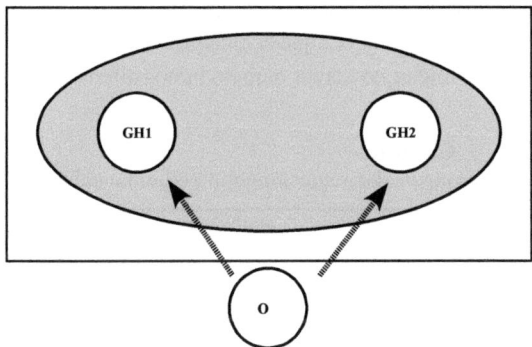

Figura 30
Conceptualización objetiva del acontecimiento del discurso. Perspectiva del transcriptor

En este caso, el transcriptor percibe el conjunto de la interacción, incluidos todos sus participantes y todos los discursos emitidos; en cierto modo, también está presente el elemento G, puesto que los ruidos y la calidad de la grabación vienen a afectar al modo en que se percibe objetivamente la entrevista. Este trabajo de transcripción –largo y penoso– suele realizarse con audífonos y en la soledad de la mesa del investigador.

Debate: ¿es adecuada la entrevista semidirigida?

La perspectiva cognitiva ha venido a redimensionar el análisis del desarrollo de la entrevista sociolingüística, especialmente en lo que a la calidad de los materiales allegados se refiere. Y aquí surge la duda y el debate: ¿son los materiales de las entrevistas semidirigidas los más adecuados para el análisis sociolingüístico?

Vistos los esquemas de perspectivas habituales en la entrevista sociolingüística, podríamos preguntarnos cuál de ellos resulta más conveniente para el análisis de la lengua hablada. La cuestión clave es qué técnica resulta más adecuada para la entrevista sociolingüística. Si combinamos en un esquema los factores «espontaneidad» o naturalidad del discurso, por un lado, y «longitud» o cantidad de discurso, por otro, sería posible establecer una tipología básica de entrevistas. Las interacciones más espontáneas son las que se obtienen en circunstancias cercanas a los encuentros coloquiales; por eso las conversaciones (grabaciones) clandestinas o secretas proporcionan una buena cantidad de discurso para su análisis cuantitativo y cualitativo, con la contrapartida de que no suelen ofrecer las condiciones óptimas para la investigación sociolingüística, bien por cuestiones técnicas (calidad de las grabaciones en contextos naturales), bien por cuestiones éticas (invasión de la intimidad mediante la grabación secreta), o legales. Cuando se utilizan varios interlocutores como informantes, la cantidad de discurso por hablante se reduce, así como la longitud de sus turnos de palabra, a la vez que la dinámica conversacional se ve influida por la probabilidad de iniciar un mayor número turnos diferentes.

Cuadro 5
Tipología de interacciones conversacionales, según longitud y espontaneidad

	+ Longitud	- Longitud
+ Espontaneidad	Conversación normal Entrevista clandestina	Entrevista de sujeto múltiple
- Espontaneidad	Entrevista sociolingüística	Entrevista de observador múltiple

Sabiendo que cada tipo de entrevista presenta ventajas y desventajas, y asumiendo las limitaciones de espontaneidad habituales en las entrevistas sociolingüísticas, parece aconsejable optar entre la entrevista de observador múltiple –eso sí, con imprevisibles consecuencias sobre el monitor del informante– y la entrevista sociolingüística semidirigida, que es la técnica generalmente utilizada, con la posibilidad de ser realizada por un investigador externo o por un hablante interno y cercano al grupo estudiado, que suele conferir a los resultados una mayor espontaneidad, en la medida que se aproxima a la conversación cotidiana.

Conclusión

La entrevista es uno de los elementos de la investigación sociolingüística mejor conocidos desde un punto de vista metodológico. De ella se han comentado prácticamente todas las dimensiones que la conforman, y con gran minuciosidad. Como es previsible, entre esos aspectos están los que tienen que ver con una concepción cognitiva de las interacciones y de los discursos que en ellas se producen. Sin embargo, es necesario presentar un modelo explicativo e interpretativo de la entrevista sociolingüística desde una perspectiva íntegramente cognitiva. Los aspectos cognoscitivos que hasta ahora se habían tratado de forma ocasional o parcial deben incluirse en un todo de planteamiento coherente.

El cognitivismo ha demostrado interés por el discurso, pero pocas veces se ha interesado por sus implicaciones más netamente sociolingüísticas ni por un estudio cuantitativo del discurso hablado. Desde este punto de vista, las iniciativas de la lingüística cultural (Palmer 2000) se han revelado como de especial utilidad y han servido para tratar la entrevista sociolingüística como un escenario discursivo dentro del cual puede apreciarse la pertinencia de diversos esquemas de perspectivas, que vienen a incluir en esencia los principales componentes de la dinámica conversacional. Esos aspectos, además, pueden correlacionarse con las bases conceptuales de otras propuestas teóricas, como las máximas de Grice (1989) o los guiones culturales de Wierzbicka (1994; 2006).

¿Qué más elementos de provecho podría obtener la sociolingüística de un tratamiento cognitivo de la entrevista? Probablemente, un conocimiento más detallado de los mecanismos de percepción que entran en juego en la interacción conversacional y de su dinámica perceptiva. Estos mecanismos arrojarían luz sobre dimensiones de la entrevista que no son suficientemente bien conocidas y podrían ser correlacionados con otros factores sociales y lingüísticos. Todo ello serviría, en fin, para llegar a conclusiones válidas para un mejor conocimiento de la entrevista sociolingüística.

CAPÍTULO 10

DINÁMICA PERCEPTIVA DE LA ENTREVISTA SOCIOLINGÜÍSTICA

Uno de los ámbitos de la sociolingüística que mejor pueden analizarse desde el cognitivismo es el de la entrevista semidirigida, concebida como un escenario discursivo conformado por esquemas de perspectivas. Los esquemas de perspectivas son modelos dinámicos en los que unos componentes se proyectan sobre otros. Dentro del marco general de la interacción, estos esquemas de perspectivas incluyen áreas de percepción y focos de atención prioritaria. Como hemos visto, las áreas de percepción y los focos de atención pueden variar según la estructura de los participantes y otros elementos de interacción. Con todo, aún es posible ir más allá en la interpretación cognitivista de la entrevista sociolingüística e intentar conocer con detalle cómo es su micro-dinámica perceptiva. Este nivel de dinamismo interno es el que nos interesa.

A. Sobre los fundamentos de la dinámica perceptiva

Proposición 10.1

Los interlocutores son perceptores de la situación comunicativa, de su desarrollo y sus resultados.

Proposición 10.2

Los interlocutores proyectan en su discurso el modo en que perciben la situación comunicativa, su desarrollo y sus resultados.

Proposición 10.3

La proyección de percepciones por parte de los participantes puede ser de naturaleza lingüística o no lingüística.

Proposición 10.4

La proyección lingüística de las percepciones afecta a todos los componentes de la interacción: el hablante, el interlocutor, el ámbito referencial y conceptual de cada interlocutor y la situación comunicativa en su conjunto.

Proposición 10.5

El modo en que se concreta la proyección lingüística de las percepciones puede estar correlacionado con factores psicosociales (presentación del *yo*, relaciones interpersonales), sociales (edad, nivel de estudios, sexo) o situacionales (contexto, audiencia).

Proposición 10.6

El modo en que se concreta la proyección lingüística de las percepciones puede estar correlacionado con variedades estilísticas del discurso.

Escolio 10-A

El análisis de la dinámica de la entrevista sociolingüística obliga a partir de unos presupuestos generales que lo enmarquen y que, a la vez, lo determinen, comenzando por el principio general de que los participantes de la interacción perciben el intercambio comunicativo tanto en su conjunto, como en cada uno de sus componentes. Los presupuestos teóricos que sirven de fundamento a la entrevista son los que aparecen en nuestras proposiciones 10.1-10.6 . Apreciamos, pues, que las entrevistas materializan una proyección lingüística de las percepciones de los hablantes, que puede estar correlacionada con variedades estilísticas del discurso de los interlocutores.

Por otro lado, es interesante advertir que la realidad se presenta como un ente heterogéneo que el discurso es capaz de reflejar a través de varios niveles: hay una realidad en el *nivel del objeto*, por la que dos hablantes pueden referirse a unos hechos percibidos bien de un modo coincidente o bien como si se tratara de objetos completamente diferentes; hay una realidad en el *nivel de la experiencia*, que pueda ser vivida de un modo distinto por unos interlocutores y por otros, y reflejada así en el discurso; y hay, finalmente, una realidad en el *nivel de los relatos*, a los que los hablantes dan formas distintas para conseguir unos efectos determinados en sus interlocutores (Pollner 1987).

La manera en que se manifiesta la dinámica perceptiva en las interacciones y los diferentes niveles en que se evidencia una realidad, entre otros factores, han dado lugar a lo que –fuera de la sociolingüística– se conoce propiamente como «entrevista cognitiva», que pretende conseguir declaraciones de los entrevistados facilitándoles el proceso de recuerdo, favoreciendo la manifestación de actitudes y garantizando la exactitud y fiabilidad de lo narrado. De ahí que su origen y desarrollo haya estado ligado estrechamente a las entrevistas o interrogatorios policiales, así como a otros entornos profesionales (médicos, judiciales, laborales) (Willis 2005; Arao 2005; Callejo 2001, Ibáñez 1997).

Como puede observarse, aunque la dinámica de la entrevista cuenta con elementos relacionados con el nivel pragmático de la lengua –de hecho, la proyección lingüística se realiza, en gran parte, mediante los elementos que el análisis del discurso llama *meta-comunicativos* (Stubbs 1987; Schegloff y Sacks 1973)–, estamos ante una perspectiva diferente de la pragmática, del análisis del discurso y del análisis de la conversación. Y esta perspectiva es la que nos permite plantear preguntas de investigación como las siguientes:

-¿Cuáles son las dimensiones y los factores con más peso en la percepción de elementos de una entrevista?

-¿En qué lugar se ubican los hablantes respecto a los factores de la percepción?

-¿Cómo se correlacionan los factores perceptivos con el perfil social de los hablantes?

-¿Cómo funciona la dinámica perceptiva de la entrevista desde una perspectiva lingüística y sociolingüística?

Estas preguntas han recibido respuesta, si quiera parcial, a partir del análisis cuantitativo de una muestra de nueve entrevistas sociolingüísticas que hemos realizado en la ciudad española de Alcalá de Henares, situada en el centro de la Península Ibérica, a 30 km de Madrid, dentro del proyecto PRESEEA (Proyecto para el Estudio Sociolingüístico del Español de España y América) (Moreno Fernández 1996; Moreno Fernández y Moreno Martín de Nicolás 2011).

B. Sobre los indicadores de percepción de la interacción comunicativa

Proposición 10.7

La percepción del *discurso* emitido durante la entrevista se hace evidente en el discurso mismo a través de los siguientes indicadores: *organizadores de entrevista; valoradores del discurso y fijadores de intención comunicativa.*

Proposición 10.8

La percepción del *yo* como hablante se hace evidente en el discurso a través de los siguientes indicadores: *marcadores de modalidad deóntica; auto-reguladores; marcadores de duda; marcadores de modalidad discursiva y marcadores de distancia referencial.*

Proposición 10.9

La percepción del *tú* como interlocutor se hace evidente a través de los siguientes indicadores: *enfocadores de alteridad; señales de cortesía; peticiones de acuerdo; enfocadores de comprensión y hetero-reguladores.*

Proposición 10.10

La percepción del *ámbito referencial* y contextual se hace evidente en el discurso a través de los siguientes indicadores: *apelaciones referenciales; descriptores situacionales e interrogaciones marcadas.*

Escolio 10-B

Las percepciones que intervienen en la dinámica de la entrevista pueden tener proyecciones de naturaleza lingüística; esto significa que existen rasgos del discurso hablado capaces de reflejar tales percepciones y que, en consecuencia, es posible categorizarlos y analizarlos. A partir de aquí, aceptamos la existencia de un marco general dentro del cual se producen percepciones de cuatro tipos:

a) percepción del *discurso* emitido durante la interacción;

b) percepción del *yo* como hablante;

c) percepción del *tú* como interlocutor;

d) percepción del *ámbito referencial y contextual*.

Estos cuatro tipos de percepciones se corresponden, en buena medida, con los elementos incluidos en los esquemas de perspectivas; por su lado, los elementos referenciales, si bien podrían situarse fuera del marco de la interacción, son relevantes en tanto en cuanto se hacen presentes en la interacción misma, como lo demuestra su mención expresa en el desarrollo del discurso.

Una vez delimitadas las principales áreas de percepción (*discurso, yo, tú, contexto*), podemos identificar las marcas o indicadores con capacidad para revelarlas o reflejarlas. Con este fin, es interesante proponer una tipología específica y adscribir los elementos lingüísticos correspondientes. La clasificación de indicadores perceptivos, ordenados por tipos de percepción, queda expuesta a continuación, junto a ejemplos que la ilustran. Como podrá comprobarse, no todos ellos revelan directamente una percepción propiamente dicha, pero, de una forma u otra, sí exigen un ejercicio previo de percepción por parte del hablante. La tipología se ha elaborado a partir de la muestra, ya comentada, de entrevistas sociolingüísticas realizadas en Alcalá de Henares (España).

A. Percepción del discurso surgido en la interacción comunicativa

Organizador de entrevista. Elemento conversacional metadiscursivo que sirve para construir la interacción: *hablemos un rato; pensemos en este ejemplo; vamos a hablar de; vamos a terminar.*

Valorador del discurso. Elemento que sirve para valorar o comentar algún aspecto del discurso emitido: *dicho así es una barbaridad; valga la redundancia.*

Fijador de intención comunicativa. Elemento deíctico que señala o refleja la intención comunicativa del hablante: *ahí quería ir a parar; es lo que te estoy hablando; fíjate en eso que dices...*

B. Percepción del «yo» como hablante

Marcador de modalidad deóntica. Marcador o elemento que refleja actitudes relacionadas con la expresión de la voluntad o de lo afectivo: *bueno; acepto que; bueno está que; comprendo que; vaya; es verdad.*

Auto-regulador. Elemento que ordena el discurso del propio hablante: *te voy a explicar; te digo una cosa; no quiero seguir hablando.*

Marcador de duda. Elemento que expresa duda, retórica o no: *¿qué te diría yo?; ¿cómo te diría yo?; ¿cómo lo podríamos llamar?; no sé cómo llamarlo; no me preguntes.*

Marcador de modalidad discursiva. Elemento que expresa una modalidad adoptada por el hablante: *yo digo; yo recuerdo; yo afirmo; bajo mi punto de vista; no te entiendo; ¿me explico?*

Marcador de distancia referencial. Elemento que establece una distancia entre el discurso del hablante y un discurso que se presenta como ajeno: *de eso que se llama; como suelen decir; como si dijéramos; como dicen en/los...*

C. Percepción del «tú» como interlocutor

Enfocador de alteridad. Elemento relativo al desarrollo del discurso que apela al interlocutor o fija la atención sobre él: *hombre; mujer; mira; oye; ya ves; déjame que te diga; imagínate.*

Señal de cortesía. Elemento que expresa cortesía, generalmente ritualizada: *perdón, permiso, perdona.*

Petición de acuerdo. Elemento que sirve para solicitar o confirmar el acuerdo del interlocutor: *estarás de acuerdo conmigo en que; ¿no?; tú dirías lo mismo.*

Enfocador de comprensión. Elemento que sirve para solicitar el asentimiento o ratificar la comprensión por parte del interlocutor: *¿comprendes?; ¿entiendes?; ¿sabes?; ¿no?; ¿me entiendes lo que te quiero decir?; ¿me explico?; ¿verdad?*

Hetero-regulador. Elemento que ordena o pretende ordenar el discurso del interlocutor: *cuéntame; explícame; describe; dime; ¿te importa decirme?*

D. Percepción del ámbito referencial y contextual

Apelación referencial. Elemento que hace referencia a objetos, conceptos o ideas ajenos a la interacción: *habrás oído hablar de; te habrás dado cuenta de que; te estoy hablando de...*

Descriptor situacional. Elemento que apela o describe un aspecto de la circunstancia de la interacción: *hace calor; esto es muy pesado.*

Interrogación marcada. Enunciado que contiene un indicador de orientación interpretativa (Escandell 1999: 3985) y que afecta frecuentemente a elementos referenciales o contextuales (lingüísticos o no lingüísticos) de la interacción; aquí se incluirían las interrogativas retóricas, atribuidas, repetitivas o anticipativas.

¿y por qué me tengo que ir a la cama para que la niña se duerma? (PRESEEA-ALCALÁ-ES. 42. M11.); *¿que fuera con esas intenciones?/ ¿que no fuera esa persona? ¿que fuera otra que venía a robarme? no lo sé las intenciones no lo sé* (PRESEEA-ALCALÁ-ES. 42. M11).

Se nos han planteado serias dudas sobre la inclusión de este último tipo de enunciados entre los indicadores de percepción y, lógicamente, sobre su inclusión en una categoría u otra. Si los hemos incluido como indicadores es porque tales enunciados interrogativos son consecuencia de una percepción especial de la interacción comunicativa y responden a una consciencia que conduce a un uso explícito e intencionado. En cuanto a la duda sobre su inclusión en una categoría u otra, es cierto que estos indicadores tienen que ver con la intención comunicativa del *yo* hablante, pero no obedecen a una especial percepción del *yo*, sino a una actitud del *yo* hacia la forma en que ha de interpretarse un mensaje; por otro lado, aun cuando se trata de interrogaciones, su intención última no es apelar a un *tú*, ni dotar al enunciado de fuerza perlocutiva; cabría pensar en una percepción prioritaria del propio discurso de la interacción, pero la orientación interpretativa que encierran estos enunciados interrogativos, en relación con un contexto situacional y una referencia, parece más poderosa que la percepción de la forma del discurso mismo: digamos que la forma se pone a disposición de la interpretación, adquiriendo relevancia por encima de ella. Con todo, este tipo enunciados suele presentar una escasa incidencia estadística absoluta.

Nuestra relación de indicadores perceptivos no aspira a ser cerrada ni exhaustiva; y mucho menos los ejemplos aducidos, en los que se aprecian algunos desdoblamientos, según sus fines ilocutivos. Por otra parte, esta clasificación no tiene por qué contradecir ni invalidar la inclusión de algunos de sus componentes en otras propuestas analíticas, como la teoría de la cortesía de Haverkate (1994) o la metacomunicación del análisis del discurso (Stubbs 1987). Así, por ejemplo, expresiones como *yo pienso* o *yo creo que* se incluyen entre los que Antonio Briz (2003) llama «atenuadores estrictamente pragmáticos», y otras expresiones –como los marcadores de modalidad deóntica– se incluyen en catálogos bien conocidos (Martín Zorraquino y Portolés 1999), pero no por ello dejarían de ser indicadores perceptivos.

C. Sobre la dinámica perceptiva de la entrevista sociolingüística

Proposición 10.11

La dinámica de la percepción en la entrevista se mueve entre dos polos: el del posicionamiento del hablante –en relación con el contexto, el interlocutor y el propio discurso– y el de la apelación al interlocutor, como mecanismo que contribuye a ordenar el discurso.

Proposición 10.11.1

La dinámica perceptiva de la entrevista sociolingüística se mueve entre los mecanismos que facilitan una correcta interpretación de lo que se dice y los que posicionan al hablante respecto al interlocutor y al discurso, junto a los orientados a la organización del discurso.

Proposición 10.11.2

En la entrevista sociolingüística, el entrevistado realiza movimientos discursivos guiado por la necesidad de hacer posible una adecuada interpretación de sus mensajes y, de modo secundario, por un deseo de posicionarse en la dinámica conversacional.

Proposición 10.11.3

En la entrevista sociolingüística, el entrevistador parte de un criterio organizador del discurso como factor esencial de su dinámica, para después conceder más peso a la adecuada interpretación de su discurso que a la posición relativa de los participantes.

Escolio 10-C

Para conocer las relaciones entre todos los indicadores de percepción, sea cual sea su clase general, resulta muy útil la aplicación de la prueba estadística llamada «análisis de componentes principales», que consiste en ordenar linealmente unas variables que no presentan una correlación evidente. Una vez ordenados los elementos, concierne al investigador descubrir qué argumentos cualitativos respaldan el alineamiento conseguido mediante la cuantificación.

En la estadística aplicada a nuestras entrevistas sociolingüísticas de Alcalá de Henares, pudimos identificar dos grandes grupos de indicadores de percepción. El primero incluía los fijadores de intención comunicativa y las señales de cortesía, hecho que refleja el vínculo existente entre ambas marcas, junto a los enfocadores de comprensión y los enfocadores de alteridad (p. ej.: *hombre; mira; imagínate*). De este modo, la dinámica de la percepción de la entrevista parece moverse entre dos polos: el del posicionamiento del hablante –en relación con el contexto, el interlocutor y el propio discurso– y el de la apelación al interlocutor, como mecanismo que contribuye a ordenar el discurso. El segundo grupo de indicadores de percepción incluía marcadores de modalidad –discursiva y deóntica– y hetero-reguladores, junto a valoradores del discurso. Tiene sentido que se sitúen en un mismo plano los indicadores de la percepción del *yo* con los que inician la expresión de opiniones, sentimientos o pensamientos; como lo tiene que, en el plano contrario, se apele al *tú* (p. e. *explícame; cuéntame*).

Desde una perspectiva más general, nuestro análisis está reflejando una dinámica de percepción de la entrevista sociolingüística que se mueve entre los mecanismos que facilitan una correcta interpretación de lo que se dice (auspiciados por el entrevistado) y aquellos que posicionan o sitúan al hablante respecto al interlocutor y al discurso, junto a los orientados a la organización del discurso (auspiciados por el entrevistador). De este modo, el entrevistado realiza movimientos discursivos guiado por la búsqueda de una adecuada interpretación de sus mensajes y, de modo secundario, por un deseo de posicionarse en la dinámica conversacional. El entrevistador, por su lado, parte de un criterio organizador del discurso como factor esencial de su dinámica, para después conceder más peso a la adecuada interpretación discursiva que a la posición relativa de los participantes.

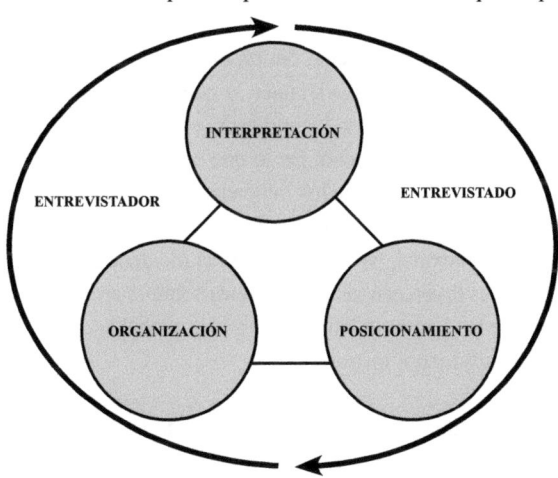

Figura 31
Representación de la dinámica interna de la entrevista sociolingüística, orientada por tres criterios: interpretación, posicionamiento y organización

En conclusión, se ha podido evidenciar la importancia de la posición relativa de los elementos que componen la interacción –especialmente el *tú*– en la percepción de los hablantes, así como la consecución de una adecuada interpretación de lo que se quiere decir –especialmente el *yo*–, apreciable en la percepción de las referencias. El hecho de tratarse específicamente de entrevistas semidirigidas pone también en un primer plano la percepción de la organización del discurso y la regulación de las intervenciones por parte del entrevistador.

Debate: ¿afectan los factores sociales a la dinámica de la entrevista?

Los investigadores con alguna experiencia en la realización de entrevistas sociolingüísticas han tenido oportunidad de observar diferencias en el modo de organizar el discurso por parte de hablantes de diferente perfil social e individual. Ahora bien, la dinámica interactiva de la entrevista ¿responde solamente a factores discursivos o comunicativos o también a factores como la edad o el nivel educativo de los entrevistados? ¿Es realmente distinto el modo en que se percibe el desarrollo de la entrevista, en cuanto a la percepción del *tú* y del *yo*, cuando el perfil social de los interlocutores es diferente? Podría ser. En principio, parece existir, una mayor percepción e implicación en la forma y organización del discurso por parte de los hablantes de mayor edad. Además, la probabilidad de que aparezcan indicadores de percepción del *yo* disminuye conforme avanza la edad del hablante. Y asimismo se aprecia con nitidez que el nivel de estudios del entrevistado produce el efecto contrario porque, cuanto mayor es tal nivel, más favorecido se ve el uso de los indicadores de percepción del *yo*.

En lo que se refiere a los indicadores de percepción del *tú*, el factor «edad» muestra un comportamiento diverso, en cuanto a sus variantes, y complementario de la percepción del yo: los más jóvenes no favorecen los indicadores de percepción del *tú*, frente a lo que es normal en los de mayor edad. En lo que se refiere al nivel de estudios, existe una menor probabilidad de uso de los indicadores de percepción del *tú* entre los hablantes de niveles más avanzados. En cuanto a los indicadores de percepción del ámbito referencial y contextual, parece muy clara la incidencia del sexo y del nivel de estudios: los mujeres favorecen las indicaciones sobre la *referencia* y el *contexto* en mayor medida que los hombres; asimismo es más probable el uso de estos indicadores entre los hablantes menos instruidos.

En consecuencia, puede afirmarse que la dinámica perceptiva de las entrevistas sociolingüísticas no es homogénea y constante, en lo que afecta a los roles de la interlocución y a la situación comunicativa, sino que viene condicionada, si quiera parcialmente, por el perfil social de los hablantes.

Conclusión

La entrevista sociolingüística de modalidad semidirigida incluye factores capaces de revelar cuál es la percepción que el hablante tiene de este escenario discursivo y de los elementos que componen el marco general de la interacción. Ello se aprecia en el empleo de unos indicadores de percepción, que son elementos del discurso (palabras, expresiones) clasificables en cuatro grandes grupos, según el objeto principal de la percepción: el *discurso*, el *yo*, el *tú* y el *ámbito referencial y contextual*.

El análisis cuantitativo de los indicadores de percepción arroja numerosos datos que ayudan a entender mejor la dinámica perceptiva de la entrevista sociolingüística. Así, en ella se observa una mayor frecuencia de empleo de los indicadores referidos al *yo* y al *tú*, y una escasa probabilidad de aparición de los indicadores de percepción del *discurso* y del *ámbito contextual*. Al correlacionar las cuatro clases de indicadores con los factores sexo, edad, nivel de estudios y rol del participante en la entrevista, observamos que los indicadores del *discurso* se ven favorecidos por la edad y el rol de los hablantes, mientras que el nivel de estudios incide más sobre los indicadores del *contexto*. Pero, sin duda, los indicadores que mejor llegan a conocerse son los de percepción del *tú* y del *yo*. En su uso resultan influyentes la edad y los estudios, en la percepción del *yo*, así como el rol, especialmente en la percepción del *tú*. Y, cuando se hace una valoración de conjunto, se observa que las clases de indicadores con mayor incidencia en el entrevistador son, por este orden, el *discurso*, el *contexto*, el *tú* y el *yo*.

En lo que atañe al análisis de las relaciones entre indicadores, descubrimos una dinámica perceptiva que se mueve en torno a tres parámetros principales: la interpretación del discurso emitido por el *yo*, la organización del discurso, incluida la apelación al interlocutor, y el posicionamiento relativo de los actores de la interacción, especialmente del *tú*. En términos más generales, la dinámica de la entrevista sociolingüística se mueve entre dos estrategias conversacionales diferentes, la del entrevistador y la del entrevistado, donde los elementos de la interacción adquieren mayor o menor relevancia dependiendo de la perspectiva y del rol de los participantes.

En el terreno de la metodología de investigación sociolingüística, la aproximación cognitivista a la percepción que se produce dentro de las entrevistas semidirigidas nos ayuda, no solamente a disponer de recursos para un mejor conocimiento de sus componentes, sino también a utilizar los datos cuantitativos como instrumentos para comparar unas entrevistas con otras y determinar si se cumplen las expectativas de lo que deberían ser tales interacciones. Cuando el entrevistado hace uso de una estrategia de percepción con un peso notable de lo relativo al *yo* y al *tú*, con cierta influencia del contexto y una menor sensibilidad hacia la construcción del *discurso* mismo, puede considerarse que el efecto buscado por el sociolingüista que actúa como entrevistador se ha conseguido. Estos análisis hacen posible el establecimiento de unos parámetros perceptivos prototípicos en la entrevista sociolingüística y tienen la capacidad de descubrir si las entrevistas resultan adecuadas o no en su desarrollo, lo que puede ser de gran utilidad para analizar las entrevistas contenidas en grandes corpus de lengua hablada.

CAPÍTULO 11

LA PERCEPCIÓN DE LAS VARIEDADES LINGÜÍSTICAS

La percepción subjetiva cumple una función esencial en el origen, desarrollo, cambio y desaparición de las variedades lingüísticas. De hecho, toda variedad debe su forma, en cierta medida, a la manera en que es percibida tanto por sus hablantes, como por los usuarios de otras variedades. Uno de los aspectos más interesantes que revela el análisis de la percepción de las variedades es la multiplicidad de las realidades en que se enmarcan. Por un lado, el mapa de las variedades de cualquier lengua suele ser rico y complejo, con manifestaciones de diferentes niveles, ya que lo geográfico se entrecruza con lo cultural y lo social con lo situacional, hasta convertir el uso en un abigarrado mosaico; a lo que debe añadirse que las variedades, con sus matices, son realidades en constante cambio, por lo que lo percibido hoy no tiene por qué coincidir con lo que mañana se perciba. Por otro lado, la percepción no es un proceso cognitivo de aplicación simple y directa, sino que puede dirigirse a entidades individuales o colectivas, de modo modular u holístico, incorporando informaciones, creencias y prejuicios particulares o grupales, afectando a la dimensión afectiva y con la posibilidad de inducir a acciones lingüísticas y conductas extralingüísticas.

En el estudio de las actitudes y creencias lingüísticas y, en general, en el estudio de la percepción de las variedades, resulta de gran interés distinguir entre las afirmaciones propuestas desde la lingüística y las manejadas popularmente por los que no son lingüistas. Curiosamente, la lingüística presta poca atención a las percepciones de los no lingüistas, cuando estas son las claramente predominantes en la sociedad y, por tanto, las que tienen una mayor capacidad de incidencia sobre los usos lingüísticos y su valoración colectiva. Su fuerza es tal, que muy frecuentemente son compartidas por los maestros y estudiosos de la lengua, que, en un ejercicio digno de análisis, pueden ser rehenes de las creencias populares aun cuando sus conocimientos teóricos las contradigan. Así pues, las percepciones ligadas a las creencias y actitudes poseen una dimensión social muy relevante en distintos planos, entre los que merecen mencionarse el de la escuela, como estructura difusora de ideologías lingüísticas, y el de los medios de comunicación social, como instrumentos configuradores de las comunidades idiomáticas.

A. Sobre la actitud lingüística ante las variedades

Proposición 11.1

La cognición lingüística puede verse afectada tanto por lo que la gente dice como por las reacciones conscientes e inconscientes que la gente tiene ante la lengua.

Proposición 11.2

Las percepciones y la conciencia de los hablantes inciden de forma directa e indirecta sobre sus actitudes y sobre sus conductas lingüísticas.

Proposición 11.3

Las valoraciones, las actitudes y las acomodaciones pragmáticas presuponen una actividad perceptiva, sin que tenga que producirse una relación inversa.

Proposición 11.4

La actitud lingüística es una manifestación de la actitud social y se distingue por referirse específicamente tanto a la lengua y sus variedades como al uso que de ellas se hace en sociedad.

Proposición 11.4.1

De acuerdo con la *hipótesis del valor inherente*, existe la posibilidad de comparar dos variedades y de que alguna de ellas sea considerada como mejor o más atractiva que la otra.

Proposición 11.4.2

De acuerdo con la *hipótesis de la norma impuesta*, una variedad puede ser valorada como mejor o más atractiva que otra si es hablada por un grupo con mayor prestigio.

Proposición 11.5

Las actitudes lingüísticas vienen determinadas por la formación y los prejuicios de los hablantes, por las características del habla y por las intenciones de los interlocutores.

Proposición 11.6

Las lenguas, sus variedades y usuarios están relacionados estrechamente con la identidad y esta se manifiesta en las actitudes lingüísticas de los individuos.

Escolio 11-A

La actitud lingüística es una manifestación de la actitud social del individuo, centrada y referida específicamente tanto a la lengua como al uso que de ella se hace en sociedad. Para Teun van Dijk (1999), las actitudes se instalan en el mundo cognitivo del hablante y consisten en un conjunto de creencias evaluativas generales, generalmente compartidas por un grupo social. Son, por tanto, conjuntos específicos, organizados, de creencias socialmente compartidas. Como consecuencia de esta definición, la actitud puede entenderse como resultado de la interacción social, como rasgo definitorio de la identidad social y, a la vez, como factor explicativo de cambios lingüísticos.

Generalmente, en la actitud se identifican tres dimensiones: una *dimensión competencial*, una *dimensión valorativa* y otra *instrumental* o de uso. La *dimensión competencial* incluye el elemento cognoscitivo de la actitud y se refiere al nivel de conocimiento que se tiene de la lengua de la comunidad, que, al aumentar, suele propiciar actitudes favorables. La *dimensión valorativa* refleja el elemento afectivo de la actitud; el valor otorgado a la lengua se encuentra determinado por el sistema de creencias que se manifiesta en la interacción social. La *dimensión instrumental*, finalmente, refleja el elemento conativo de la actitud (Sanz 2008). Las actitudes lingüísticas son parte integrante y consecuencia de la conciencia lingüística, factor decisivo en el comportamiento de los hablantes en relación con las formas lingüísticas de mayor prestigio, así como en el reconocimiento de los sociolectos y los estilos más cercanos a los ideales de cultura y educación dentro de una comunidad (Fernández Marrero 1999: 175; Kristiansen 2001).

En el terreno de la sociolingüística cognitiva, el concepto de «prestigio» tiene tanta trascendencia como el de «actitud». Los hablantes tienden a seguir un modelo prestigioso —a menudo considerado como correcto— que no implica siempre un seguimiento del «modelo normativo». El prestigio puede estar en las peculiaridades propias de una comunidad —lo que llevaría al conservadurismo—, pero también en rasgos ajenos a ella, y estaríamos entonces ante una actitud innovadora. En cualquiera de los dos casos, la figura de la mujer aparece destacada, no solo por su tendencia al seguimiento de lo prestigioso, como ha demostrado la sociolingüística, sino por su capacidad para liderar procesos de cambio lingüístico dentro de la comunidad y de servir como modelo de habla (Labov 2001). En la mujer funciona con menor fuerza que en los hombres el denominado *prestigio encubierto*. El prestigio encubierto es el que está asociado a unos usos que no son cultos, que están alejados de lo que abiertamente se reconoce como normativo o adecuado y que a menudo son marcas de «masculinidad» entre los estratos socioculturales más bajos (Labov 1966; Trudgill 1972). El *prestigio encubierto*, que es un prestigio de grupo, se opone al *prestigio manifiesto (abierto o patente)*, que es prestigio de comunidad y que se asocia a lo correcto, lo adecuado, lo normativo. La persistencia de usos considerados abiertamente como incorrectos, inadecuados o «no estándares» tiene que ver precisamente con la existencia de un prestigio encubierto, de una solidaridad de grupo basada en el inconformismo y el rechazo a la autoridad, que no impide, sin embargo, la exigencia, por el conjunto de la sociedad, de un modelo o «estándar» para la comunicación.

Y es que la interpretación del prestigio está directamente relacionada con la forma en que la lengua se asocia a juicios sobre lo que es «bueno» o «malo», sobre lo que recibe estigma y lo que merece respeto, que, por otra parte, puede asociarse a todo tipo de unidades, desde los sonidos al léxico, pasando por la gramática. Gomeshi le dio a una obra publicada en 2010 el significativo título de *La gramática importa*, en la que explicaba que la valoración de lo políticamente correcto en el uso de la lengua, la interpretación de determinados usos como sexistas o no sexistas, es consecuencia de la acción de un prestigio cuyo análisis es tan fácil en lo superficial, como escurridizo en lo profundo. La lengua importa porque importa la historia, la tradición, las diferencias sociales y las inseguridades producidas por los cambios (Gomeshi 2010).

B. Sobre la percepción de las variedades lingüísticas

Proposición 11.7

La percepción de la variación y de las variedades lingüísticas responde a un proceso de categorización basado en un aprendizaje discriminatorio.

Proposición 11.8

La conciencia y el conocimiento de las variedades de una lengua distintas de la propia se adquieren a través de la escolarización y del progresivo contacto con hablantes de distinto origen.

Proposición 11.9

La percepción de una variedad como central o periférica está relacionada con su prestigio cultural, político y económico, así como con su historia, lo que lleva a la existencia de variedades más prestigiosas y de variedades menos prestigiosas.

Proposición 11.10

La percepción lingüística puede tener como objeto tanto las variedades lingüísticas, como las comunidades de habla, las agrupaciones de hablantes o los hablantes individuales.

Proposición 11.10.1

La consideración de un individuo como buen o mal hablante de una lengua se basa en su proximidad o similitud con un prototipo.

Proposición 11.10.2

La consideración de un individuo como buen o mal hablante se hace en conjunto, sin distinguir habilidades relativas en niveles lingüísticos diferentes.

Proposición 11.11

Las actitudes lingüísticas se ven determinadas por dos factores principalmente: la apreciación de las lenguas como agradables o no y la corrección de su uso.

Escolio 11-B

Las diferencias entre variedades dialectales obedecen a causas muy diversas y complejas, entre las que no se encuentra el clima ni la altitud, como en ocasiones se ha intentado explicar; la antropología afirma que el *homo sapiens* no responde a promedios climáticos (Morán 1993: 80). En líneas generales, solo a través de la escolarización y del progresivo contacto con hablantes de origen distinto se va adquiriendo una consciencia y un conocimiento de las variedades de una lengua, así como de sus variables y variantes. Podría decirse que este proceso de conocimiento de la variación refleja una maduración lingüística; asimismo, las actitudes lingüísticas de los propios hablantes y de los aprendices de una lengua dependen en gran medida del punto de maduración al que se llega.

Los argumentos anteriores se relacionan parcialmente con una propuesta de investigación que ha alcanzado un notable nivel de desarrollo: la *dialectología perceptiva*, estrechamente ligada a la lingüística popular (*Folk Linguistics*). Dennis Preston es el representante más destacado de esta línea de investigación porque ha sabido enlazar la tradición de los estudios de actitudes, iniciada en la década de los sesenta, con las aportaciones de la dialectología europea y de la sociolingüística variacionista. Según Preston (2004), puede hablarse de la existencia de una «teoría popular» de la lengua en paralelo a la «teoría lingüística». En las creencias populares, la lengua es algo perfectamente real, una realidad extracognitiva, externa al individuo y platónica, pero auténtica. Aquellos hablantes que tienen una relación directa con esa lengua (académicos, políticos, profesores) hacen un uso «totalmente correcto» de la lengua, un uso «ejemplar», aunque les están permitidas ciertas licencias para desviarse mínimamente de ella. Aquellos hablantes que no tienen una relación directa con esa lengua real hacen un uso normal de la lengua; de hecho, cuando a la gente se le pregunta sobre su manera de hablar, la inmensa mayoría de las personas responde que habla «normal». Por lo general, las formas de hablar que se alejan de esa «lengua normal» suelen caer, bien en la categoría del «dialecto», que es como se interpreta el habla de la gente de otras regiones de nuestra propia lengua, bien en la categoría de los «errores», que es como se interpreta el habla de los extranjeros. La relación entre la lengua real y su uso ejemplar o «normal» es una relación natural; tanto que a mucha gente le resulta incomprensible que los que utilizan una variedad «desviada» persistan en sus «errores» durante más tiempo del aceptable, actitud que incluso llega a interpretarse como producto de la pereza o de la obstinación, cuando no de la perversidad o la degeneración, como señalaban Lesley y James Milroy (1985).

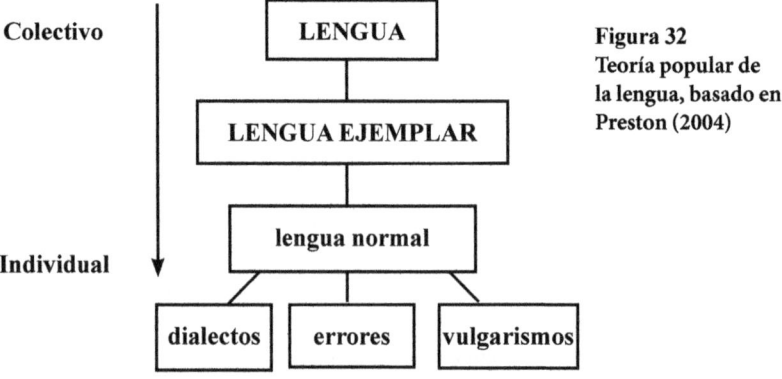

Figura 32
Teoría popular de la lengua, basado en Preston (2004)

Por debajo del nivel de la «lengua normal», junto a los dialectos y los errores, también podría incluirse una categoría a la que denominaríamos «lengua vulgar», que sería una lengua «normal», pero con la incorporación de elementos vulgares, es decir, de elementos que no gozan de una aceptación social abierta, por considerarse soeces, desconsiderados o incultos. Y, efectivamente, en las comunidades hispánicas, por ejemplo, suele ser frecuente afirmar que «hablan mal» aquellos que utilizan muchas palabras malsonantes.

Partiendo del esquema de la teoría popular de la lengua, Preston concluye que hay dos factores que son los que vienen a determinar, si no todas, sí la mayoría de las actitudes lingüísticas de los hablantes: la percepción (subjetiva) de las lenguas como más o menos agradables y la corrección en su uso. De hecho, los hablantes muestran una especial sensibilidad hacia la «corrección» en el uso de la lengua. Vemos, pues, que, según las creencias populares, la lengua es ajena al individuo y tiene sus propias normas, que han de seguirse lo más rigurosamente posible. Por ello, es el hablante quien tiene que ajustarse a las reglas y atender al modelo de referencia: la «lengua ejemplar». Al mismo tiempo, los hablantes son conscientes de la diversidad interna de la lengua, como también lo son de los elementos compartidos.

C. Sobre la percepción de prototipos en las lenguas internacionales

Proposición 11.12

Las lenguas son categorías mentales prototípicas a las que se adscriben sus variedades dialectales, sociolectales y estilísticas.

Proposición 11.13

Los límites entre las variedades de una lengua son borrosos, y lo son respecto a otras lenguas.

Proposición 11.14

Las variedades de una lengua no presentan propiedades absolutamente comunes, sino una semejanza o un aire de familia.

Proposición 11.15

Las variedades de una lengua se perciben como más centrales o periféricas dependiendo de su vinculación a los núcleos y comunidades de mayor prestigio.

Proposición 11.15.1

Los principales prototipos dentro de una lengua internacional suelen tener como miembros centrales categorías que hacen referencias a países («español de España»; «inglés de Australia»).

Proposición 11.15.2

En una proporción importante de hablantes, es frecuente el pensamiento de que la mejor variedad de una lengua se adscribe a un territorio concreto, normalmente con un protagonismo singular en la historia de esa lengua.

Escolio 11-C

Ángel López García (1998: 13-14) ha aplicado la teoría de prototipos a la dialectología hispánica y ha llegado a la conclusión de que lo que se llama «lengua española» es una categoría mental prototípica a la que se adscriben sus variedades dialectales. Desde un terreno aledaño a la teoría de prototipos, se han propuesto tres niveles de categorización que merecen comentario: el nivel básico, el superordinado y el subordinado (Cuenca y Hilferty: 42 y ss.). El nivel básico es el central y el más importante en el proceso general de categorización; el nivel superordinado incluye miembros muy diversos y suele ser poco eficiente a la hora de jerarquizar; en el subordinado se discriminan elementos de nivel elemental por sus atributos, aunque el proceso requiere un mayor esfuerzo cognoscitivo. A partir de aquí, podría pensarse que la percepción de las lenguas y sus variedades también permite una ordenación por niveles. Así, en lo que se refiere a la lengua española y sus variedades geolectales, podría pensarse en la existencia de un nivel básico –estructura prototípica– de categorías como «mexicano», «argentino», «chileno»; en el nivel superordinado –estructura de aire o semejanza de familia– encontraríamos categorías como «español andino» o «español caribeño» o «español castellano», y también «español de América», que podrían coincidir incluso con lo que Montes Giraldo (1995) llamó «superdialectos»; y en el nivel subordinado se localizarían categorías como «habanero», «mendocino» o «madrileño», entre otras muchas, con una homogeneidad apreciable, aunque relativa, entre los miembros de cada categoría. Cuestiones léxicas y entonativas aparte, en el nivel superordinado, el rasgo lingüístico que permite crear más claramente la supracategoría «español de América» es el seseo; los rasgos más prototípicos del «español de España», para los hispanoamericanos, son el uso del sonido interdental [θ] y del pronombre *vosotros* (frente al uso americano, canario y, en gran parte, andaluz de *ustedes*).

Por otro lado, haciendo una interpretación de conjunto desde la teoría de prototipos, es posible afirmar que las grandes categorías prototípicas más difundidas en el mundo hispánico, aunque dependen de la región de procedencia del hablante categorizador, suelen tener como miembros centrales categorías del tipo «español de Argentina» (más propiamente rioplatense), «español de México», «español de Cuba» o «español de España». De este modo, las hablas centroamericanas se percibirían como miembros periféricos de la mexicana y el habla uruguaya como periférica de la argentina. Esto no quita, desde luego, para que en Suramérica se cuente con una categoría como «chileno», bien delimitada, o para que, en España, se perciba como referente la variedad «andaluza», a menudo sin muchas más precisiones.

Para Ángel López la cuestión está relacionada con el prestigio cultural, político y económico, que lleva a la existencia de variedades más prestigiosas y de variedades menos prestigiosas. Y, en un segundo plano, también tienen importancia los factores históricos. Como ya señalamos en 2000, el prototipo «castellano» tiene una importante significación en todo el mundo hispánico, que se aprecia también, dentro de España, en el hecho de que se sigue afirmando que el mejor español —el más «puro»— es el de Castilla. Los hablantes de Andalucía, Extremadura, Murcia o Canarias, cuando quieren hablar «fino» echan mano de rasgos característicos del castellano norteño: mayor frecuencia de pronunciación de *–d–* intervocálica (por ejemplo, en los participios: *acabado, bebido*); pronunciación de *–s* en posición implosiva; en algún caso, intento de distinción fonética para *s* y *z*. Puede concluirse, por tanto, que ciertos rasgos simbólicos son los que sirven para construir la categoría «castellano», y lo mismo podría decirse sobre los hablantes de Extremadura, Murcia o de las Islas Canarias.

En otros países hispánicos, también es frecuente el pensamiento de que el mejor español es el que más se aproxima al prototipo castellano: en Cuba se reconoce como «mejor» el español que se habla en Camagüey, y sus características, dentro del país, son las más parecidas a las del castellano de Castilla; en Colombia se piensa que su español es más «puro» que el de otros territorios por razones parecidas. Y no deja de llamar la atención que estos prototipos funcionen incluso cuando no se tiene un conocimiento personal y directo de las variedades sobre las que se opina, en este caso, la castellana (Moreno Fernández 2000). El caso de Colombia es muy importante porque su español, sobre todo el bogotano, lleva tiempo considerándose como «muy bien hablado». Y realmente lo es por lo mucho que allí preocupa la lengua y por la atención ejemplar que se pone en su uso y estudio. Cabe la posibilidad de que la naturaleza conservadora de algunas características de esta modalidad –en coincidencia con las de Castilla– haya favorecido el autoprestigio de su variedad para los colombianos y el respeto de otros países hispánicos. Asimismo, México es un caso sumamente interesante, por tratarse del país con mayor demografía hispanohablante del mundo. Partimos de la base de que para muchos mexicanos el mejor español es el de México, especialmente el de la Ciudad de México (también de naturaleza conservadora), pero ello no impide que otros muchos adopten, de forma tácita o expresa, que el país en el que mejor español se habla es España. Tampoco impide que la particular pugna que allí se vive con la lengua inglesa se resuelva entre la aceptación de la presión del anglicismo y la rebeldía que reafirma la personalidad hispánica. Por último, Argentina constituye una situación muy especial, debido, probablemente, no tanto a la lengua en sí como a la existencia de un prototipo hispánico respecto del cual los argentinos se consideran categoría periférica. En la variedad argentina se perciben unos elementos que se han convertido en símbolos del territorio, aunque no sean exclusivos ni propios de todo él: el voseo y el rehilamiento palatal. Ese voseo (*vos tenés*) hace que muchos argentinos piensen que no hablan un español central. La percepción es tan clara y la valoración positiva tan dudosa, que a menudo los argentinos, al pasar a otros países hispánicos, recurren al *tú* y suavizan sus palatales.

El mundo anglohablante ha sido interpretado de un modo distinto, aunque existan coincidencias innegables con la situación hispánica. En ambos casos, por ejemplo, la percepción global de las variedades está fuertemente ligada a territorios estatales o nacionales, prescindiendo, muy a menudo, de la diversidad interna de cada país. También en ambos casos existe un referente histórico que da prevalencia a una de las variedades (la castellana, en el español; la inglesa, en el inglés), por más que la demografía, la economía o incluso la repercusión de sus manifestaciones culturales no siempre las sitúen a la cabeza de sus respectivos dominios idiomáticos en la actualidad.

La interpretación del conjunto de las variedades del inglés que ha venido prevaleciendo desde finales del siglo XX tiene mucho que ver con el concepto cognitivista de «centralidad» y con la distinción entre centros y periferias. Por un lado, las variedades del inglés –o, si se quiere, los «ingleses»– se han dispuesto en forma de círculos concéntricos, según el grado de «estandarización» que ofrecen. De este modo, Manfred Görlach (1990) sitúa el inglés internacional en el epicentro de su modelo, abrazado sucesivamente por los estándares regionales nacionales, los semiestándares subregionales, los criollos y, finalmente, los pidgins. Tom McArthur (1998) coloca en el centro de su modelo circular al «inglés estándar mundial», rodeado por los estándares de cada una de las grandes regiones anglohablantes del mundo. Pero, sin duda, la propuesta que ha conocido una mayor repercusión, a través principalmente de la obra de David Crystal (2003), es la de Braj Kachru (1988), que también ordena las variedades del inglés en círculos concéntricos (interior, exterior y expansivo), según si el inglés es lengua nativa (círculo interior), lengua segunda (círculo exterior) o lengua extranjera (círculo expansivo). En el círculo interior aparecen las cinco variedades del inglés que suelen percibirse con más nitidez desde fuera de la lingüística y que se corresponden con otros tantos «países»: Australia, Canadá, Nueva Zelanda, Reino Unido y los Estados Unidos de América. En el exterior, se incluyen Ghana, India, Kenia, Malasia, Filipinas o Singapur, entre otros. Y en el expansivo aparecen Egipto, Indonesia, Israel o Corea.

Salta a la vista que esta clasificación de las variedades del inglés no responde a criterios lingüísticos, sino sociales o sociopolíticos, y que la percepción general o popular coincide a grandes rasgos con los modelos circulares. Un acercamiento más propiamente lingüístico distinguiría un grupo de variedades innovadoras norteamericanas –entre las que se incluiría la canadiense, la estadounidense oriental-central o la estadounidense sureña–, un grupo de variedades más conservadoras –como las correspondientes al inglés británico, al surafricano, al inglés australiano o al neozelandés– y otras variedades con rasgos más específicos, como el hiberno-inglés sureño o inglés de Irlanda (Bauer 2002: 20). Como ocurre en el ámbito hispánico, la percepción de estas variedades lingüísticas referidas a regiones específicas, depende de la variedad de origen del hablante-perceptor y de su distancia relativa respecto a otras variedades. Desde otra perspectiva, Edgar Schneider (2007) ha identificado las variedades de lo que denomina el «inglés postcolonial» de acuerdo con la manera en que han experimentado una evolución en cinco etapas: fundación, estabilización exonormativa, nativización, estabilización endonormativa y diferenciación. Naturalmente, la percepción de los «no lingüistas» no atiende a tales argumentos, aunque en ellos suele estar la causa de que las realidades dialectales acaben adoptando formas diferentes y, en definitiva, sean percibidas de modo distinto.

Finalmente, es interesante recordar que la distribución de los países anglohablantes en círculos concéntricos, según si el inglés es lengua primera, segunda o extranjera, tiene su paralelismo con una distribución de los hispanohablantes realizada a partir un modelo similar, aunque prestando más atención a las comunidades o grupos de hablantes de español que a los países. En 1998, Moreno Fernández y Otero propusieron un modelo de tres círculos para el español, según una tipología básica de dominio de la lengua. La posición del círculo representa el carácter más o menos cardinal o fundamental de la lengua española en el repertorio comunicativo de un hablante o de un conjunto de hablantes. El modelo podría aplicarse a una tipología por niveles de los hablantes de cualquier lengua internacional.

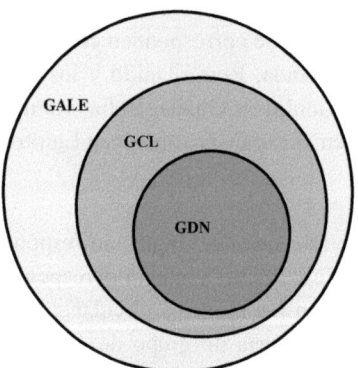

Figura 33
Niveles para una tipología de hablantes de una lengua internacional.
GDN: Grupo de Dominio Nativo; GCL: Grupo de Competencia Limitada; GALE: Grupo de Aprendices de Lengua Extranjera

El primer círculo –o círculo nuclear– correspondería a los hablantes que constituyen el *Grupo de Dominio Nativo* (GDN) (*Native Skills Cluster*); el segundo círculo –o círculo ampliado– corresponde al *Grupo de Competencia Limitada* (GCL) (*Limited Skills Cluster*). El tercer círculo –o círculo periférico– corresponde al *Grupo de Aprendices de Lengua Extranjera* (GALE) (*Learners of Foreign Language Cluster*), es decir, de un idioma como lengua extranjera. De este modo, la comunidad o grupo de usuarios potenciales (GUP) de una lengua estaría constituida esencialmente por los miembros de un GDN, al que se sumarían los miembros del GCL y del GALE, tal y como se recoge en esta formulación:

GUP = GDN + (GCL + GALE)

En el caso del español, en los dos círculos centrales quedarían incluidos hablantes de más de 40 países (comunidad idiomática) y el tercero, el de los aprendices, correspondería a los estudiantes internacionales de español. En el caso del inglés, los dos círculos centrales incluirían hablantes de un centenar de países y el tercero correspondería virtualmente a todo el mundo.

Debate: ¿rasgos ejemplares o prototipos en la percepción dialectal?

Básicamente, la percepción de la variación lingüística –y no olvidemos que no toda la variación se percibe conscientemente– responde a un proceso de categorización basado en un aprendizaje discriminatorio. A su vez, la categorización es un proceso básico que implica la ordenación y simplificación de la realidad, pero manteniendo un grado suficiente de adecuación a ella (Morales 2007). El modo en que ese proceso tiene lugar en el individuo ha sido explicado desde varias posiciones teóricas, directamente aplicables al modo en que se categorizan y se perciben las variedades lingüísticas. Esas propuestas teóricas se denominan «teoría del rasgo», «teoría del ejemplar» y «teoría del prototipo» y el debate se plantearía en torno a cuál de ellas disfruta de una mejor capacidad explicativa.

La teoría del rasgo plantea que la presencia o ausencia de una determinada característica (fónica, léxica, gramatical, fraseológica) es la responsable de que un elemento sea adscrito a una variedad geolectal determinada. El problema de una categorización basada en la teoría del rasgo está en que no todos los rasgos son atribuibles a una sola categoría; dicho de otro modo, no todos los rasgos lingüísticos son propios de una sola y exclusiva variedad lingüística. Cuando se actúa sobre la convicción de la exclusividad, a menudo se obtiene una percepción inadecuada de la realidad y puede incurrirse en categorizaciones impropias.

La teoría del ejemplar sostiene que la categorización de objetos depende de su asociación a un ejemplar o caso concreto, y de la categoría a la que este pertenece. Existe un principio de generalización que nos lleva a identificar como de la misma categoría a cualquier ejemplar que coincida con el recuerdo de un primero. En estos casos estamos hablando de experiencias específicas o de hablantes típicos e ilustrativos de una variedad. Los inconvenientes generales de una teoría como esta son palmarios, por cuanto se llega a atribuir a todos los hablantes de una determinada procedencia geográfica las características del ejemplar recordado.

Finalmente, la teoría del prototipo nos propone categorizar la realidad lingüística de acuerdo con unos prototipos dialectales. El proceso de categorización consistiría en exponer a los posibles miembros de la categoría ante esos prototipos (Pearce 1998), para comprobar su grado de asociación con ella (Pearce 1998; Morales y Huici 1999). Los prototipos, por otro lado, podrían responder a diferentes niveles de generalidad. La dificultad de tal propuesta está en que los prototipos responden a categorizaciones abstractas no siempre fáciles de identificar en las realidades concretas.

A la vista de estas posibles interpretaciones, en principio no vemos razones para desechar por inapropiada ninguna de las tres teorías esbozadas: las tres disfrutan de capacidad explicativa, aunque las tres ofrezcan algún tipo de limitación. Esto equivale a decir que los conceptos de «rasgo», «ejemplar» y «prototipo» no son teóricamente excluyentes en materia de variación dialectal y que su dinámica, por tanto, no resulta incompatible. Estamos simplemente ante una necesidad cognoscitiva que afecta al ámbito de las lenguas y su uso: la necesidad de categorizar y de tipificar (Schütz 1976: 229). En el plano de las variedades lingüísticas, el agrupamiento de los individuos en categorías geolingüísticas y sociolingüísticas también responde a categorizaciones relevantes.

Conclusión

Las actitudes lingüísticas son manifestaciones de las actitudes psicosociales y se instalan en el mundo cognitivo de los hablantes constituyendo un conjunto de creencias compartidas por sus respectivas agrupaciones sociales. Las actitudes lingüísticas se manifiestan tanto hacia las variedades y los usos lingüísticos propios como hacia los ajenos. Con todo, las actitudes más favorables suelen manifestarse hacia la variedad propia, especialmente si disfruta de un alto grado de estandarización. Se da la circunstancia, sin embargo, de que no siempre se mira lo propio con los mejores ojos, ya que es posible encontrar hablantes de variedades minoritarias que tienen una actitud negativa hacia su propia lengua, generalmente cuando su variedad no se considera de prestigio porque no permite un ascenso social y una mejora económica o cuando imposibilita el movimiento por lugares o círculos sociales diferentes del original.

Por otra parte, está muy arraigada la idea de que existen unas variedades de lenguas «preferibles» a otras. Desde una perspectiva cognitivista, puede afirmarse que hay variedades consideradas como más nucleares y como más periféricas dentro de un prototipo determinado. En el ámbito hispánico y anglosajón, las variedades castellana y británica son consideradas, de un modo general, como nucleares, al margen de su posición geográfica respecto de otras áreas y por muy marcados que aparezcan algunos de sus rasgos. Esta percepción se ha relacionado con el prestigio cultural, político y económico, que lleva al reconocimiento de variedades más prestigiosas y menos prestigiosas. En el universo hispanohablante, entre las primeras estarían variedades como la castellana, la colombiana o la mexicana. En el universo anglohablante, estarían variedades como la inglesa (propiamente dicha), la estadounidense oriental y la australiana.

Finalmente, no podemos dejar de insistir en la proyección que están alcanzando los estudios de dialectología perceptiva. Esta forma de hacer dialectología se interesa especialmente por las percepciones de los hablantes que no son lingüistas, tanto en las que operan de forma consciente, reflejo de una lingüística popular, como en las que operan de manera inconsciente, reflejo de unas actitudes lingüísticas. La dialectología perceptiva se preocupa por los procesos cognitivos que rigen lo que la gente dice, las reacciones inconscientes de los hablantes y las creencias que los hablantes manejan de modo consciente dentro de una comunidad. El conocimiento de estos procesos cognitivos de percepción nos proporciona una valiosa información sobre la dinámica espacial y social de las lenguas, así como sobre el estado de los procesos de variación y cambio lingüísticos.

CAPÍTULO 12

LA PERCEPCIÓN DEL CONTACTO LINGÜÍSTICO

La integración de los estudios de «lenguas en contacto» en la esfera de la sociolingüística ha sido paulatina. Los trabajos sociolingüísticos fundacionales, de los años sesenta y setenta (Bright 1966; Lieberson 1967; Giglioli 1972), no incluían capítulos o estudios monográficos de lenguas en contacto. Como mucho, se prestaba atención a la situación de algunas comunidades bilingües, pero siempre desde una perspectiva sociológica. El tratamiento de los contactos comenzó a hacerse más sistemático en los manuales de la especialidad mediados los setenta: Trudgill (1974) habla de pidgin y criollos en un capítulo sobre «Lengua y geografía»; Hudson (1981) incluye los pidgin y los criollos entre las variedades del lenguaje; Wardhaugh (1986) se refiere a la mezcla y a la alternancia de lenguas. Actualmente, ninguno de los manuales más importantes de la especialidad deja de prestar atención a las principales dimensiones del contacto lingüístico, sea cual sea la perspectiva que adopten, más introductoria (Meyerhoff 2006), más comunicativa (Coulmas 2005) o más variacionista (Chambers, Trudgill y Schilling-Estes 2002; Milroy y Gordon 2003), por no aludir a la enorme y creciente bibliografía especializada en bilingüismo y lenguas en contacto. La sociolingüística en español, por su parte, siempre ha dedicado una atención especial al contacto lingüístico, desde los primeros manuales (Silva-Corvalán 1989; López Morales 1989), hasta los más recientes (Almeida 1999; Silva-Corvalán 2001; Blas Arroyo 2005; Moreno Fernández 2009a). La incorporación de un enfoque cognitivista al panorama de la sociolingüística aporta una razón más para considerar este campo como objeto de estudio prioritario.

Los estudios de lenguas en contacto adquirieron carta de naturaleza a partir de los trabajos pioneros de Hugo Schuchardt, lingüista polifacético al que no fueron ajenos las cuestiones sociales y, en definitiva, uno de los precursores de la sociolingüística. Más adelante, a partir de los años sesenta, los estudios sobre el contacto de lenguas fueron adquiriendo mayor desarrollo y complejidad, sobre todo tras la publicación en 1953 del libro *Languages in Contact* de Uriel Weinreich. Es comprensible que haya ocurrido así, en primer lugar, porque el contacto lingüístico exige contacto humano y este a menudo provoca consecuencias, de tipo social, psicosocial y cognitivo, que repercuten en la misma lengua; y, en segundo lugar, porque las teorías de la variación y el cambio –típicamente sociolingüísticas– se traslapan con las teorías del contacto –típicamente criollistas– por cuanto el contacto es una de las fuentes del cambio. Además, el interés de la sociolingüística por las comunidades bilingües conduce de modo natural al tratamiento de cuestiones relativas al contacto lingüístico y a sus muy variadas consecuencias. Desde esta perspectiva, los aspectos sociocognitivos son importantes en todas las fases del contacto, desde los contrastes iniciales, hasta la completa formación de comunidades y hablantes bilingües.

A. Sobre el contacto lingüístico desde el punto de vista cognitivo

Proposición 12.1

Las situaciones de contacto lingüístico constituyen un espacio singularmente estimulante para la percepción sociolingüística.

Proposición 12.2

Las situaciones colectivas de contacto lingüístico suelen producirse por vecindad geográfica, por contacto étnico o por convivencia social, y frecuentemente son consecuencia de desplazamientos poblacionales.

Proposición 12.3

La percepción lingüística está condicionada por el tipo de variedades lingüísticas a las que el individuo ha estado expuesto, así como por el sistema de percepción de su comunidad de origen y su visión del mundo.

Proposición 12.4

El nivel de percepción sociolingüística de una variedad es inversamente proporcional a la estabilidad del entorno comunicativo, a su nivel de diversidad interna y a la cantidad de innovaciones que se producen.

Proposición 12.5

El tamaño de una comunidad de hablantes incide directamente sobre las probabilidades de supervivencia de su(s) variedad(es) lingüística(s).

Proposición 12.6

En el contacto lingüístico, la mayor vitalidad de una lengua respecto de la otra favorece su mayor percepción y su valoración más positiva.

Proposición 12.7

En el contacto lingüístico, la estandarización de una lengua favorece su mayor percepción y su valoración más positiva.

Proposición 12.8

En el contacto lingüístico, la más larga historia de una lengua respecto de la otra favorece su mayor percepción y su valoración más positiva.

Proposición 12.9

En el contacto lingüístico, la lengua percibida con mayor autonomía recibe una valoración más positiva.

Escolio 12-A

Una sociolingüística cognitiva centrada en los contactos de lenguas ha de interesarse por los procesos de percepción, los objetos preferentes de tales percepciones y por el modo en que las lenguas en contacto despliegan sus estrategias de acomodación. Los procesos de percepción afectan al contacto entre visiones del mundo diferentes y a los mecanismos de adaptación e integración. Asimismo, entre los objetos de las percepciones, en las situaciones de contacto, destaca la legitimidad de las variedades en convivencia o la consideración de los usos lingüísticos considerados como «buenos» o «adecuados» para cada situación y entorno comunicativo. No olvidemos, como señaló Bourdieu (1977), que el valor de una lengua –o sus variedades– viene determinado por el estatus de quienes la usan en el mercado social. Las diferencias lingüísticas entre hablantes se analizan según la importancia de la lengua legitimada en la vida socioeconómica del hablante y ello adquiere un enorme peso en las comunidades multilingües y en las situaciones con lenguas en contacto. Allí la ideología dominante, por el efecto de la *langue légitime,* provoca en los hablantes un proceso de «externalización» de la lengua, de distanciamiento del hablante respecto del modelo de prestigio, con consecuencias de todo tipo, incluidas las éticas y las estéticas.

Las situaciones de contacto lingüístico constituyen un espacio singularmente estimulante para la percepción sociolingüística. Hablamos de contacto lingüístico cuando conviven dos variedades lingüísticas, sean de la misma lengua, sean de una lengua diferente, en el bien entendido de que las fronteras entre variedades no siempre resultan obvias ni cuantificables. Se habla específicamente de situaciones de «lenguas en contacto» cuando lo establecen dos o más variedades cualesquiera en una situación cualquiera. Estamos, pues, ante un concepto muy amplio en el que caben situaciones muy diversas: fronteras geográficas, fronteras étnicas, fronteras sociales; en general, situaciones derivadas de movimientos poblacionales (Moreno Fernández 2004).

En este tipo de situaciones, el nivel de percepción sociolingüística es inversamente proporcional a la estabilidad del entorno comunicativo, a su nivel de diversidad interna y a la fuerza de las innovaciones sociales. En un entorno sociolingüístico estable, dentro de una comunidad de habla estable, cuando el proceso adquisitivo de la lengua se ha completado y el dominio de su uso social satisface las necesidades comunicativas básicas, la percepción disminuye su rendimiento funcional como recurso cognoscitivo, al no hacerse tan necesaria para la comunicación cotidiana. De este modo, las interacciones espontáneas y familiares se construyen por medio de mecanismos rutinarios que no implican una atención especial al interlocutor y al contexto inmediato, y que frecuentemente participan del automatismo de la rutina. De hecho, son habituales los casos en los que el hablante cree oír lo que la rutina marca que debe oírse en un momento determinado, aunque lo producido sea diferente.

    Buenas tardes. <ruido = «tos»>
    ¡Vaya tos!
    Sí, nos dé Dios.
    No. He dicho que vaya tos

En los mensajes más ritualizados, la atención a su literalidad se minimiza y dejan de percibirse diferencias o matices que no pasarían inadvertidos a un oyente ajeno a la rutina en cuestión. Existen, sin embargo, situaciones donde el mecanismo perceptivo se reactiva y recupera su funcionalidad cognoscitiva. En general, se trata de situaciones donde las rutinas comunicativas se alteran y demandan una mayor atención, como ocurre cuando el hablante se enfrenta a un proceso de aprendizaje. En este sentido, el contexto más habitual es el que proporciona el sistema educativo, mediante la enseñanza reglada de la escuela, pero no es este el único camino: incluyamos aquí las actividades de formación profesional –con especial atención a las que implican habilidades comunicativas– o el descubrimiento de nuevas realidades por medio de los viajes turísticos o incluso a través de los medios de comunicación. Hay, pues, contextos en los que las rutinas comunicativas se ven afectadas o interrumpidas, generalmente porque se altera la estabilidad social y comunicativa. Es aquí donde más se estimula la percepción sociolingüística del hablante.

En las situaciones de lenguas en contacto se producen choques o contrastes en distintos planos, como el de la identidad o el de la lengua misma, pero es singularmente interesante el contraste entre visiones del mundo, que será mayor o menor en función de la distancia lingüística y cultural de las variedades implicadas. Desde esta perspectiva, la relatividad lingüística, que Whorf aplicó a las diferencias entre comunidades (hopi, navajo, inglés), también puede servir de base para las comparaciones entre partes de una misma comunidad (p. ej. en situaciones de bilingüismo), partes en las que pueden darse diferentes estructuras lingüísticas o diferentes pautas de conducta comunicativa (Bright 1967: 186). Tomando como base el concepto de «relatividad lingüística», Dell Hymes (1966) dio relevancia teórica a las diferencias referidas al «uso» de la lengua. En una comunidad compleja, el contraste entre sus componentes puede concretarse dando prioridad 1) a la lengua; 2) a la cultura; 3) a ambas; 4) a ninguna de ellas. Tanto si el componente prioritario es la lengua como si lo es la cultura, las actitudes ante los usos lingüísticos pueden reflejar la existencia de categorías del tipo «separatismo / unificación», «lealtad / deslealtad», «prestigio manifiesto / prestigio encubierto», «norma / uso».

Por otro lado, cuando se aplica la teoría de la relatividad lingüística al campo de los contactos de lenguas, incluida la enseñanza y la traducción, podría llegarse a la conclusión de que, si la lengua materna impone siempre una determinada visión del mundo, es prácticamente imposible llegar a conocer otras lenguas y consecuentemente estar en condiciones de aprenderlas de un modo adecuado. En este sentido, las teorías sobre el lenguaje y la visión del mundo ponen la coexistencia de lenguas en una encrucijada teórica difícil de dilucidar en un plano abstracto. Sin embargo, es posible zafarse de la opresión de estas formulaciones teóricas. Una posible salida a esta aporía es relativizar el concepto de lo intransvasable, dado que, de hecho, son muchos los hablantes bilingües «naturales» (Badía 1962). Asimismo, la posibilidad de realizar intercambios comunicativos interlingüísticos es una realidad manifiesta, más allá de las cualidades y las condiciones de los contactos.

En un plano diferente, viene siendo una actitud generalizada la de identificar cada lengua con el territorio o dominio de una sola nación o Estado. Del mismo modo, se da por cierto el hecho de que los mejores hablantes de una lengua se localizan en un territorio determinado, especialmente los que habitan en sus núcleos más prestigiosos; ellos constituirían el *centro* de esa realidad geolingüística y todo lo que no se identificara nítidamente con ella sería su *periferia*. Los hablantes que ocupan el centro de un sistema geo-socio-lingüístico no suelen sentir ni plantearse dudas de identidad; los que ocupan algún lugar de la periferia, sí. Cuando hablamos de sistemas geo-socio-lingüísticos nos referimos a lenguas o variedades identificadas con territorios bien delimitados y con grupos sociales bien perfilados. Pongamos como ejemplo el uso de la lengua española en los territorios peninsulares de Castilla, en España, o de la lengua inglesa en la costa Este de los Estados Unidos.

Ahora bien, aunque la ecuación «lengua = dominio geográfico» tiene un arraigo profundo, no por ello ha de obviarse su debilidad, cuando no su falsedad. Entre otras razones, el uso de una lengua o de una variedad lingüística, de igual modo que puede adscribirse a un territorio, también puede asociarse a otro tipo de nociones, como la de «grupo social» o la de «etnia». De hecho, la sociolingüística urbana tradicional ha dedicado muchos esfuerzos al descubrimiento de rasgos lingüísticos que co-varían con los factores sociales que se dan cita en las grandes comunidades de habla, de la misma forma que la etnolingüística se ha preocupado por caracterizar grupos humanos de origen étnico muy diverso: pensemos en la fuerte identificación entre lengua y etnia que se produce en los pueblos indígenas de África o de Iberoamérica (Zimmermann 2011). En otras ocasiones, el uso de una lengua se adscribe no a un territorio o a una etnia, sino a la práctica de una religión, como ocurre en Asia, sobre todo con el uso del árabe. En tales casos suele existir una lengua de uso más general, a la que podríamos calificar de superestructural, que articula la dinámica de esos grupos con la vida del Estado en que se inserta y que da lugar a situaciones de diglosia. Así ocurre en la relación entre el inglés y el árabe en Filipinas, entre el inglés, el hindi y el árabe en la India, entre el francés y las lenguas indígenas en Senegal, o entre el español y las lenguas de algunos grupos indígenas en México.

Por otra parte, si aceptamos una íntima conexión entre lengua y territorio, por un lado, entre lengua y grupo social, por otro, y entre lengua y etnia, por otro, apreciaremos que en cada una de estas circunstancias se localiza un centro y una periferia. Cada área, cada grupo, cada etnia tienen un epicentro y unas fronteras exteriores, que marcan sus límites con la periferia de otras áreas, otros grupos y otras etnias. Y es en estos ámbitos periféricos donde surgen usos de frontera, periféricos, que a menudo se entremezclan con los de sus vecinos. Hablamos de los fenómenos incluidos bajo el rótulo genérico de «mezcla de lenguas». Tal carácter periférico a menudo provoca entre los hablantes de frontera sentimientos de baja autoestima, temores de desintegración social o incluso deseos de automarginación. En estos ámbitos, la identidad se discute como un auténtico problema, como una cuestión esencial, mientras que desde el exterior se transmite una desconsideración que agudiza la que ya existe en el interior.

Por último, resulta obligado recordar que el concepto de «variedad lingüística» incluye lenguas, dialectos, sociolectos, registros, estilos y otros tipos de variedades específicas, aunque el simple rótulo de «lengua» ya es capaz de aglutinar diferentes modalidades de variedades lingüísticas. William Stewart clasificó en 1962 estas modalidades siguiendo cuatro criterios: *estandarización, autonomía, historicidad y vitalidad*. Como es sabido, la *estandarización* consiste en la codificación y aceptación, dentro de una comunidad de hablantes, de un conjunto de normas que definen los usos correctos (ortografía, gramática y diccionario); la *autonomía* es atributo de los sistemas lingüísticos que son percibidos como únicos e independientes, aunque puedan serlo en distinto grado; la *historicidad* se aprecia en los sistemas lingüísticos que son resultado de un desarrollo regular a lo largo del tiempo y generalmente va ligada a la de tradición nacional o étnica; la *vitalidad* tiene que ver con el uso real de una variedad por parte de una comunidad de hablantes nativos: cuanto mayor es la comunidad, mayor es la vitalidad. De hecho, las probabilidades de supervivencia varían directamente con el tamaño de la unidad, siendo menores en el caso de las que Hawley (1991: 117) denominó, desde una perspectiva ecológica, *lenguas pequeñas*. Si manejamos los atributos de Stewart en términos de «presencia» o «ausencia», podremos caracterizar diversos tipos de variedades lingüísticas.

Cuadro 6
1 = estandarización; 2 = autonomía; 3 = historicidad; 4 = vitalidad. Tipos de variedades, según atributos, con ejemplos. Fuente: W. Stewart (1968)

| Atributos | | | | Tipo | Ejemplos |
1	2	3	4		
+	+	+	+	Lengua estándar	(español, inglés)
+	+	+	-	Lengua clásica	(latín, sánscrito
+	+	-	-	Lengua artificial	(esperanto, *volapük*)
-	+	+	+	Lengua vernácula	(leko –Bolivia–, dahalo –Kenia–)
-	-	+	+	Dialecto	(español cubano/castellano, normando, bajo alemán)
-	-	-	+	Lengua criolla	(chabacano, *créole* haitiano, *chinook*)
-	-	-	-	Lengua pidgin	(pidgin fula, pidgin sango)

Como propuesta teórica preocupada también por las variedades y su presencia social, el investigador alemán Heinz Kloss introdujo en la bibliografía internacional una serie de conceptos que han demostrado una importante solidez con el paso del tiempo y una gran utilidad para comprender la dimensión social de las lenguas, incluida la repercusión de sus contactos en comunidades de habla multilingües. Esos conceptos son útiles para entender mejor cómo una lengua se diversifica en variedades, qué relaciones mantienen esas variedades entre sí y qué tratamiento pueden recibir, según su naturaleza, a la hora de proyectarse sobre las sociedades donde se utilizan. Nos referimos a los conceptos de lenguas «*Abstand*» (de distancia), lenguas «*Ausbau*» (de desarrollo) y lenguas «*Dach*» (de cobertura o de paraguas) (Kloss 1967). Estos conceptos son útiles para distinguir lenguas y dialectos de acuerdo con dos criterios: las funciones sociales que cumplen las variedades y sus propiedades estructurales objetivas. Las lenguas «*Abstand*» son lenguas distantes lingüísticamente respecto de otras con las que nunca se confunden ni relacionan: es el caso del español respecto al vasco, del húngaro respecto al alemán o del guaraní respecto al portugués, por poner ejemplos de lenguas que coexisten. Las lenguas «*Ausbau*» son aquellas que han desarrollado prestigio y estatus social –estandarización, enseñanza, uso público– respecto de otras del mismo origen o relacionadas con ellas: es el caso del español respecto a las hablas locales de los Pirineos, todas ellas procedentes del latín (Bossong 2008). Finalmente, las lenguas «*Dach*» son aquellas que cuentan con una estandarización que sirve de referencia para sus diferentes variedades: es el caso del *euskera batua* para todas las modalidades vascas o del árabe moderno respecto a los árabes dialectales.

Entrelazando los elementos teóricos que acaban de mencionarse, podría decirse que las lenguas que reciben una mejor valoración y disfrutan de mayor prestigio abierto son las que se encuentran en el centro de un sistema geo-socio-lingüístico, en las cuales además se aprecia un autonomía, una historicidad, una estandarización y una vitalidad en su grado máximo; son las lenguas «*Ausbau*» y «*Dach*». Las lenguas o variedades que se encuentran en la *periferia* de un sistema geo-socio-lingüístico manifiestan esos atributos en un menor grado, cuando lo hacen, y no suelen disfrutar de más prestigio que el que se les quiera atribuir de forma encubierta, para ciertos contextos o entre ciertos grupos de hablantes.

B. Sobre las consecuencias del contacto lingüístico

Proposición 12.10

Las situaciones de contacto lingüístico suponen el funcionamiento de procesos de elección que afectan a las lenguas o variedades implicadas, en todos sus niveles, y a su uso social.

Proposición 12.11

Las situaciones de contacto lingüístico dan lugar a procesos de acomodación que se manifiestan en forma de convergencias y divergencias.

Proposición 12.12

Las situaciones de contacto producen consecuencias lingüísticas que son percibidas de diferente modo por las comunidades y los hablantes implicados.

Proposición 12.13

Las situaciones multilingües suponen la aparición de valores socioculturales, actitudes y creencias relativas a los usos lingüísticos, en los que se implican categorías como la lealtad, la legitimidad o el prestigio.

Proposición 12.14

En las situaciones de contacto, los sistemas percibidos como nuevos se ven condicionados por los sistemas adquiridos previamente.

Proposición 12.15

El proceso de aprendizaje y el uso social de las lenguas o variedades de una comunidad determinan las consecuencias lingüísticas del contacto.

Proposición 12.16

Los hablantes tienen la capacidad de asignar nuevos valores semánticos a las palabras y expresiones como consecuencia de la imprecisión conceptual y la ambigüedad derivadas de las situaciones de lenguas en contacto.

Escolio 12-B

Entre las consecuencias lingüísticas del contacto se incluyen fenómenos como las interferencias, el acento o el uso alterno de lenguas. Ahora bien, en situaciones de convivencia, esas consecuencias dependen también del tipo de relación que se establezca entre los hablantes, ya sean considerados individualmente, como agrupaciones o como comunidad. En tales situaciones, la consciencia sociolingüística afecta directamente a las actitudes lingüísticas, puesto que el conocimiento de los hechos de lengua resulta fundamental para elaborar juicios de valor sobre ellos (Sancho 2008) y las actitudes van a incidir sobre la acomodación comunicativa. En cualquier caso, las consecuencias se detectan tanto en el proceso de adquisición de la(s) lengua(s) en contacto, como en el uso social de las variedades en coexistencia. En este sentido, se hace imprescindible marcar una clara diferencia entre los fenómenos surgidos del contacto cuando los hablantes tienen lenguas distintas –de la misma o de diferente familia– y cuando son usuarios de variedades de una misma lengua, sobre todo en situaciones en las que una lengua o variedad es la dominante, la mayoritaria o más general, generalmente por razones extralingüísticas.

En su estudio sobre la presencia de ecuatorianos en Madrid (España), María Sancho (2008) pudo observar que el proceso de acomodación lingüística se refleja en el nivel léxico, la cortesía, el nivel fonético y el nivel gramatical, en ese orden progresivo de intensidad. En el nivel léxico, la adaptación o convergencia parece producirse de una manera más rápida y más consciente, probablemente porque el uso de determinadas formas léxicas puede llegar a plantear problemas de comprensión. Además, el significado de determinadas palabras puede ser similar para los hablantes de variedades de una misma lengua, pero no siempre tiene que coincidir porque los vocablos pueden recibir nuevos valores: a veces, se puede tener la sensación de que existe intercomprensión semántica cuando realmente no la hay. De hecho, los hablantes de variedades en contacto pueden compartir el mismo contexto comunicativo, pero pueden hallar dificultades en la comunicación, incluso para la transmisión de las informaciones más elementales. Es el caso de los malentendidos, que no han de verse como fenómenos marginales en la comunicación lingüística, sino como una función de la imprecisión de los conceptos y la ambigüedad léxica.

Frente a lo que ocurre en el léxico, las diferencias en el plano de la cortesía permiten explicar usos divergentes: en general, las expresiones vinculadas al respeto social y a la educación son reflejo de diferencias culturales que pueden dificultar la convergencia sociolingüística. La acomodación, finalmente, se produce de manera más lenta en los niveles fonético y gramatical.

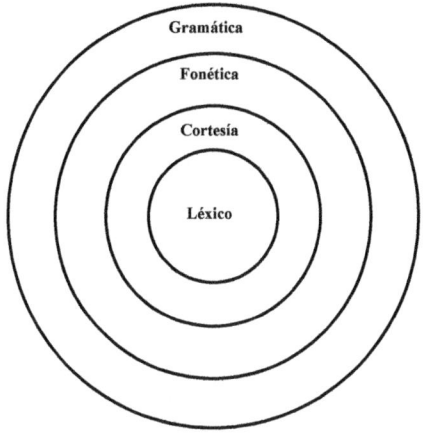

Figura 34
Ámbitos de acomodación progresiva en una situación de lenguas en contacto por inmigración. Fuente: Sancho (2008)

Vemos, pues, que, cuando las variedades en contacto lo son de la misma lengua, se producen convergencias y divergencias. Recordemos que por convergencia se entiende el proceso de aproximación o influencia recíproca entre dos variedades lingüísticas. Esa aproximación puede ponerse de manifiesto en cualquier nivel de la lengua y producirse con diferentes grados de intensidad. Entre los efectos de tal aproximación estarían las transferencias y convergencias fónicas, gramaticales, léxicas y pragmáticas. A propósito de la situación actual de las lenguas de Europa, Auer y Hiskens (1996) entienden que los cambios sociales y culturales están afectando a la naturaleza y a la posición de los dialectos tradicionales de una forma muy rápida. Las hablas europeas se están viendo inmersas en procesos que afectan a dimensiones diferentes, una de las cuales es la de la emigración a gran escala, que provoca la convergencia entre los dialectos de los grandes grupos de inmigrantes, así como la relación entre estos nuevos grupos sociales y los geolectos nativos. A este respecto, pueden distinguirse dos dimensiones en las relaciones lingüísticas:

1.Dimensión variedad minoritaria-variedad mayoritaria de prestigio. En esta dimensión, el geolecto minoritario recibe la influencia de la variedad más prestigiosa socialmente y ello conduce a una nivelación; por otra parte, la variedad prestigiosa también puede recibir influencia del nuevo geolecto.

2.Dimensión variedad minoritaria-variedad local. Esta dimensión se refiere a la influencia de unos geolectos sobre otros, especialmente en aquellos casos en los que también existe una variedad exterior de prestigio. Sería el caso, en España, de los inmigrantes ecuatorianos que se integran en comunidades que utilizan un geolecto del español que no coincide con el castellano (p. ej. en Andalucía). En estos casos, la influencia de una variedad sobre otra puede tomar derroteros muy diferentes: mantenimiento más resistente del geolecto de origen, confluencia hacia el geolecto local,...; también aquí la variedad local puede recibir la influencia del nuevo geolecto.

Cuando la convivencia se produce entre hablantes de distinta lengua, pueden darse dos casos: que los hablantes (p. ej. inmigrantes) tengan conocimientos previos de la otra lengua (sea en el nivel que sea) o que no tengan conocimiento alguno de ella (Caravedo 2009; Moreno Fernández 2009c). Si se tienen conocimientos previos de la otra lengua, puede ocurrir que la modalidad previamente conocida sea de diferente dialecto, con los correspondientes efectos sobre la convivencia, dado que la escasa familiaridad con «la otra modalidad» puede dificultar la intercomprensión. Si no se tienen conocimientos de la otra lengua y esta es mayoritaria o prestigiosa, se producirá su aprendizaje, con las consecuencias habituales en toda adquisición, resumidas en los conceptos de transferencia y de interferencia.

C. Sobre la percepción de las lenguas en entornos migratorios

Proposición 12.17

Las diferencias lingüísticas entre hablantes de distinto origen en contextos migratorios se valoran según su nivel de legitimidad en la vida socioeconómica de la comunidad.

Proposición 12.18

Las consecuencias lingüísticas y sociales del contacto de lenguas en contextos migratorios dependen del grado de afinidad entre las lenguas y de la complejidad de la situación lingüística.

Proposición 12.18.1

La percepción popular es muy sensible al acento de los hablantes procedentes de otras comunidades, así como a la fluidez del discurso del neohablante.

Proposición 12.18.2

Los contextos migratorios favorecen la convergencia consciente del léxico de los inmigrantes hacia el de la variedad de la comunidad residente.

Proposición 12.18.3

Los contextos migratorios favorecen la divergencia consciente entre las estrategias de cortesía de la población inmigrante y la residente.

Proposición 12.18.4

Los contextos migratorios favorecen la convergencia inconsciente de la fonética y la gramática de los inmigrantes hacia la variedad de la comunidad residente.

Escolio 12-C

Los entornos migratorios, como ya se ha anticipado, son contextos de especial complejidad para el estudio del contacto lingüístico y de sus implicaciones sociocognitivas. En ellos, el grado de afinidad de las lenguas que entran en contacto y la complejidad de la situación lingüística de convivencia son factores decisivos (Blommaert 2012). Para su análisis, es necesario establecer una escala de complejidad idiomática del área de acogida, cuyos componentes podrían combinarse con los de una escala de afinidad lingüística, dando lugar a diversos tipos de cruces. Todas estas posibilidades pueden valorarse en el estudio de la integración sociolingüística (Chambers 2003), partiendo de la hipótesis de que la integración resulta menos dificultosa cuanto más afines son las lenguas en contacto y menos compleja la comunidad de acogida.

Cuadro 7
Escala de complejidad idiomática de la comunidad de acogida.
Fuente: Moreno Fernández (2009c)

1. comunidad monolingüe con variedad única – 2. comunidad monolingüe con distintas variedades – 3. comunidad bilingüe con escasa relevancia social de la segunda lengua – 4. comunidad bilingüe con relevancia social de la segunda lengua

Desde un punto de vista cognitivo, es importante destacar que, en los contextos migratorios, el contacto con la nueva sociedad activa los procesos de percepción. El nuevo sistema percibido pasará por el tamiz del sistema adquirido previamente, así como por las creencias y actitudes de los hablantes, que pueden ser muy diferentes entre los miembros de la comunidad de acogida y los inmigrantes. Recordemos que la percepción es siempre selectiva y subjetiva, y que en el caso de los inmigrantes también se desarrollan una metapercepción y una autopercepción. El grado de subjetividad implícito en las percepciones está relacionado con el tipo de variedad de lengua a la que el individuo ha estado expuesto, así como con el sistema de percepción transmitido por los mayores. De este modo, el tratamiento *usted* puede ser percibido como marca de formalidad en algunos contextos dialectales del español o como marca de inmediatez en otros. Adicionalmente, señala Tanja Zimmer (2011: 382) que tanto los errores que cometen los hablantes nativos como los errores por contacto tienen mayor o menor trascendencia sociolingüística según su aceptación actitudinal por parte de los miembros de una comunidad o de una agrupación social.

En la primera fase migratoria, el individuo pone en marcha un proceso de percepción social muy sensible, por el que asocia el modo de hablar de su primer grupo de contacto a toda la sociedad de acogida, al tiempo que los contactos con las redes de su propio origen retroalimentan sus creencias. Como se explica en los trabajos de Rocío Caravedo (2009; 2010), la primera dicotomía percibida por los inmigrantes en los usos sociolingüísticos locales no es la de «formalidad / informalidad», igual que ocurre en la adquisición de la variación en la propia lengua, sino las de «mayoritario / minoritario» y «lo ajeno / lo propio», de ahí que los inmigrantes practiquen una interpretación particular sobre lo que es formal y lo que es informal en la comunidad de acogida. Además, dado que la percepción es subjetiva, hay elementos que no son percibidos como diferentes, siéndolo objetivamente, cuando los inmigrantes son hablantes de otra variedad. Asimismo, cuando el resultado del contacto es una variedad con algún grado de mezcla, la variedad desarrollada (derivada) suele ser inestable y autopercibirse con inseguridad y desconfianza. Pensemos que la «hibridación» suele asociarse a valores negativos y oponerse a conceptos como los de «pureza», «homogeneidad» o «autenticidad» (Kabatek 2011).

Por último, las variedades emergentes a raíz de las migraciones masivas (mezclas, transferencias,...) deben ser analizadas dentro de sus propios contextos, como mercados lingüísticos específicos. En este sentido, la percepción popular es muy sensible al hecho de tener o no tener «acento», así como a la fluidez del discurso de los nuevos hablantes. Para las variedades que funcionan como minoritarias, el hecho de ocupar un segundo plano social puede llevar a su progresivo deterioro y olvido, o abocar a reacciones afectivas y actitudinales radicales (Pavlinić 2001).

Debate: lenguas y variedades de mezcla

Dado el bajo prestigio que suele concederse a los ámbitos periféricos y de mezcla, podría llegar a ponerse en duda la adscripción de las variedades de contacto a una lengua general y, por tanto, la consideración de sus hablantes como integrantes de un universo idiomático determinado. El debate sobre si las variedades de mezcla bilingüe han de adscribirse o no a una lengua general está sujeto a interpretaciones de diferente índole, no siempre propiamente lingüísticas. En el caso del español, si pensamos en las variedades mezcladas de España, América y Asia, no solo es posible adscribirlas al ámbito hispánico, sino que lo más adecuado es tratarlas como una parte más del mundo hispanohablante, por muchas peculiaridades que puedan acumular. Es un hecho que en toda la hispanofonía se aprecia un aire de familia que también se reconoce en las lenguas de mezcla.

Le Page y Tabouret-Keller propusieron en 1985 un «modelo de proyección» que define la conducta lingüística individual como una serie de acciones por las cuales la gente revela tanto su identidad personal como la búsqueda de una posición dentro de un grupo social. Según este modelo, los actos de habla son actos de proyección de imágenes, de modo que los hablantes proyectan su universo interior a través de su lengua o, cuando se trata de contextos multilingües, a través de la elección de una lengua para un fin concreto. El hablante, mediante los usos lingüísticos, invita a sus interlocutores a compartir su proyección del mundo y sus actitudes hacia él, a la vez que se muestra dispuesto a modificarlas por influencia de las personas con las que habla. El modelo de Le Page incluye una hipótesis general que se formula del siguiente modo: el individuo es capaz de crear sus propias pautas de conducta lingüística con el fin de acomodarse a los miembros del grupo o de los grupos con los que desea ser identificado en cada momento. Así es como las variedades de contacto y mezcladas van adquiriendo su personalidad: acomodándose a las modalidades que las rodean. Ahora bien, el cumplimiento de esa hipótesis general viene determinado por cuatro condiciones:

a. que exista un grupo identificable como tal;
b. que el hablante tenga la capacidad de modificar su propia conducta;
c. que el acceso a un grupo sea posible y se permita el análisis de sus pautas de conducta;
d. que exista motivación para vincularse a un grupo.

Trasladadas estas condiciones a la situación de los hablantes de variedades hispánicas y anglosajonas de contacto (criollos, pidgins, mezclas bilingües), observamos que las dos primeras condiciones pueden existir sin mayores dificultades, dando por supuesto que buena parte de los hablantes de variedades mezcladas tienen capacidad individual para modificar su conducta o, al menos, su actitud. Las dos últimas condiciones, sin embargo, no dependen tanto de los hablantes como de la comunidad idiomática global. Los mundos hablantes de español y de inglés, en su conjunto y en cada una de sus comunidades, tendrían que mostrarse accesibles a los componentes de los demás grupos y de todos los individuos, especialmente de los considerados periféricos, facilitando la identificación con sus elementos comunes y favoreciendo los contactos entre áreas diferentes. Solo así podría nacer, desarrollarse o fortalecerse un sentimiento de comunidad que redundara en el enriquecimiento de la identidad propia.

A nuestro juicio, es importante que los hablantes de usos mezclados se sientan miembros de una gran comunidad idiomática, por muy particulares, especiales o periféricos que se reconozcan; pero a la vez es vital que los que ocupan las áreas centrales del sistema sean conscientes de que el concepto de «centro» exige el de «periferia» y que, prescindiendo de ella o ignorándola, se le está dando la espalda a una de las principales fuentes de innovación, originalidad y, en definitiva, de desarrollo sociolingüístico de una lengua. Pensemos que la evolución de cualquier lengua viene determinada por su propia dinámica interna y por la influencia de agentes externos, entre los que destacan los usos lingüísticos circunvecinos y los usos de las poblaciones migrantes.

Conclusión

Los estudios sobre el contacto de lenguas mantienen un fuerte vínculo con la etnografía de la comunicación fundada por Dell Hymes y John Gumperz. Desde esta disciplina se establece una fácil conexión entre la sociolingüística cognitiva y los contactos lingüísticos, debido, entre otras razones, a que la visión del mundo es un tema que cae claramente entre las preocupaciones de la etnolingüística y del cognitivismo (Bartmiński 2010).

Las situaciones que llevan a un contacto de lenguas son muy variadas, aunque en general tienen que ver con la distribución de los hablantes en el espacio geográfico, bien por la ocupación de dominios vecinos, bien por el desplazamiento de poblaciones de un territorio a otro. En todos los casos se producen fenómenos sociales y cognitivos similares que merecen atención; y en muchas de estas situaciones se producen acomodos graduales, cruces lingüísticos o mezclas de lenguas que, desde la teoría de prototipos, suelen recibir la consideración de variedades periféricas y en las que la identificación de un individuo como buen o mal hablante de una lengua se basa en su proximidad o similitud con el prototipo de variedad central.

Las situaciones de lenguas en contacto son especialmente estimulantes para los hablantes implicados y afectan singularmente a sus recursos cognitivos y perceptivos. El análisis cognitivo de los contactos lingüísticos contribuye al descubrimiento de las percepciones derivadas de ellos y de los objetos preferentes de tales percepciones. Al mismo tiempo, ayuda a comprender los mecanismos de adaptación e integración que se ponen en funcionamiento en entornos de contacto lingüístico y cultural. Entre los objetos de las percepciones emergentes en los contactos, sobresalen la distribución sociológica de los posibles tipos de variedades implicadas en la convivencia y su grado de legitimidad en la dinámica del mercado social.

EPÍLOGO

El conjunto de proposiciones engarzadas en esta obra intenta construir el sistema epistemológico de una sociolingüística cognitiva, presentando un entramado metateórico susceptible de control lógico por parte de sus analistas. Las proposiciones aquí incluidas se han construido para dar cuenta de los elementos que componen la investigación sociolingüística cognitiva y con la idea de que puedan llegar a verificarse empíricamente, cuando aún no se haya hecho. La intención de esta obra no es, por tanto, ofrecer un simple catálogo de principios sociolingüísticos o de postulados teóricos de base cognitivista, sino construir para la sociolingüística cognitiva una base metateórica verificable. Hemos buscado el orden, la claridad y el rigor, pero ante todo la coherencia a la hora de concebir la lengua como un sistema adaptativo complejo, concepción que entendemos como alternativa –si bien en algunos puntos complementaria– de visiones más formalistas y universalistas.

Lejos de nuestra intención, asimismo, ha estado introducir una sociolingüística con un perímetro cerrado y una compartimentación estanca. La sociolingüística cognitiva que se ha explicado no es monolítica ni de perfiles nítidos. De hecho, comenzamos nuestras argumentaciones manifestando una duda no menor sobre la posibilidad de estar abordando una «sociolingüística cognitiva» o una «lingüística sociocognitiva»: la distancia no es tan grande, pero las diferencias en los planteamientos son obvias. Y, por no tratarse de un modelo autónomo ni hermético en sus argumentos, consideramos esenciales tanto los escolios que acompañan a las proposiciones y que de algún modo las fundamentan, complementan o ilustran, como los debates que siguen a cada conjunto de proposiciones y que simplemente intentan dar relieve a cuestiones que la lingüística ha entendido como controvertidas o multívocas. Siendo así, la sociolingüística cognitiva se dibuja como un ámbito emergente y en construcción para el estudio de las variedades lingüísticas habladas en sus contextos sociales y culturales.

Una última nota, para no dejar cabos sueltos: la ocasión en que me preguntaron cuál era el principal objetivo de mi investigación –conocer la lengua o conocer al ser humano– fue un seminario de sociolingüística que tuvo lugar en 1988, en la Universidad de Málaga, y fue Juan Villena Ponsoda quien formuló la pregunta, durante el debate posterior a la exposición que hice sobre «El método sociolingüístico». En cierto modo, este libro comenzó a escribirse en aquel momento.

REFERENCIAS BIBLIOGRÁFICAS

ABERCROMBIE, Nicholas; HILL, Stephen y TURNER, Bryan (1986): *Diccionario de sociología*. Madrid: Cátedra.
ALBA, Orlando (2011): *Observación del cambio lingüístico en tiempo real*. Santiago de los Caballeros: Pontificia Universidad Católica Madrid y Maestra.
ALBELDA, Marta (2004): «Cortesía en diferentes situaciones comunicativas. La conversación coloquial y la entrevista sociológica semiformal». En: D. Bravo y A. Briz (eds.), *Pragmática sociocultural: estudios sobre el discurso de cortesía en español*. Barcelona: Ariel, pp. 109-136.
ALLIÉRES, Jacques (1954): «Un exemple de polymorphisme phonétique: le polymorphisme de l'-s implosif en gascon garonnais». *Via Domitia*, I: 70-103.
ALMEIDA, Manuel (1999): *Sociolingüística*. La Laguna: Universidad de La Laguna.
ALTHUSSER, Louis (1971): *Lenin and philosophy and Other Essays*. New York: New Left Books.
ALVAR, Manuel (1965-1966): «Polimorfismo y otros aspectos fonéticos en el habla de Santo Tomás de Ajusco». *Anuario de Letras*, VI: 353-377.
ANDER-EGG, Ezequiel (1995): *Técnicas de investigación social*. 24.ª ed. Buenos Aires: Lumen.
ANTTILA, Arto (2002): «Variation and phonological theory». En: J. Chambers, P. Trudgill y N. Schilling-Estes (eds.), *Handbook of Language Variation and Change*. Oxford: Blackwell, pp. 206-243.
ARAO, Lilian A. (2005): «Modos de organización del discurso en una entrevista de carácter testimonial». En: A. Harvey (ed.), *En torno al discurso*. Santiago de Chile: Ediciones Universidad Católica de Chile, pp. 221-228.
ARFUCH, Leonor (1995): *La entrevista, una invención dialógica*. Barcelona: Paidós.
ARMSTRONG, Sharon L.; GLEITMAN, Lila R. y GLEITMAN, Henry (1983): «What some concepts might not be». *Cognition*, 13: 263-308.
ASOCIACIÓN DE ACADEMIAS DE LA LENGUA ESPAÑOLA (2010): *Diccionario de americanismos*. Madrid: Santillana.

AUER, Peter y HISKENS, Frans (1996): «The convergence and divergence of dialects in a changing Europe». *The Journal of the ESF*, 34: 30-31.
AUER, Peter y SCHMIDT, Jürgen E. F. (eds.) (2010): *Language and space. An International Handbook of Linguistic Variation. Vol. 1. Theory and Methods.* Berlin/New York: Mouton/De Gruyter.
AUTHIER, Jacqueline y MEUNIER, André (1972): «Norme, grammaticalité et niveaux de langue». *Langue Française*, 16: 49-63.
ÁVILA MUÑOZ, Antonio M. y VILLENA PONSODA, Juan A. (eds.) (2010): *Variación social del léxico disponible en la ciudad de Málaga.* Sevilla: Sarriá.
AZURMENDI AYERBE, María-José (2000): *Psicosociolingüística.* Bilbao: Universidad del País Vasco.
BADIA I MARGARIT, Antoni M. (1969): *La llengua dels barcelonins. Resultats d'una enquesta sociològico-lingüística. Vol. 1: L'enquesta. La llengua i els seus condicionaments, 1.* Barcelona: Edicions 62.
BAILEY, Charle-James N. (1973): *Variation and Linguistic Theory.* Arlington: Center for Applied Linguistics.
BAKER, Paul (2010): *Sociolinguistics and Corpus Linguistics.* Edinburgh: Edinburgh University Press.
BAKHTIN, Mikhail (1981): *The Dialogic Imagination.* Austin: University of Texas Press.
BARLOW, Michael y KREMMER, Suzanne (eds.) (2000): *Usage-based models of language.* Stanford: CSIL Publications.
BARTMIŃSKY, Jerzy (2010): *Aspects of Cognitive Ethnolinguistics.* London: Equinox.
BAUDELAIRE, Charles ([1864] 1961): *Mi corazón al desnudo.* México: Aguilar.
BAUER, Laurie (2002): *An Introduction to International Varieties of English.* Edinburgh: Edinburgh University Press.
BELL, Allan (2001): «Back in style: reworking audience design». En: P. Eckert y J. R. Rickford (eds.), *Style and Sociolinguistic variation.* Cambridge: Cambridge University Press, pp. 139-169.
BENVENISTE, Émile (1979): *Problemas de lingüística general, II.* México: Siglo XXI.
BERGER, Peter y LUCKMANN, Thomas (*1966*): *The Social Construction of Reality. A Treatise its the Sociology of Knowledge.* New York: Anchor Books.
BERNARD, Thomas (1983): *The Consensus-Conflict Debate: Form and Content in Sociological Theories.* New York: Columbia University Press.
BERNÁRDEZ, Enrique (2005): «Social cognition: variation, language, and cultura in a cognitive linguistic typology». En: F. J. Ruiz de Mendoza y M. S. Peña (eds.), *Cognitive linguistics. Internal Dynamics and Interdisciplinary Interaction.* Berlin/New York: Mouton/De Gruyter, pp. 191-224.

BERNSTEIN, Basil (1964): «Elaborated and restricted codes: their social origins and some consequences». En: J. J. Gumperz y D. Hymes (eds.), *The Ethnography of Communication, American Anthropologist*, 66: 99-116.
BERNSTEIN, Basil (1965): «A sociolinguistic approach to social learning». En: J. Gould (ed.), *Penguin survey of the social sciences*. Harmondsworth: Penguin, pp. 144-168.
BICKERTON, Derek (1981): *Roots of language*. Ann Arbor: Karoma.
BIERWISCH, Manfred (1970): «Semantics». En: J. Lyons (ed.), *New Horizons in Linguistics*. Harmondsworth: Penguin, pp. 166-184.
BLAKEMORE, Sarah-Jayne y Frith, Uta (2005): *Cómo aprende el cerebro. Las claves para la educación*. Barcelona: Ariel.
BLAS ARROYO, José Luis (2005): *Sociolingüística del español. Desarrollos y perspectivas en el estudio de la lengua española en contexto social*. Madrid: Cátedra.
BLOMMAERT, Jan (ed.) (1999): *Language ideological debates*. Berlin/New York: Mouton/De Gruyter.
— (2012): *The Sociolinguistics of Globalization*. Cambridge: Cambridge University Press.
BORTONI-RICARDO, Stella M. (1985): *The urbanization of rural dialect speakers. A sociolinguistic study in Brazil*. Cambridge: Cambridge University Press.
BOSQUE, Ignacio y GUTIÉRREZ-REXACH, Javier (2009): *Fundamentos de sintaxis formal*. Madrid: Akal.
BOSSONG, Georg (2008): *Die romanischen Sprachen. Eine verglechende Einführung*. Hamburg: Buske.
BOURDIEU, Pierre (1977): «The economics of linguistic exchanges». *Social Science Information*, 16: 645-668.
— (1982): *Ce que parler veut dire*. Paris: Librairie Artheme Fayard. Trad. al esp. [Edición en español: *Qué significa hablar*. Madrid: Akal. 1985.]
— (1984): «Capital et marche linguistique». *Linguistische Berichte*, 90: 3-24.
— (1991): *Language and symbolic power*. Cambridge, MA: Harvard University Press.
BRATMAN, Michael E. (1992): «Shared cooperative activity». *The Philosophical Review*, 101: 327-341.
BRIGGS, Charles L. (1986): *Learning how to ask: a sociolinguistic appraisal of the role of the interview in social science research*. Cambridge: Cambridge University Press.
BRIGHT, William (1966): *Sociolinguistics*. The Hague: Mouton.
— (1967): «Language, Social Stratification, and Cognitive Orientation». En: S. Lieberson (ed.), *Explorations in Sociolinguistics*. Bloomington: Indiana University-Sociological Inquiry, pp. 185-190.
BRIZ, Antonio (1996): *El español coloquial: situación y uso*. Madrid: Arco/Libros.

— (2003): «La estrategia atenuadora en la conversación cotidiana española». En: D. Bravo (ed.), *Actas del Primer Coloquio del programa Edice. La perspectiva no etnocentrista de la cortesía: identidad sociocultural de las comunidades hispanohablantes.* Stockholm: Universität Stockholm, pp. 17-46.

BROWMAN, Catherine P. y GOLDSTEIN, Louis M. (1992): «Articulatory Phonology: an overview». *Phonetica*, 49: 155-180.

BROWN, Penelope y LEVINSON, Stephen ([1978] 1987): *Politeness. Some Universal in Language Use.* Cambridge: Cambridge University Press.

BRUNER, Jerome (1986): *Actual Minds, Possible Worlds.* Cambridge, MA: Harvard University Press.

BYBEE, Joan (2001): *Phonology and Language Use.* Cambridge: Cambridge University Press.

— (2010): *Language, Use and Cognition.* Cambridge: Cambridge University Press.

BYBEE, Joan y HOPPER, Paul (eds.) (2001): *Frequency and the emergence of linguistics structure.* Amsterdam: John Benjamins.

CALLEJO, Javier (2001): *El grupo de discusión: introducción a una práctica de investigación.* Barcelona: Ariel.

CALSAMIGLIA BLANCAFORT, Helena y TUSÓN VALLS, Amparo (2007): *Las cosas del decir. Manual de análisis del discurso.* 2.ª ed. Barcelona: Ariel.

CALVET, Louis-Jean (1994): *Les voix de la ville. Introduction à la sociolinguistique urbaine.* Paris: Payot.

CALVET, Louis-Jean y DUMONT, Pierre (dirs.) (1999): *L'enquête sociolinguistique.* Paris: L'Harmattan.

CAMARGO, Laura (2004): *La representación del discurso en la narración oral conversacional. Estudio sociopragmático.* Alcalá de Henares: Universidad de Alcalá de Henares. Tesis doctoral.

CAMERON, Richard (1993): «Ambiguous agreement, functional compensation, and nonspecific *tú* in the Spanish of San Juan; Puerto Rico, and Madrid, Spain». *Language Variation and Change*, 5: 305-334.

CARAVEDO, Rocío (1990): *Sociolingüística del español de Lima.* Lima: Pontificia Universidad Católica del Perú.

— (2003): «Problemas conceptuales y metodológicos de la lingüística de la variación». En: F. Moreno Fernández, F. Gimeno Menéndez, J. A. Samper, M. L. Gutiérrez Araus, M. Vaquero y C. Hernández (coords.), *Lengua, variación y contexto. Estudios dedicados a Humberto López Morales.* Madrid: Arco/Libros, pp. 541-557.

— (2009): «La percepción selectiva en situación de migración desde un enfoque cognoscitivo». *Lengua y migración / Language & Migration*, 1-2: 21-38.

—— (2010): «La dimensión subjetiva en el contacto lingüístico». *Lengua y migración / Language & Migration*, 2-2: 9-26.
—— (2011): «La variación de significado en el corpus». En: P. Martín Butragueño (ed.), *Realismo en el análisis de corpus orales*. México: El Colegio de México, pp. 281-306.
Casas Gómez, Miguel (1999): *Las relaciones léxicas*. Tübingen: Max Niemeyer.
Casas Gómez, Miguel (2002): *Los niveles del significar*. Cádiz: Universidad de Cádiz.
Cedergren, Henrietta (1973): *The Interplay of social and linguistic factors in Panama*. Ithaca: Cornell University Press.
Cedergren, Henrietta y Sankoff, David (1974): «Variables rules: performance as a statistical reflection of competence». *Language*, 50: 333-355.
Cestero Mancera, Ana María (2000): *El intercambio de turnos de habla en la conversación. Análisis sociolingüístico*. Alcalá de Henares: Universidad de Alcalá de Henares.
Cestero Mancera, Ana María (2007): «Cooperación en la conversación: estrategias estructurales características de las mujeres». *Linred*. En: <http://www.linred.com/articulos_pdf/LR_articulo_24042007.pdf> [consultado el 18 de octubre de 2008].
Chambers, Jack K. (2003): «Sociolinguistics of immigration». En: D. Britain y J. Cheshire, J. (eds.), *Social dialectology: in honour of Peter Trudgill*. Amsterdam: John Benjamins, pp. 97-113.
Chambers, Jack K.; Trudgill, Peter y Schilling-Estes, Natalie (eds.) (2002): *The Handbook of Language Variation and Change*. Oxford: Blackwell.
Chomsky, Noam (1977): *El lenguaje y el entendimiento*. Barcelona: Seix-Barral.
—— ([1995] 1999): *El programa minimalista*. Madrid: Alianza.
Clark, Herbert H. (1996): *Using language*. Cambridge: Cambridge University Press.
Clark, John; Yallop, Colin y Fletcher, Janet (2007): *An Introduction to Phonetics and Phonology*. 3.ª ed. Oxford: Blackwell.
Congosto Martín, Yolanda y Méndez García de Paredes, Elena (eds.) (2011): *Variación lingüística y contacto de lenguas en el mundo hispánico. In memoriam Manuel Alvar*. Madrid/Frankfurt: Iberoamericana/Vervuert.
Coseriu, Eugenio (1973a): «Forma y sustancia en los sonidos del lenguaje». En: *Teoría del lenguaje y lingüística general*. 3.ª ed. Madrid: Gredos, pp. 115-234.
—— (1973b): «Sistema, norma y habla». En: *Teoría del lenguaje y lingüística general*. 3.ª ed. Madrid: Gredos, pp. 11-113.
Coulmas, Florian (2005): *Sociolinguistics. The Study of speakers' choices*. Cambridge: Cambridge University Press.
—— (ed.) (1997): *The Handbook of Sociolinguistics*. Oxford: Blackwell.

COULTHARD, Malcolm (1977): *An Introduction to Discourse Analysis*. London: Longman.
COUPLAND, Nikolas (2003): «Introduction: Sociolinguistics and globalization». *Journal of Sociolinguistics*, 7: 465-472.
CROCE, Benedetto ([1902] 1997): *Estética como ciencia de la expresión y lingüística general*. Málaga: Ágora.
CROFT, William (2000): *Explaining language change: An evolutionary approach*. Kondo: Longman.
—— (2007): «Construction Gramma». En: D. Geeraerts y H. Cuickens (eds.), *The Oxford Handbook of Cognitive Linguistics*. Oxford: Oxford University Press, pp. 463-508.
CROFT, William y D. Alan Cruse (2008): *Lingüística cognitiva*. Madrid: Akal.
CRYSTAL, David (2003): *English as a Global Language*. 2.ª ed. Cambridge: Cambridge University Press.
CUENCA, Maria Josep y HILFERTY, Joseph (1999): *Introducción a la lingüística cognitiva*. Barcelona: Ariel.
DAHRENDORF, Ralf (1959): *Class and Class Conflict in Industrial Society*. Stanford: Stanford University Press.
DESCARTES, René ([1637] 1995): *Discurso del método*. Barcelona: Círculo de Lectores.
DE VEGA, Manuel (1984): *Introducción a la psicología cognitiva*. Madrid: Alianza.
DECAMP, David (1970): «Is a Sociolinguistic Theory Possible?». En: J. A. Alatis (ed.), *Report of the 20th Annual Round Table Meeting on Linguistics and Language Studies*. Washington, DC: Georgetown University Press, pp. 157-173.
DEUTSCHER, Guy (2011): *El prisma del lenguaje. Cómo las palabras colorean el mundo*. Barcelona: Ariel.
DÍEZ DE REVENGA, Pilar (1999): «El amante bilingüe y la percepción del dialecto». En: P. Díez de Revenga y J. M. Jiménez Cano (eds.), *Estudios de Sociolingüística II. Sincronía y diacronía*. Murcia: DM, pp. 109-122.
DISPAUX, Gilbert (1984): *La logique et le quotidien*. Paris: Editions de Minuit.
DITTMAR, Norbert (1973): *Soziolinguistik. Exemplarische und kritishce Darstellung ihrer Theorie und Anwendung. Mit kommentierter Bibliographie*. Frankfurt: Athenaum Fischer Taschenbuch. [Edición en ingles: *A Critical Survey of Sociolinguistics: Theory and Application*. New York: St. Martin's Press. 1977.]
DITTMAR, Norbert (1989): *Variatio delectat. Le basi della sociolinguistica*. Galatina: Congedo.
DITTMAR, Norbert; SCHLOBINSKI, Peter y WACHS, Inge (1988): *The social significance of the Berlin urban vernacular*. En: N. Dittmar and P. Schlobinski (eds.). *The Sociolinguistics of Urban Vernaculars*. Berlin: De Gruyter, pp. 19-43.

DORIAN, Nancy (2010): *Investigating variation. The effects of social organization and social setting*. Oxford: Oxford University Press.

DUCROT, Oswald (1982): *Decir y no decir*. Barcelona: Anagrama.

DUNBAR, Robin (1988): *Primate Social Systems*. London: Chapman & Hall.

DURKHEIM, Émile ([1893] 1967): *De la división del trabajo social*. Buenos Aires: Shapire.

ECHEVARRÍA, Max; VARGAS, Roberto; URZÚA, Paula y FERREIRA, Roberto (2008): «Dispografo: una nueva herramienta computacional para el análisis de relaciones semánticas en el léxico disponible». *Revista de Lingüística Teórica y Aplicada*, 46-1: 81-91.

ECKERT, Penelope (2000): *Linguistic variation as a social practice*. Oxford: Blackwell.

ECO, Umberto (1999): *Kant y el ornitorrinco*. Barcelona: Lumen.

ELIAS, Norbert ([1970] 2008): *Sociología fundamental*. Bacelona: Gedisa.

ELLIS, Nick (2002): «Frequency effects in language processing: A review with implications for theories of implicit and explicit language acquisition». *Studies in Second Language Acquisition*, 24: 143-188.

ELLIS, Nick y LARSEN-FREEMAN, Diane (eds.) (2009): *Language as a Complex Adaptative System*. Chichester: Wiley-Blackwell. *Language Learning*, 59: Suppl.1.

ESCANDELL VIDAL, M. Victoria (1999): «Los enunciados interrogativos. Aspectos semánticos y pragmáticos». En: I. Bosque y V. Demonte (dirs.), *Gramática descriptiva de la lengua española. Vol. 3. Entre la oración y el discurso*. Madrid: Espasa-Calpe, pp. 3929-3991.

ESCORIZA, Luis (2009): «Consideraciones sobre el estudio de la variación léxica». En: M. Veyrat Rigat y E. Serra Alegre, *La lingüística como reto epistemológico y como acción social*. Madrid: Arco/Libros, pp. 785-796.

EVANS-PRITCHARD, Edward (1961): *Social Anthropology and Other Essays*. New York: The Free Press.

FERNÁNDEZ MARRERO, Juan Jorge (1999): «Actividad normativa y conciencia lingüística. Técnicas de control de las evaluaciones populares». En: M. Perl y K. Pörtl, *Identidad cultural y lingüística en Colombia, Venezuela y en el Caribe hispánico*. Tübingen: Max Niemeyer Verlag, pp. 175-185.

FERNÁNDEZ MARRERO, Juan Jorge (2004): *Actividad normativa y conciencia lingüística. Los problemas de la prescripción idiomática*. São Paulo: LGN.

FEYERABEND, Paul (1978): *Against Method*. London: Verso.

FILL, Alwin y MÜHLHÄUSLER, Peter (2001): *The Ecolinguistics reader*. London: Continuum.

FILLMORE, Charles J. (1988): «The mechanisms of "Construction Grammar"». *Proceedings of the Annual Meeting of the Berkeley Linguistics Society*, 14: 35-55.

FILLMORE, Charles J. (1995): *Construction Grammar. Lecture Notes.* Stanford: CSLI Publication.
FISHMAN, Joshua (ed.) (1999): *Handbook of Language and Ethnic Identity.* Oxford: Oxford University Press.
FOUGHT, Carmen (ed.) (2004): *Sociolinguistic variation: critical reflections.* Oxford: Oxford University Press.
FRATTINI, Eric y QUESADA, Montse (1994): *La entrevista. El arte y la ciencia.* Madrid: EDUDEMA.
FREGE, Gottlob ([1962] 1984): *Estudios de semántica.* Barcelona: Orbis.
GALLISTEL, Randolph (1990): *The organization of learning.* Cambridge: The MIT Press.
GARFINKEL, Harold (1967): *Studies in the Ethnomethodology.* Glewood Cliffs, NJ: Prentice-Hall.
GEERAERTS, Dirk (1989): «Introduction: Prospects and Problems of Prototype Theory». *Linguistics*, 27: 587-612.
—— (2005): «Lectal variation and empirical data in Cognitive Linguistics». En: F. J. Ruiz de Mendoza y M. S. Peña (eds.), *Cognitive linguistics. Internal Dynamics and Interdisciplinary Interaction.* Berlin/New York: Mouton/De Gruyter, pp. 225-244.
—— (ed.) (2006): *Cognitive Linguistics: Basic Readings.* Berlin-New York: Mouton de Gruyter.
—— (2008): «Prototypes, stereotypes, and semantic norms». En: G. Kristiansen y R. Dirven (eds.), *Cognitive Sociolinguistics. Language Variation, Cultural Models, Social Systems.* Berlin/New York: Mouton/De Gruyter, pp. 21-43.
—— (2010): *Theories of lexical semantics.* Oxford: Oxford University Press.
GEERAERTS, Dirk y CUICKENS, Hubert (eds.) (2007): *The Oxford Handbook of Cognitive Linguistics.* Oxford: Oxford University Press.
GEERAERTS, Dirk; KRISTIANSEN, Gitte y PEIRSMAN, Yves (2010): *Advances in Cognitive Sociolinguistics.* Berlin/New York: Mouton/De Gruyter.
GEERTZ, Clifford ([1973] 1988): *Interpretación de las culturas.* Barcelona: Gedisa.
GHOMESHI, Jila (2010): *Grammar Matters. The Social Significance of How We Use Language.* Winnipeg: Arbeiter Ring.
GIDDENS, Anthony (1982): *Profiles and critiques in social theory.* Berkeley: University of California Press.
GIGLIOLI, Pier Paolo (ed.) (1972): *Language and Social Context.* Harmondsworth: Penguin.
GILES, Howard (ed.) (1984): *The Dynamics of Speech Accomodation, International Journal of the Sociology of Language*, 46.
GILES, Howard y POWESLAND, Peter (1975): *Speech style and social evaluation.* London: Academic Press.

GIVÓN, Talmy (1979): *On Understanding Grammar*. New York: Academic Press.
— (1984): *Syntax: A Functional-Typological Introduction, 1*. Amsterdam: John Benjamins.
— (1986): «Prototypes: between Plato and Wittgenstein». En: C. Craig (ed.), *Noun, Classes and Categorization*. Amsterdam: John Benjamins, pp. 77-102.
GLEASON, Henry A. (1970): *Introducción a la lingüística descriptiva*. Madrid: Gredos.
GOLDBERG, Adele E. (1995): *Constructions: A construction grammar approach to argument structure*. Chicago: University of Chicago Press.
— (2006): *Constructions at work: The nature of generalization in language*. Oxford: Oxford University Press.
GOODENOUGH, Ward H. (1957): «Cultural anthropology and linguistics». En: P. Garvin (ed.), *Report of the Seventh Annual Round Table Meeting on Linguistics and Language Study*. Washington: Georgetown University, pp. 167-173.
GOODWIN, Marjorie (1990): *He-Shaid-She-Said: Talk as Social Organization among Black Children*. Bloomington: Indiana University Press.
GÖRLACH, Manfred (1990): *Studies in the History of the English Language*. Heidelberg: Winter.
GRANDA, Germán de (1994): *Español de América, Español de África y hablas criollas hispánicas*. Madrid: Gredos.
GRAS MANZANO, Pedro (2010): *Gramática de construcciones en interacción. Propuesta de un modelo y aplicación al análisis de estructuras independientes con marcas de subordinación en español*. Barcelona: Universitat de Barcelona.
GREENBERG, Stephen (1966): *Language universals: with special reference to feature hierarchies*. The Hague: Mouton.
GREIMAS, Algirdas Julien (1980): *Semiótica y Ciencias Sociales*. Madrid: Fragua.
GRICE, H. Paul (1989): *Studies in the Way of Words*. Cambridge: Harvard University Press.
GRIMSHAW, Allen D. (1981): *Language as Social Resource*. Stanford: Stanford University Press.
GUIBERNAU, Montserrat y REX, John (eds.) (1997): *The Ethnicity Reader. Nationalism, Multiculturalism and Migration*. Cambridge: Polity Press.
GUMPERZ, John J. y HYMES, Dell (1964): *The ethnography of communication*, American Anthropologist, 66-6, parte 2.
— (1972): *Directions in Sociolinguistics: The Ethnography of Communication*. New York: Holt, Rinehart & Winston.
GUTIÉRREZ ORDÓÑEZ, Salvador (2002): «¿Clases o tipos?». *De pragmática y semántica*. Madrid: Arco/Libros, pp. 353-394.
HAGÈGE, Claude (1985): *L'homme de paroles. Contribution linguistique aux sciences humaines*. La Fléche: Fayard.

HARRIS, Roy (1981): *The language mith*. London: Dockworth.
HAUGEN, Einar (1972): *The Ecology of Language*. Stanford: Stanford University Press.
HAVERKATE, Henk (1994): *La cortesía verbal*. Madrid: Gredos.
HAWLEY, Amos H. (1991): *Teoría de la ecología humana*. Madrid: Tecnos.
HEISENBERG, Werner (1961): *Physik und Philosophie*. Frankfurt/Berlin: Ullstein. [Edición en español: *Física y Filosofía*. Buenos Aires: La Isla. 1990.]
HENRY, Alison (2002): *«Variation and Syntactic Theory»*. En: J. K. Chambers, P. Trudgill y N. Schilling-Estes (eds.), *The Handbook of Language Variation and Change*. Oxford: Blackwell, pp. 267-282.
HERNÁNDEZ MUÑOZ, Natividad (2006): *Hacia una teoría cognitiva integrada de la disponibilidad léxica. El léxico disponible de los estudiantes castellanos-manchegos*. Salamanca: Universidad de Salamanca.
HIDALGO NAVARRO, Antonio y GRUPO VALESCO (2005): «La transcripción de un corpus de lengua hablada». En: J. Murillo Medrano (ed.), *Actas del II Coloquio Internacional del programa EDICE*. San José/Stockholm: Universidad de Costa Rica/Universität Stockholm, pp. 275-318. [Disponible en <http://www.edice.org/2coloquio/2coloquioEDICE.pdf>.]
HOPPER, Paul y TRAUGOTT, Elizabeth (1993): *Grammaticalization*. Cambridge: Cambridge University Press.
HORVATH, Barbara (1985): *Variation in Australian English: The Sociolects of Sidney*. Cambridge: Cambridge University Press.
HRUSCHKA, Daniel; CHRISTIANSEN, Morten; BLYTHE, Richard; CROFT, William; HEGGARTY, Paul; MUFWENE, Salikoko; PIERREHUMBERT, Janet y POPLACK, Shana (2009): «Building Social Cognitive Models of Language Change». *Trends in Cognitive Science*, 13-11: 464-469.
HUDSON, Richard A. (1981): *La sociolingüística*. Barcelona: Anagrama.
HUI, Feng (2007): «Changing Language Ideology and Linguistic Market in the Globalization of China». *Caligrama. Journal of Researches on Communication, Language and Media*, 3-2, <http://www.eca.usp.br/caligrama/english/05_feng.pdf>.
HUMBOLDT, Wilhelm von (1991): *Escritos sobre el lenguaje*. Barcelona: Península.
HYMES, Dell (1964): «A perspective for linguistic anthropology». En: S. Tax (ed.), *Horizons in Anthropology*. Chicago: Aldine Publishing, pp. 92-107.
HYMES, Dell (1966): «Two types of linguistic relativity (with examples from Amerindian ethnography)». En: W. Bright (ed.), *Sociolinguistics*. The Hague: Mouton, pp. 114-167.
— (ed.) (1971): *Pidginization and creolization of languages*. Cambridge: Cambridge University Press.

—— (1972): «Models of the interaction of language and social life». En: J. J. Gumperz y D. Hymes (eds.), *Directions in Sociolinguistics. The Ethnography of Communication*. New York: Holt, Rinehart & Winston, pp. 35-71.

IBÁÑEZ, Jesús (1979): *Más allá de la sociología*. Madrid: Siglo XXI.

ITKONEN, Esa (2003): *What is Language? A Study in the Philosophy of Linguistics*. Turku: Åbo Akademis Trickery.

JACKENDOFF, Ray (1983): *Semantics and Cognition*. Cambridge: The MIT Press.

—— (2006): *Foundations of language. Brain, Meaning, Grammar, Evolution*. Oxford: Oxford University Press.

JANICKI, Karol (2006): *Language misconceived. Arguing for Applied Cognitive Sociolinguistics*. Mawhah, NJ: Lawrence Erlbaum.

JOHNSON, Keith (1997): «Speech perception without speaker normalization». En: K. Johnson y J. W. Mullenix (eds.), *Talker variability in speech processing*. San Diego: Academic Press, pp. 145-165.

JOHNSTONE, Barbara (2000): *Qualitative Methods in Sociolinguistics*. Oxford: Oxford University Press.

KABATEK, Johannes (2011): «Algunos apuntes acerca de la "hibridez" y de la "dignidad" de las lenguas iberorrománicas». En: Y. Congosto Martín y E. Méndez García de Paredes (eds.), *Variación lingüística y contacto de lenguas en el mundo hispánico. In memoriam Manuel Alvar*. Madrid/Frankfurt: Iberoamericana/Vervuert, pp. 271-290.

KACHRU, Braj B. (1988): «The sacred cows of English». *English Today* 16: 3-8.

—— (2001): «New Englishes». En: R. Mesthrie (ed.), *Concise Encyclopedia of Sociolinguistics*. Amsterdan: Elsevier, pp. 519-524.

KHUN, Thomas [1962] (2006): *La estructura de las revoluciones científicas*. México: Fondo de Cultura Económica.

KLEIBER, Georges (1995): *La Semántica de los prototipos*. Madrid: Visor.

KLOSS, Heinz (1967): «*Abstand* languages and *Ausbau* languages». *Anthropological Linguistics*, 9: 29-41.

KRASHEN, Stephen D. (1982): *Principles and Practice in Second Language Acquisition*. Oxford: Pergamon.

KRISTIANSEN, Gitte (2001): «Social and linguistic stereotyping: A cognitive approach to accents». *Estudios Ingleses de la Universidad Complutense*, 9: 129-145.

—— (2004): *Referencia exofórica y estereotipos lingüísticos: una aproximación sociocognitiva a la variación alofónica libre en el lenguaje natural*. Tesis doctoral. Disponible en: <http://www.ucm.es/BUCM/tesis/fll/ucm-t27033.pdf> [consultado el 2 de agosto de 2008].

—— (2008): «Style-shifting and shifting styles: A socio-cognitive approach to lectal variation». En: F. J. Ruiz de Mendoza y M. S. Peña (eds.), *Cognitive linguistics. Internal Dynamics and Interdisciplinary Interaction*. Berlin/New York: Mouton/De Gruyter, pp. 45-88.

KRISTIANSEN, Gitte y DIRVEN, René (eds.) (2008): *Cognitive Sociolinguistics. Language Variation, Cultural Models, Social Systems*. Berlin/New York: Mouton/De Gruyter.

LABOV, William (1966): *The social stratification of English in New York City*. Washington: Center for Applied Linguistics.

—— (1969): «Contraction, Deletion, and Inherent Variability of the English Copula». *Language*, 45, 715-762.

—— (1972): *Sociolinguistic Patterns*. Philadelphia: University of Pennsylvania Press. [Edición en español: *Modelos sociolingüísticos*. Madrid: Cátedra. 1983.]

—— (1973): «The boundaries of words and their meanings». En: C.-J. N. Bailey y R. W. Shuy (eds.), *New Ways of Analysing Variation in English*. Washington: Georgetown University Press, pp. 340-373.

—— (1981): *Field methods of the project on linguistic change and variation. Sociolinguistic Working Paper Numer 81*. Austin: Southwest Educational Development.

—— (1994): *Principles of Linguistic Change. Vol. I. Internal Factors*. Oxford: Blackwell.

—— (2001): *Principles of Linguistics Change. Vol. II. Social Factors*. Oxford: Blackwell.

—— (2008): *The Cognitive Capacities of the Sociolinguistic Monitor*. En: <http://www.ling.upenn.edu/~wlabov/home.html>.

—— (2010): *Principles of Linguistics Change. Vol. III. Cognitive and Cultural Factors*. Chichester: Wiley-Blackwell.

LABOV, William; COHEN, Paul; ROBINS, Clarence y LEWIS, John (1968): *A study of the non-standard English of Negro and Puerto Rican speakers in New York City*. Philadelphia: US. Regional Survey.

LABOV, William; BARANOWSKI, Maciej y DINKIN, Aaron (2010): «The effect of outliers on the perception of sound change». *Language Variation and Change*, 22: 179-190.

LACLAU, Ernesto (2006): «Ideology and post-Marxism». *Journal of Political Ideologies,* 11-2: 103-114.

LAKOFF, George (1987): *Women, Fire, and Dangerous Things. What Categories Reveals about Mind*. Chicago: The University of Chicago.

—— (2004): *Don't think of an elephant. Know your values and frame the debate*. White River Junction, VT: Chelsea Green Publishing.

LANDAUER, Thomas K. y DUMAIS, Susan T. (1997): «A solution to Plato's problem: the Latent Semantic Analysis theory of acquisition, induction and representation of knowledge». *Psychological Review*, 104-2: 211-240.
LANDI, Paolo (1995): *Percezione e inferenza*. Joppolo: Clinamen.
LANGACKER, Ronald W. (1987): *Foundations of Cognitive Grammar. Volume I. Theoretical Prerequisites*. Standord: Stanford University Press.
—— (1991): *Foundations of Cognitive Grammar. Volume II: Descriptive Applications*. Stanford: Stanford University Press.
—— (2005): «Construction Grammars: Cognitive Radical, and Less So». En: F. J. Ruiz de Mendoza y S. Peña Cervel (eds.), *Cognitive Linguistics: Internal Dynamics and Interdisciplinary Interaction*. Berlin/New York: Mouton/De Gruyter, pp. 101-159.
LATOUR, Bruno y WOOLGAR, Steve (1986): *Laboratory Life: the Construction of Scientific Facts*. 2.ª ed. Princeton: Princeton University Press.
LAVANDERA, Beatriz (1984): *Variación y significado*. Buenos Aires: Hachette.
LE PAGE, Robert y TABOURET-KELLER, Andrée (1985): *Acts of identity: Creole-based Approaches to Language and Ethnicity*. Cambridge: Cambridge University Press.
LEVINSON, Stephen (2003): *Space in Language and Cognition*. Cambridge: Cambridge University Press.
LIEB, Hans-Heinrich (1993): *Linguistic Variables. Towards a unified theory of linguistic variation*. Amsterdam: John Benjamins.
LIEBERSON, Samuel (1966): *Explorations in Sociolinguistics*. The Hague: Mouton.
LIPSKI, John (2004): «El español de América: los contactos bilingües». En: R. Cano (coord.), *Historia de la lengua española*. Barcelona: Ariel, pp. 1117-1138.
LOPE BLANCH, Juan M. (1979): «En torno al polimorfismo». En: *Investigaciones sobre dialectología mexicana*. México: Universidad Nacional Autónoma de México, pp. 7-16.
LÓPEZ GARCÍA, Ángel (1989): *Fundamentos de lingüística perceptiva*. Madrid: Gredos.
—— (1994): «Topological linguistics and the study of linguistic variation». En: C. Martín Vide (ed.), *Current Issues in Mathematical Linguistics*. Elsevier: North-Hollan, pp. 69-77.
—— (1996): «Teoría de catástrofes y variación lingüística». *Revista Española de Lingüística*, 26: 15-42.
—— (1998): «Los conceptos de *lengua* y *dialecto* a la luz de la teoría de prototipos». *La Torre*, año III, 7-8: 7-29.

— (2003): «El lugar de la lingüística variacionista en las ciencias del lenguaje». En: F. Moreno Fernández, F. Gimeno Menéndez, J. A. Samper, M. L. Gutiérrez Araus, M. Vaquero y C. Hernández (coords.), *Lengua, variación y contexto. Estudios dedicados a Humberto López Morales*. Madrid: Arco/ Libros, pp. 671-680.

— (2004): *Babel airada. Las lenguas en el trasfondo de la supuesta ruptura de España*, Madrid: Biblioteca Nueva.

López Morales, Humberto (1984): «Desdoblamiento fonológico de las vocales en el andaluz oriental: reexamen de la cuestión». *Revista Española de Lingüística*, 14: 85-97.

— (1989): *Sociolingüística*. Madrid: Gredos.

Lorenzo, Guillermo y Longa, Víctor (2003): *Homo loquens. Biología y evolución del lenguaje*. Lugo: Tris Tram.

Lozano, Jorge; Peña-Marín, Cristina y Abril, Gonzalo (1989): *Análisis del discurso. Hacia una semiótica de la interacción textual*. 3.ª ed. Madrid: Cátedra.

Lozares, Carlos (2007): *Interacción, redes sociales y ciencias cognitivas*. Granada: Comares.

Macaulay, Ronald (1988): «What happened to sociolinguistics?». *English World Wide*, 9: 153-169.

Maia, Clarinda de Azevedo (1996): «Mirandés». En: M. Alvar (dir.), *Manual de dialectología hispánica. El español de España*. Barcelona: Ariel, pp. 159-170.

Malinowski, Bronislaw (1982): *Estudios de psicología primitiva: el complejo de Edipo*. Barcelona: Paidós.

Marcus, George y Fischer, Michael (1986): *Anthropology as Cultural Critique: An Experimental Moment in ten Human Sciences*. Chicago: University of Chicago Press.

Marina, José Antonio (2010): *Las culturas fracasadas*. Barcelona: Anagrama.

Marouzeau, Jules (1944): *La linguistique ou science du langage*. 2.ª ed. Paris: Libririe Orientaliste Paul Guthner.

Martín Alcoff, Linda y Mendieta, Eduardo (eds.) (2003): *Identities. Race, Class, Gender, and Nationality*. Oxford: Blackwell.

Martín Butragueño, Pedro (1994): «Hacia una tipología de la variación gramatical en sociolingüística del español». *Nueva Revista de Filología Hispánica*, 42: 29-75.

— (2000): «Los malentendidos naturales en el estudio sociolingüístico de la ciudad de México». *Nueva Revista de Filología Hispánica*, 48: 373-391.

— (2006): *Líderes lingüísticos. Estudios de variación y cambio*. México: El Colegio de México.

— (ed.) (2011): *Realismo en el análisis de corpus orales*. México: El Colegio de México.

MARTÍN BUTRAGUEÑO, Pedro y VÁZQUEZ LASLOP, Eugenia (2002): «Variación y dinamismo lingüístico: problemas de método». *Lexis*, 2: 305-344.

MARTÍN ZORRAQUINO, María Antonia; FORT CAÑELLAS, María Rosa; ARNAL PURROY, María Luisa y GIRALT LATORRE, Javier (1995): *Estudio sociolingüístico de la franja oriental de Aragón*. Zaragoza: Universidad de Zaragoza/Gobierno de Aragón.

MARTÍN ZORRAQUINO, María Antonia y PORTOLÉS, José (1999): «Los marcadores del discurso». En: I. Bosque y V. Demonte (dirs.), *Gramática descriptiva del la lengua española. Vol. 3. Entre la oración y el discurso*. Madrid: Espasa-Calpe, 4051-4213.

MARTINET, Jeanne (dir.) (1975): *De la teoría lingüística a la enseñanza de la lengua*. Madrid: Gredos.

MARX, Karl y ENGELS, Friedrich ([1844] 1932): *Gesamtausgabe, Abt. 1, Bd. 3*. [Edición en español: *Manuscritos económicos y filosóficos*. Madrid: Biblioteca de Autores Socialistas.] Disponible en: <http://www.ucm.es/info/bas/es/marx-eng/44mp/> [consultado el 4 de febrero de 2012].

MAURER, Bruno (1999): «Jeu de rôles et recueil de données socio (¿) linguistiques». En: L. J. Calvet y P. Dumont (dirs.), *L'enquête sociolinguistique*. Paris: L'Harmattan, pp. 115-123.

MAYNTS, Renate; HOLM, Kurt y HÜBNER, Peter ([1969] 2005): *Introducción a los métodos de la sociología empírica*. Madrid: Alianza.

MCARTHUR, Tom (1998): *The English Languages*. Cambridge: Cambridge University Press.

MEAD, George Herbert (1934): *Mind, Self, and Society*. Ed. de Charles W. Morris. Chicago: University of Chicago Press.

MEAD, Margaret ([1964] 1972): *Continuities in Cultural Evolution*. New Have: Yale University Press.

MEILLET, André (1921): *Linguistique historique et linguistique générale*. Paris: Champion.

MERTON, Robert ([1949] 1968): *Social Theory and Social Structure*. New York: The Free Press.

MESTHRIE, Rajend (2001): *Concise Encyclopedia of Sociolinguistics*. Amsterdam: Pergamon.

MESTHRIE, Rajen y TABOURET-KELLER, Andrée (2001): «Identity and Language». En: R. Mesthrie (ed.), *Concise Encyclopedia of Sociolinguistics*. Amsterdam: Elsevier, pp. 165-169.

MEYERHOFF, Miriam (2006): *Introducing Sociolinguistics*. Oxford: Routledge.

MICHAEL, John W. (1962): «The construction of the social class index». En: *Appendix A-1. Codebook*. New York: Mobilization for Youth.

MILROY, Lesley (1987a): *Language and social networks*. Oxford: Blackwell.
— (1987b): *Observing and analysing natural language*. Oxford: Blackwell.
— (1992): «New perspectives in the analisis of sex differentiation in language». En: K. Bolton y H. Kwok (eds.), *Sociolinguistics today. International perspectives*. London: Routledge, pp. 162-179.
MILROY, James y MILROY, Lesley (1985): *Authority in language: Investigating language prescription and standardisation*. London: Routledge & Kegan Paul.
MILROY, Lesley y GORDON, Mathew (2003): *Sociolinguistics. Method and interpretation*. Oxford: Blackwell.
MOLINA, José Luis; MCCARTY, Chris; AGUILAR y Laura Rota, Claudia (2007): «La estructura social de la memoria». En: C. Lozares (ed.), *Interacción, redes sociales y ciencias cognitivas*. Granada: Comares, pp. 219-234.
MONTES GIRALDO, José Joaquín (1995): *Dialectología general e hispanoamericana. Orientación teórica, metodológica y bibliográfica*. Santafé de Bogotá: Instituto Caro y Cuervo.
— (2000): *Otros estudios del español de Colombia*. Santafé de Bogotá: Instituto Caro y Cuervo.
MORALES DOMÍNGUEZ, José Francisco (coord.) (2007): *Psicología social*. 3.ª ed. Madrid: McGraw-Hill/Interamericana.
MORALES DOMÍNGUEZ, José Francisco y HUICI, Carmen (1999): *Psicología social*. Madrid: McGraw-Hill.
MORÁN, Emilio (1993): *La ecología humana de los pueblos de la Amazonia*. México: Fondo de Cultura Económica.
MORENO FERNÁNDEZ, Francisco (1988): *Sociolingüística en EE.UU. Guía bibliográfica crítica*. Málaga: Ágora.
— (1989): «Análisis sociolingüístico de actos de habla coloquiales. I». *Español actual*, 51: 5-52.
— (1994): «Sociolingüística, estadística e informática». *Lingüística*, 6: pp. 95-154.
— (1996): «Metodología del 'Proyecto para el estudio sociolingüístico del español de España y de América' (PRESEEA)». *Lingüística*, 8: 257-287.
— (2000): *Qué español enseñar*. Madrid: Arco/Libros.
— (2001): «El español en la frontera amazónica (Brasil-Colombia)». En: *II Congreso de la Lengua Española*, Valladolid, <http://cvc.cervantes.es/obref/congresos/valladolid/ponencias/unidad_diversidad_del_espanol/5_espanol_y_portugues/moreno_f.htm>.
— (2004): «Medias lenguas e identidad». En: *III Congreso de la Lengua Española*, Rosario, <http://congresosdelalengua.es/rosario/ponencias/aspectos/moreno_f.htm>.

— (2007): «Anglicismos en el léxico disponible de los adolescentes hispanos de Chicago». En: K. Potowski y R. Cameron (eds.), *Spanish in Contact*. Amsterdam: John Benjamins, pp. 41-58.

— (2009a): *Principios de sociolingüística y sociología del lenguaje*. 4.ª ed. Barcelona: Ariel.

— (2009b): «Hacia una sociolingüística cognitiva de la variación». En: M. Veyrat Rigat y E. Serra Alegre (eds.), *La lingüística como reto epistemológico y como acción social*. Madrid: Arco/Libros, pp. 839-854.

— (2009c): «Integración sociolingüística en contextos de inmigración: marco epistemológico para su estudio en España». *Lenguas y migración / Language & Migration*, 1-1: 121-156.

— (2010a): «Elementos para una fonología cognitiva de la variación». En: R. M. Castañer Martín y V. Lagüéns Gracia (eds.), *De moneda nunca usada. Estudios filológicos dedicados a José María Enguita*. Zaragoza: Institución Fernando el Católico, pp. 471-490.

— (2010b): *Las variedades de la lengua española y su enseñanza*. Madrid: Arco/Libros.

— (2011): «La entrevista sociolingüística en su dimensión cognitiva». *LinRed*, 9. [Disponible en: <http://www.linred.es/numero9.html>.]

MORENO FERNÁNDEZ, Francisco y OTERO, Jaime (1998): «Demografía de la lengua española». En: *Anuario del Instituto Cervantes. El español en el mundo 1998*. Madrid: Arco/Libros, pp. 59-86.

MORENO FERNÁNDEZ, Francisco y MORENO MARTÍN DE NICOLÁS, Irene (2011): «Dinámica perceptiva de la entrevista sociolingüística». En: P. Martín Butragueño (ed.), *Realismo en el análisis de corpus orales. Primer coloquio de cambio y variación lingüística*. México: El Colegio de México, pp. 455-490.

MORRIS, Pam (ed.) (1994): *The Bakhtin Reader: Selected Writings of Bakhtin, Medvedev, Voloshinov*. London: Arnold.

NATHAN, Geoff (2007): «Phonology». En: D. Geeraerts y H. Cuickens, *The Oxford Handbook of Cognitive Linguistics*. Oxford/New York: Oxford University Press, pp. 611-632.

NEWMAN, Isadore y BENZ, Carolyn R. (1998): *Qualitative-Quantitative Research Methodology. Exploring the Interactive Continuum*. Carbondale/Edwardsville: Southern Illinois University Press.

NIEDZIELSKI, Nancy y PRESTON, Dennis (2003): *Folk Linguistics*. Berlin/New York: Mouton/De Gruyter.

NORDBERG, Bengt (1980): *Sociolinguistic fieldwork experiences of the unit for advanced studies in Modern Swedish*. Uppsala: FUMS.

O'KEEFFE, Georgia (1976): *Georgia O'Keeffe*. New York: Viking Press.

ORTEGA Y GASSET, José ([1924] 1986): «La percepción del prójimo». En: *Ideas y creencias*. Madrid: Revista de Occidente en Alianza Editorial, pp. 123-137.

—— [1940] (1986): *Ideas y creencias*. Madrid: Revista de Occidente en Alianza Editorial.

PALMER, Gary (2000): *Lingüística cultural*. Madrid: Alianza Editorial.

PARODI, Claudia (2007): «La semántica cultural y la indianización en América: un análisis del contacto lingüístico». En: B. Mariscal y T. Miaja (eds.), *Actas del XV Congreso de la Asociación Internacional de Hispanistas*. México: Fondo de Cultura Económica, pp. 211-224.

PARSONS, Talcott (1937): *The Structure of Social Action*. New York: McGraw-Hill.

PAVLINIĆ, Andrina M. (2001): «Migrants and Migrations». En: R. Mesthrie (ed.), *Concise Encyclopedia of Sociolinguistics*. Amsterdam: Elsevier, pp. 504-509.

PEARCE, John M. (1998): *Aprendizaje y cognición*. Barcelona: Ariel.

PICKETT, James M. (1999): *The acoustics of speech communication: Fundamentals, speech perception, theory and technology*. Boston: Allyn and Bacon.

PIKE, Kenneth ([1954] 1967): *Language in relation to a unified theory of structure of human behavior*. 2.ª ed. The Hague: Mouton.

POLLNER, Melvin (1987): *Mundane Reason. Reality in Everyday and Sociological Discourse*. Cambridge: Cambridge University Press.

POPPER, Karl (1972): *Conocimiento objetivo*. Madrid: Tecnos.

POPPER, Karl y ECCLES, John (1977): *The Self ans its Brain*. Berlin: Springer.[Edición en español: *El yo y su cerebro*. Barcelona: Labor, 1980.]

POTTER, Jonathan (1998): *La representación de la realidad. Discurso, retórica y construcción social*. Barcelona: Paidós.

PRESTON, Dennis (1989): *Perceptual Dialectology: Non-linguists' Views of Areal Linguistics*. Dordrecht: Foris.

—— (1993): «Variationist linguistics and second language acquisition». *Second Language Research*, 9-2: 153-172.

—— (1994): «Content-oriented discourse analysis and folk linguistics». *Language Sciences*, 16-2: 285-331.

—— (2000): «Three kinds of sociolinguistics and SLA: A psycholinguistic perspective». En: B. Swierzbin *et al.* (eds.), *Social and Cognitive Factors in SLA*. Somerville, MA: Cascadilla, pp. 3-30.

—— (2004): «Language with an Attitude». En: J. K. Chambers, P. Trudgill y N. Schilling-Estes (eds.), *The Handbook of Language Variation and Change*. Oxford: Blackwell, pp. 40-66.

—— (2010): «Perceptual dialectology in the 21st century». En: C. A. Anders, M. Hunt y A. Lasch (eds.), *Perceptual dialectology. Neue Wege der Dialektologie*. Berlin/New York: Mouton/De Gruyter, pp. 1-30.

PUTNAM, Hilary (1975): «The meaning of meaning». En: K. Gunderson (ed.), *Language, Mind and Knowledge*. Minnesota: University of Minnesota, pp. 131-193.

QUINE, Willard Van Orman (1960): *Word and Object*. Cambridge: The MIT Press.

RAMÓN Y CAJAL, Santiago ([1899] 2009): *Reglas y consejos sobre investigación científica (los tónicos de la voluntad)*. Alcalá la Real: Formación Alcalá.

REYES, Graciela (2002): *Metapragmática*. Valladolid: Universidad de Valladolid.

RICKFORD, John R. (1986): «The need for new approaches to social class analysis in sociolinguistics». *Language and communication*, 6-3: 215-221.

RITZER, George (1996): *Teoría sociológica contemporánea*. Madrid: McGraw-Hill.

ROBERSON, Debi (2005): «Color categories are culturally diverse in cognition as well as in language». *Cross-Cultural Research*, 39: 56-71.

ROCK, Paul Elliott (1979): *The Making of Symbolic Interactionism*. London: Macmillan.

ROMAINE, Suzanne (1982): *Sociolinguistic Variation in Speech Communities*. London: Arnold.

ROSCH, Eleanor (1975): «Cognitive representations of semantic categories». *Journal of Experimental Psychology General*, 104: 192-233.

ROSCH, Eleanor y LLOYD, Barbara (1978): *Cognition and Categorization*. Hillsdale, NJ: Lawrence Erlbaum Associates.

ROSSI LANDI, Ferrucio (1970): *El lenguaje como trabajo y como mercado*. Caracas: Monte Ávila.

—— (1974): *Ideologías de la relatividad lingüística*. Buenos Aires: Nueva Visión.

RUIZ DE MENDOZA, Francisco y PEÑA, M. Sandra (eds.) (2005): *Cognitive linguistics. Internal Dynamics and Interdisciplinary Interaction*. Berlin/New York: Mouton/De Gruyter.

SACKS, Harvey (1992): *Lectures on Conversation*. G. Jefferson (ed.). Oxford: Basil Blackwell.

SANCHO PASCUAL, María (2008): *La inmigración ecuatoriana en Madrid. Análisis de actitudes lingüísticas*. Alcalá de Henares: Universidad de Alcalá de Henares. Trabajo de investigación inédito.

SANKOFF, David (ed.) (1978): *Linguistic variation. Models and methods*. New York: Academic Press.

—— (1988): «Sociolinguistics and syntactic variation». En: F. J. Newmeyer (ed.), *Linguistics: The Cambridge survey, vol. IV, The sociocultural context*. New York: Academic Press, pp. 140-161.

SANKOFF, David; CEDERGREN, Henrietta; KEMP, William; THIBAULT, Pierrette y VINCENT, Diane (1989): «Montreal French: Language, class, and ideology». En: Ralph Fasold y D. Schiffrin (eds.), *Language change and variation*. Amsterdam: John Benjamins, pp. 107-118.

SANKOFF, David y LABERGE, Suzanne (1978): «The linguistic market and the statistical explanation of variability». En: D. Sankoff (ed.), *Linguistic Variation: Models and Methods*. New York: Academic Press, pp. 239-250.

SANKOFF, David; TAGLIAMONTE, Sallie y SMITH, Eric (2005): *Goldvarb X. a multivariate analysis application*. Toronto/Ottawa: University of Toronto/University of Ottawa. [Disponible en: <http://individual.utoronto.ca/tagliamonte/Goldvarb/GV_index.htm>.]

SANZ, Gema (2008): *Actitudes lingüísticas de los inmigrantes rumanos en Alcalá de Henares*. Alcalá de Henares: Universidad de Alcalá de Henares. Trabajo de investigación inédito.

SAPIR, Edward (1921): *Language: An Introduction to the Study of Speech*. New York: Harcourt Brace Jovanovicg Inc.

—— (1952): *Culture, language and personality*. D. G. Mandelbaum (comp.). Berkeley: University of California Press.

SAUSSURE, Ferdinand ([1916] 1945): *Curso de lingüística general*. Ch. Bally y A. Sechehaye (eds.); A. Alonso (trad.). Buenos Aires: Losada.

SAVILLE-TROIKE, Muriel (1982): *The ethnography of communication. An introduction*. Oxford: Balckwell.

SCHAFF, Adam (1969): *Introducción a la semántica*. México: Fondo de Cultura Económica.

—— (1975): *Lenguaje y conocimiento*. 2.ª ed. México: Grijalbo.

SCHEGLOFF, Emanuel y SACKS, Harvey (1973): «Opening up closings». *Semiotica*, 8: 289-327.

SCHIFFRIN, Deborah (1994): *Approaches to discourse*. Oxford: Blackwell.

SCHILLING-ESTES, Natalie (2004): «Exploring Intertextuality in the Sociolinguistic Interview». En: C. Fought (ed.), *Sociolinguistic Variation. Critical Reflections*. Oxford: Oxford University Press, pp. 44-61.

SCHLIEBEN-LANGE, Brigitte y WEYDT, Harald (1981): «Wie realistisch sind Variationsgrammatiken?». En: H. Geckeler *et al.*, *Logos Semantikos. Studia Linguistica in Honorem E. Coseriu* (vol. V). Madrid/Berlin/New York: Gredos/De Gruyter, pp. 117-145

SCHNEIDER, Edward W. (2007): *Postcolonial English. Varieties around the world*. Cambridge: Cambridge University Press.

SCHOLFIELD, Phil (1994): *Quantifying Language. A Researcher's and Teacher's Guide to Gathering Language Data and Reducing it to Figures*. Clevedon: Multilingual Matters.

SCHUCHARDT, Hugo (1909a): «Die Lingua Franca». *Zeitschrift für Romanische Philologie*, 33: 441-461.

—— (1909b): *Pidgins and Creole Languages*. G. Gilbert (ed.). London: Cambridge University Press. 1980.

SCHÜTZ, Alfred (1974): *El problema de la realidad social*. Buenos Aires: Amorrortu.

—— (1976): *Collected Papers II: Studies in Social Theory*. The Hague: Martinus Nijhoff.

—— (1999): *Estudios sobre teoría social*. Buenos Aires: Amorrortu.

Searle, John (1976): «The classification of illocutionary acts». *Language in Society*, 5: 1-24.

—— (1980): *Actos de habla*. Madrid: Cátedra.

SHAW, Marvin E. (1981): *Group dynamics: The social psychology of small group behaviour*. 3.ª ed. New York: McGraw-Hill.

SHEPARD, Carolyn A.; GILES, H. y Le Poire, Beth A. (2001): «Communication accommodation theory». En: W. P. Robinson y H. Giles (eds.), *New handbook of language and social psychology*. Chichester: Wiley, pp. 33-56.

SHUY, Roger W.; WOLFRAM, Walter A. y Riley, William K. (1968): *Field techniques in an urban language study*. Washington, DC: Center for Applied Linguistics.

SILVA CORVALÁN, Carmen (1989): *Sociolingüística. Teoría y análisis*. Madrid: Alhambra.

—— (2001): *Sociolingüística y pragmática*. Washington, DC: Georgetown University Press.

SILVERSTEIN, Michael (1976): «Shifters, linguistic categories, and cultural description». En: K. H. Basso y H. B. Selby (eds.), *Meaning in Anthropology*. Albuquerque: University of New Mexico Press, pp. 11-55.

SIMMEL, Georg (1971): *On individuality and social forms*. Chicago: The University of Chicago Press.

SINGH, Rajendra (ed.) (1996): *Towards a Critical Sociolinguistics*. Amsterdam: John Benjamins.

SMALL, Steven L. (1997): «*Semantic Category Imprecision*: A Connectionist Study of the Boundaries of Word Meanings». *Brain and Language*, 57: 181-194.

SOBRERO, Alberto (1978): «Borgo, città, territorio: alcuni problemi di metodo nella dialettologia urbana». *Rivista Italiana di Dialettologia,* II-1: 9-21.

SOLÉ, Ricard (2009): *Redes complejas. Del genoma a Internet*. Barcelona: Tusquets.

STALNAKER, Robert C. (1999): *Context and Content*. Oxford: Oxford University Press.

STEHL, Thomas (1988): «Les concepts de continuum et de gradatum dans la linguistique variationnelle». En: D. Kremer (ed.), *Actes du XVIIIe Congrès International de Linguistique et de Philologie Romanes*. Vol. V. Tübingen: Niemeyer, pp. 28-40.

STEWART, William (1962): «Outline of Linguistic Typology for Describing Multilingualism». En: F. A. Rice (ed.), *Study of the Role of Second Language in Asia, Africa, and Latin America.* Washington DC: Center for Applied Linguistics, pp. 15-25.
STUART-SMITH, Jane (1999): «Glasgow: Accent and voice quality». En: P. Foulkes y G. Docherty (eds.), *Urban Voices.* London: Arnold, pp. 203-222.
STUBBS, Michael (1987): *Análisis del discurso. Análisis sociolingüístico del lenguaje natural.* Madrid: Alianza.
TABOURET-KELLER, Andrée (1997): «Language and Identity». En: F. Coulmas (ed.), *The Handbook of Sociolinguistics.* Oxford: Blackwell, pp. 315-326.
TAGLIAMONTE, Salie A. (2006): *Analysing Sociolinguistic Variation.* Cambridge: Cambridge University Press.
TAJFEL, Henri (1984): *Grupos humanos y categorías sociales.* Barcelona: Herder.
TANNEN, Deborah y WALLAT, Cynthia (1993): «Interactive frames and Knowledge Schemas in Interaction: Examples from a Medical Examination/Interview». En: D. Tannen (ed.), *Framing in Discourse.* New York: OUP, pp. 57-76.
TAYLOR, John R. (1995): *Linguistic Categorization. Prototypes in Linguistic Theory.* 2.ª ed. Oxford: Oxford University Press.
«The Five Graces Group» (2007): «Language is a Complex Adaptative System». Santa Fe Institute. En: <http://*www.santafe.edu/media/workingpapers/08-12-047.pdf*> [consultado el 24 de abril de 2011].
TOMASELLO, Michael (2007): *Los orígenes culturales de la cognición humana.* Buenos Aires: Amorrortu.
TRAUGOTT, Elizabet (1995): «Subjectification in grammaticalization». En: S. Wright y D. Stein (eds.), *Subjectivity and Subjectivization.* Cambridge: Cambridge University Press, pp. 31-54.
TRAUGOTT, Elizabeth y HEINE, Bernd (eds.) (1991): *Approaches to Grammaticalization.* Amsterdam: John Benjamins.
TRAUGOTT, Elizabeth y DASHER, Richard B. (2002): *Regularity in semantic change.* Cambridge: Cambridge University Press.
TRIVES, Estanislao Ramón (1999): «Lengua, realidad y política lingüística». En: P. Díez de Revenga y J. M. Jiménez Cano (eds.), *Estudios de Sociolingüística II. Sincronía y diacronía.* Murcia: DM, pp. 243-262.
TRUDGILL, Peter (1972): «Sex, covert prestige and linguistic change in the urban British English of Norwich». *Language in Society*, 1: 179-195.
TRUDGILL, Peter (1974): *Sociolinguistics. An introduction.* Harmondswoth: Penguin.
—— (2003): *A Glossary of Sociolinguistics.* Edinburgh: Edinburgh University Press.
TYLOR, Edward ([1871] 1995): «La ciencia de la cultura». En: J. S. Kahn (comp.), *El concepto de cultura.* Barcelona: Anagrama, pp. 29-46.

UNGERER, Friedrich y SCHMID, Hans-Jörg (1996): *An Introduction to Cognitive Linguistics*. Cambridge: Cambridge University Press.
VALÉRY, Paul (2007): *Cuadernos (1894-1945)*. Barcelona: Galaxia Gutemberg.
VAN DIJK, Teun A. (1978): *La ciencia del texto*. Barcelona: Paidós.
—— (1999): *Ideología. Una aproximación multidisciplinar*. Barcelona: Gedisa.
—— (2011): *Sociedad y discurso. Cómo influyen los contextos sociales sobre el texto y la conversación*. Barcelona: Gedisa.
VENDRYÈS, Joseph (1950): *Le langage*. Paris: Albin Michel.
VIDAL DE LA BLACHE, Paul (1922): *Principes de géographie humaine*. Paris: Armand Colin.
VILADOT Y PRESAS, Maria Àngel (2008): *Lengua y comunicación intergrupal*. Barcelona: Editorial UOC.
VILLENA PONSODA, Juan A. (1984-1985): «Variación o sistema. El estudio de la lengua en su contexto social: William Labov». *Analecta Malacitana*, VII-2: 267-295; VIII-1: 3-45.
VILLENA PONSODA, Juan A. (1992): *Fundamentos del pensamiento social sobre el lenguaje (Constitución y Crítica de la Sociolingüística)*. Málaga: Ágora.
—— (1994): *La ciudad lingüística. Fundamentos críticos de la sociolingüística urbana*. Granada: Universidad de Granada.
—— (2001): *La continuidad del cambio lingüístico*. Granada: Universidad de Granada.
—— (2005): «How similar are people who speak alike? An interpretive way of using social networks in social dialectology research». En: P. Auer, F. Hinskens y P. Kerswill (eds.), *Dialect Change: Convergence and Divergence in European Languages*. Cambridge: Cambridge University Press, pp. 303-334.
—— (2008a): «Redes sociales y variación lingüística: el giro interpretativo en el variacionismo sociolingüístico». En: P. Cano López, I. Fernández, M. González Pereira, G. Prego y M. Souto (eds.), *Actas del VI Congreso de Lingüística General. Vol. III. Lingüística y variación de las lenguas*. Madrid: Arco/Libros, pp. 2769-2803.
—— (2008b): «Sociolingüística: corrientes y perspectivas». En: R. Reyes (dir.), *Diccionario Crítico de Ciencias Sociales*. En: <http://www.ucm.es/info/eurotheo/diccionario/S/sociolinguistica.htm> [consultado el 2 de agosto de 2010].
VOLOSHINOV, Valentin N. [atribuido a M. Bajtín] ([1929] 1973): *Marxism and the Philosophy of Language*. New York: Seminar Press-Harvard University Press-Academic Press.
VOSSLER, Karl ([1904] 1929): *Positivismo e idealismo en la lingüística y el lenguaje como creación y evolución*. Madrid: Poblet.
VYGOTSKY, Lev S. (1978): *Mind in Society*. Cambridge, MA: Harvard University Press.
—— (1986): *Pensamiento y lenguaje*. Barcelona: Paidós.

WALTER, Henriette (1975): «Diversidad fonológica y comunidad lingüística». En: J. Martinet (dir.), *De la teoría lingüística a la enseñanza de la lengua*. Madrid: Gredos, pp. 190-206.
WARDHAUGH, Ronald (1986): *An Introduction to Sociolinguistics*. Oxford: Blackwell.
WEBER, Max ([1987] 1921): *La ciudad*. Madrid: La Piqueta.
WEINREICH, Uriel (1952): *Languages in contact*. The Hague: Mouton. [Edición en español: *Lenguas en contacto*. Caracas: Universidad Central de Venezuela, 1974.]
—— (1954): «Is a Structural Dialectology Possible?». *Word*, X: 388-400.
WELLMAN, Barry y Berkowitz, Stephen D. (eds.) (1988): *Social Structures: A Network Approach*. Cambridge: Cambridge University Press.
WERLEN, Iwar (ed.) (1995): *Verbale Kommunikation in der Stadt*. Tübingen: Gunter Narr.
WHORF, Benjamin Lee (1940): «Science and linguistics». *Technology Review*. 40: 229-231; 247-248. En: J. B. Carrol (ed.), *Language, Thought and Reality: Selected Writings of Benjamin Lee Whorf*. New York: Wiley. 1956. [Edición en español: *Lenguaje, pensamiento y realidad*. Barcelona: Barral, 1971.]
WIERZBICKA, Anna (1991): *Cross-cultural Pragmatics. The Semantics of Human Interaction*. Berlin/New York: Mouton/De Gruyter.
WIERZBICKA, Anna (1994): «Cultural scripts: A new approach to the study of cross-cultural communication». En: M. Pütz (ed.), *Language Contact and Language Conflict*. Amsterdam: John Benjamins, pp. 69-87.
—— (2006): *English: Meaning and Culture*. Oxford: Oxford University Press.
WILLIAMS, Glyn (1992): *Sociolinguistics. A sociological critique*. London: Routledge.
WILLIS, Gordon B. (2005): *Cognitive Interviewing. A Tool for Improving Questionnaires Design*. Thousand Oaks: Sage Publications.
WITTGENSTEIN, Ludwig (2009): *Obra completa*. Isidoro Reguera (ed.). Madrid: Gredos. Volumen I: *Tractatus logico-philosophicus* [1921]. *Investigaciones filosóficas* [1953]. *Sobre la certeza* [1969].
WOLF, Mauro (1982): *Sociologías de la vida cotidiana*. Madrid: Cátedra.
WOOLARD, Kathryn A. (1985): «Language variation and cultural hegemony: Toward an integration of linguistic and sociolinguistic theory». *American Ethnologist*, 12: 738-748.
ZIMMER, Tanja (2011): *El español hablado por los afrocostarricenses. Estudio lingüístico y sociolingüístico*. Frankfurt am Main: Peter Lang.
ZIMMERMANN, Klaus (2011): «La construcción ecolingüística del contacto de lenguas (español y lenguas amerindias)». En: Y. Congosto Martín y E. Méndez García de Paredes (eds.), *Variación lingüística y contacto de lenguas en el mundo hispánico. In memoriam Manuel Alvar*. Madrid/Frankfurt: Iberoamericana/Vervuert, pp. 361-390.

ÍNDICE TEMÁTICO

A

Abercrombie, Nicholas 52
acento 238, 240, 242
aceptabilidad 134, 135, 136, 139, 141, 172, 173
acomodación 19, 21, 31, 33, 34, 35, 36, 37, 40, 54, 57, 71, 81, 82, 87, 237, 238, 239
acreditaciones 75
actitudes lingüísticas 16, 17, 28, 35, 46, 62, 67, 81, 82, 143, 177, 193, 203, 205, 213, 214, 215, 217, 218, 219, 226, 227, 233, 237, 238, 242, 243
actos de habla 24, 71, 77, 78, 80, 86, 87, 187, 191, 192, 243
adjetivos 134, 140
adolescentes 185
adquisición 24, 31, 35, 36, 41, 64, 89, 90, 92, 118, 120, 132, 139, 238, 240, 242
adverbios 115
afectivos, factores 58, 205, 215
afijos 126
África 53, 234
agramaticalidad 135
agrupación social 19, 27, 47, 48, 51, 52, 53, 54, 55, 57, 62, 64, 65, 67, 69, 72, 78, 81, 82, 102, 116, 120, 123, 124, 137, 145, 162, 168, 178, 226, 238
aire de familia 37, 110, 219, 243
Alba, Orlando 115
Albelda, Marta 181, 182
Alcalá de Henares, España 196, 203, 205, 209
Alliéres, Jacques 159
almacenamiento 10, 16, 28, 30, 47, 95, 96, 98, 104, 107, 112, 132, 134, 147, 148, 154, 155, 162, 168, 174, 175
Almeida, Manuel 229
alternancia de lenguas 238
Alvar, Manuel 159
ambiente 18, 34, 115, 167, 170
América 53, 159, 162, 220, 221, 223, 234, 243

análisis de componentes principales 208
análisis de la conversación 74, 203
análisis del discurso 71, 203, 207
análisis de regla variable 160
analogía 131, 132, 133, 134, 135, 143
ancianos 55, 56
Andalucía, España 159, 162, 221, 240
Ander-Egg, Ezequiel 179
antropología 19, 71, 74, 84, 86, 217
Anttila, Arto 94
apelaciones referenciales 204
aprendibilidad 139
aprendizaje 10, 11, 23, 29, 35, 46, 60, 73, 91, 92, 216, 225, 237, 240
apriorismo 84
Arao, Lilian A. 203
Arfuch, Leonor 179
Argentina 122, 220, 221, 222
argumentaciones 25, 74, 94
Aristóteles 38, 97
Armstrong, Sharon L. 110
Asia 53, 234, 243
Asociación de Academias de la Lengua Española 122
audiencia 53, 184, 202
Auer, Peter 43, 223, 239
Australia 122, 220, 223, 227
Authier, Jacqueline 172
autonomía 235
autopercepción 242
auto-reguladores 204
Ávila, Antonio 120
Azurmendi Ayerbe, María-José 44

B

Badia, Antoni 233
Bailey, Charles-James N. 38, 97
bajoalemán 235
Bajtín, Mijaíl 20, 25, 106, 115

Baker, Paul 35
bandas juveniles 56
Baranowski, Maciej 172
Barlow, Michael 35
Bartmiński, Jerzy 73, 85, 176, 244
bassa 73
Bauer, Laurie 122
Belfast, Irlanda del Norte 13
Bell, Allan 53, 184
Benveniste, Émile 38
Benz, Carolyn 175, 176
Berger, Peter 74
Berkowitz, Stephen D. 58
Bernárdez, Enrique 27
Bernard, Thomas 44
Bernstein, Basil 52, 120, 141
Bickerton, Derek 14
Bierwisch, Manfred 111, 114
bilingües 12, 229, 230, 233, 236, 241, 244
bilingüismo 229, 233
biología 11, 25, 101, 110, 152
Blache, Vidal de la 170
Blakemore, Sarah-Jayne 11
Blas Arroyo, José Luis 229
Blommaert, Jan 154, 241
Bolivia 235
Bortoni Ricardo, Stella M. 61
Bosque, Ignacio 139
Bossong, Georg 236
Boston, Estados Unidos de América 30
Bourdieu, Pierre 14, 27, 64, 65, 74, 80, 115
Bratman, Michael E. 26
Briggs, Charles L. 183
Bright, William 52, 53, 229, 233
Briz, Antonio 79, 207
Browman, Catherine P. 150
Bruner, Jerome 30, 63
Bybee, Joan 32, 34, 98, 112, 126, 130, 133, 134, 135, 136, 140, 161

C

Calella, España 60
Callejo, Javier 203
Calsamiglia Blancafort, Helena 79
Calvet, Louis-Jean 46, 53
Camagüey, Cuba 222
Camargo, Laura 76
cambio lingüístico 12, 18, 24, 26, 27, 31, 35, 36, 37, 60, 62, 89, 99, 100, 101, 102, 150, 158, 173, 178, 216, 227
cambio semántico 106, 121
cambio social 43, 44, 72, 239
Cameron, Richard 13
Canadá 122, 223
Canarias, España 156, 159, 162, 221
Cane Walk, Guyana 54
capacidad léxica 117, 118, 120
capital lingüístico 64
Caravedo, Rocío 22, 92, 121, 145, 146, 153, 154, 240, 242
Caribe 220
Carolina del Sur, Estados Unidos de América 30
Casado, Manuel 84
Casas, Miguel 76, 106, 115, 124
castas 53, 68
Castilla, España 56, 162, 220, 221, 222, 227, 234, 235, 240
Cataluña, España 60
categorías 19, 75, 96, 98, 99, 103, 109, 110, 129, 132, 135, 136, 141, 143, 147, 148, 149, 150, 151, 152, 162, 163, 191, 219, 220, 221, 226, 233, 237
categorización 18, 19, 27, 30, 37, 48, 51, 56, 62, 65, 67, 69, 73, 83, 86, 95, 96, 98, 103, 104, 109, 126, 129, 130, 131, 132, 146, 147, 148, 162, 163, 204, 216, 220, 221, 225, 226
Cedergren, Henrietta 13, 104, 160
centralidad 19, 37, 92, 120, 132, 223
cerebro 10, 11, 23, 96, 109, 152, 155
cerebro social 11
Cestero Mancera, Ana M. 196
chabacano 235
Chambers, Jack K. 229, 241
Chicago, Estados Unidos de América 113

Chile 220, 221
China 64
chinook 235
Chomsky, Noam 14, 23, 38, 139, 168
chunks 134
Ciencias Sociales 10, 169
cintas estímulo 177
ciudad 45, 46, 51, 52, 203, 222
Clark, Herbert H. 27
Clark, John 125
clase alta 52, 63, 93
clase media 52, 53, 141
clase obrera 52, 53, 141
clase social 16, 19, 29, 30, 46, 51, 54, 57, 69, 138, 141, 177
cláusulas 126, 132
clima 217
clíticos 133
códigos elaborados 52, 141
códigos restringidos 52, 141
cognitivismo 11, 21, 30, 110, 111, 127, 143, 147, 152, 162, 165, 172, 173, 177, 199, 201, 244
Cohen, Paul 196
Colombia 122, 222, 227
colonias 12
coloquio 79, 181, 182, 188, 192, 196, 198
colores 73
competencia 15, 16, 26, 38, 39, 64, 65, 103, 104, 152, 154, 160, 161, 175, 177
competencia cultural 46
competencia lingüística 15, 46, 64, 152, 154, 160
competencia pragmática 46
competencia sociolingüística 15, 16, 46, 103, 104, 161, 177
componente constitutivo 48
componente regulador 48
composicionalidad 136
comprensión 11, 19, 20, 35, 40, 74, 93, 96, 106, 116, 139, 167, 170, 171, 172, 177, 178, 192, 206, 209, 238
comunidad de habla 16, 19, 45, 46, 47, 59, 61, 73, 85, 90, 94, 100, 120, 138, 142, 145, 162, 175, 182, 230, 232, 235
comunidades multilingües 36, 236, 237, 243

comunidad homogénea 160, 168
comunidad idiomática 161, 225, 244
conceptualización objetiva 197
conducta lingüística 18, 19, 43, 46, 51, 57, 62, 243
conflicto 11, 26, 44, 51, 97, 138, 170, 188
conjunciones 113
conocimiento 9, 10, 11, 12, 15, 16, 17, 19, 24, 26, 29, 56, 60, 64, 71, 72, 73, 79, 84, 85, 86, 89, 98, 110, 112, 117, 118, 120, 123, 124, 127, 129, 162, 181, 199, 212, 213, 215, 217, 222, 227, 238, 240
consenso 30, 43, 51, 52, 76, 87, 111, 119, 120
conservadurismo 53, 215
construcción 19, 27, 32, 78, 91, 107, 108, 111, 112, 113, 115, 125, 126, 127, 128, 129, 130, 131, 132, 134, 135, 136, 137, 139, 140, 141, 143, 147, 158, 173
construccionismo 74, 125, 129, 130
contexto 12, 17, 18, 20, 21, 24, 26, 31, 33, 34, 36, 37, 38, 43, 44, 63, 69, 70, 74, 77, 78, 79, 80, 84, 92, 93, 94, 96, 103, 104, 107, 109, 112, 113, 115, 116, 123, 125, 126, 130, 131, 135, 137, 138, 139, 140, 141, 143, 144, 145, 146, 147, 152, 153, 154, 155, 157, 158, 159, 160, 162, 170, 172, 174, 175, 179, 183, 186, 187, 196, 198, 202, 205, 207, 208, 209, 211, 212, 232, 236, 238, 241, 242, 247
contextos migratorios 92, 240, 241
convenciones 27, 115, 127, 129, 130, 132, 134, 136, 140, 141, 172
convergencia 34, 37, 81, 82, 237, 238, 239, 241
conversación 36, 38, 71, 74, 77, 79, 86, 181, 182, 183, 188, 189, 190, 192, 193, 196, 198
Corea 223
core grammar 129
corporeización 27, 37
corpus lingüísticos 14, 35, 37, 111, 168, 174, 177, 178, 186, 212
corrección lingüística 63, 83, 93, 111, 138, 182, 215, 216, 217, 218, 219, 235
cortesía 82, 83, 84, 206, 207, 209, 238, 241
Coseriu, Eugenio 158
costumbres 73
Coulmas, Florian 19, 37, 83, 95, 96, 229
Coulthard, Malcolm 80
creencias 11, 17, 18, 62, 67, 73, 76, 81, 82, 116, 193, 213, 215, 218, 219, 226, 227, 237, 242
créole haitiano 235
criollistas 14, 15, 230

Croft, William 129
Cruse, D. Alan 129
Crystal, David 223
cuantificación 13, 15, 37, 102, 142, 154, 176, 177, 178, 180, 181, 198, 203, 208, 211
Cuba 221, 235
Cuenca, Maria Josep 11, 19, 32, 37, 132, 133, 220
cuestionarios 176, 178, 192
cultura 9, 16, 20, 24, 25, 26, 27, 34, 35, 37, 43, 44, 45, 46, 47, 48, 49, 51, 52, 58,
 61, 69, 70, 71, 72, 73, 74, 78, 79, 83, 84, 85, 86, 87, 99, 100, 114, 115, 120, 186,
 188, 199, 213, 215, 216, 217, 221, 222, 227, 233, 237, 238, 239, 245, 247
Cuykens, Hubert 37

D

dahalo 235
Dahrendorf, Ralf 44
dato conceptual 167, 169
dato nemónico 167, 169
dato sensorial 167, 169
Davis, Kingsley 43
DeCamp, David 19
deducción 14
deícticos 100
denotación 114, 115, 117, 124
dequeísmo 140
Descartes, René 165
descripciones 72, 75, 76, 138, 142, 157, 167, 172
descriptores situacionales 204
deslealtad 233
deterioro de lenguas 36, 242
determinismo 85
Detroit, Estados Unidos de América 52
Deutscher, Guy 73
De Vega, Manuel 11
dialecto 30, 36, 45, 56, 62, 63, 65, 67, 91, 93, 101, 110, 117, 121, 181, 217, 218,
 219, 220, 221, 226, 227, 235, 236, 239, 242
dialectología perceptiva 218, 227
diálogo argumental 79
diálogo de estrategas 79

diálogo de expertos 79
diálogo de ideólogos 79
diálogo de sordos 79
diasistema 160
diccionario 39, 108, 115, 235
diccionario académico 115
diccionario *Merrian-Webster* 115
diglosia 234
dinámica de la entrevista 211
dinámica perceptiva 211
Dinkin, Aaron 172
Dirven, René 21, 119
discurso 13, 19, 20, 21, 24, 28, 29, 35, 36, 37, 38, 56, 63, 64, 71, 72, 73, 74, 75,
    76, 77, 78, 79, 80, 81, 82, 83, 84, 86, 87, 90, 92, 93, 94, 98, 104, 105, 106,
    108, 109, 111, 112, 113, 114, 115, 116, 117, 118, 119, 121, 123, 124, 125,
    126, 129, 132, 133, 134, 137, 138, 139, 140, 141, 142, 144, 165, 176, 177,
    179, 180, 181, 182, 183, 184, 185, 186, 187, 188, 189, 190, 191, 192, 193,
    195, 196, 197, 198, 199, 201, 202, 203, 204, 205, 206, 207, 208, 209, 210,
    211, 212, 240, 242
Dispaux, Gilbert 79
ditransitivas 126
Dittmar, Norbert 14, 120, 172
divergencia 15, 34, 37, 81, 82, 237, 239, 241
Dorian, Nancy 15
Ducrot, Oswald 123
Dumais, Susan T. 111
Dunbar, Robin 11
Durkheim, Émile 18

E

ebonics 56
Eccles, John 96
Eckert, Penelope 182
ecolingüística 33, 34, 37
economía 53, 64, 171, 172, 178, 222
Eco, Umberto 30
ecuatorianos 238, 240
edad 28, 29, 30, 48, 118, 120, 159, 202, 211

educación 11, 36, 40, 60, 64, 85, 117, 118, 120, 215, 238
Egipto 223
ejemplar 19, 95, 96, 129, 130, 148, 149, 154, 157, 218, 219, 222, 225, 226
elección de lenguas 12, 36
elección lingüística 18, 19, 27, 31, 35, 37, 71, 82, 87, 94, 95, 96, 101
elección racional 19
elemento G 193, 194, 195, 196, 197
Ellis, Nick 23, 100, 135
embodiment 27, 37
emergencia 12, 24, 25, 26, 35, 55, 95, 98, 103, 107, 109, 114, 116, 123, 124, 127, 130, 136, 154, 162, 242, 245, 247
emic 169
emigración 239
emisor 53, 76, 133
encuestas 165, 176, 177
energeia 38
enfocadores de alteridad 204, 209
enfocadores de comprensión 204
Engels, Friedrich 44
enseñanza 36, 64, 138, 157, 233, 236
enseñanza de idiomas 36
entorno 9, 10, 17, 18, 25, 34, 37, 43, 44, 45, 46, 47, 48, 49, 51, 58, 61, 69, 70, 72, 73, 74, 82, 83, 89, 91, 92, 93, 94, 96, 99, 104, 111, 115, 116, 139, 143, 160, 167, 191, 192, 203, 230, 232, 241, 245
entorno objetivo 47
entorno percibido 47
entrevista clandestina 198
entrevista cognitiva 203
entrevistador 183, 184, 186, 187, 188, 189, 190, 191, 192, 193, 194, 196, 208, 209, 210, 211, 212
entrevistados 195, 203
entrevista semidirigida 180, 181, 183, 185, 197, 198, 201, 210, 211
entrevista sociolingüística 15, 21, 174, 177, 178, 179, 180, 181, 182, 183, 184, 185, 186, 187, 188, 189, 190, 191, 192, 193, 194, 195, 196, 197, 198, 199, 201, 202, 203, 204, 205, 208, 209, 210, 211, 212
enunciación 23, 38, 39, 103
enunciados 27, 39, 77, 80, 90, 91, 96, 107, 109, 111, 112, 139, 207
equivalencia semántica 106, 107, 112
ergon 38

errores 76, 100, 218, 219, 242
Escandell, Victoria 207
escenarios 24, 38, 43, 44, 47, 74, 186, 187, 189, 192, 199, 201, 211
escenarios discursivos 24, 38, 186, 187, 191
Escoriza, Luis 114
escritura 25, 115, 155
escuela 39, 52, 74, 91, 92, 119, 122, 141, 213, 217
espacio de variabilidad 109, 153
espanglish 56
España 14, 122, 162, 196, 220, 221, 222, 234, 238, 240, 243
esperanto 235
espontaneidad 183, 193, 198
esquema 36, 37, 59, 64, 65, 89, 95, 96, 97, 102, 103, 130, 131, 132, 136, 149, 151, 154, 155, 156, 157, 158, 163, 173, 187, 189, 190, 191, 192, 195, 196, 197, 198, 199, 201, 205, 219
esquemas de perspectivas 189, 190, 191, 199, 201, 205
esquematicidad 97
estadística 13, 15, 29, 60, 103, 111, 142, 150, 152, 154, 160, 178, 207, 208, 209
Estados Unidos de América 14, 43, 52, 122, 223, 227, 234
estandarización 223, 226, 231, 235, 236
estatus social 52, 53, 57, 63, 64, 82, 83, 236
estereotipo 73
estilística 13, 29, 30, 36, 38, 62, 64, 67, 80, 91, 93, 106, 117, 118, 144, 179, 202, 219
estilo 29, 34, 53, 64, 65, 66, 67, 74, 78, 80, 86, 93, 94, 96, 113, 114, 115, 117, 124, 138, 141, 182, 183, 184, 185, 193, 215, 235
estrategia comunicativa 34
estratificación social 52, 53, 68, 69, 120, 137
estrato social 40, 51, 52, 53, 56, 68, 120, 141, 216
estructuralismo 20, 26, 145, 149, 153, 158, 159, 161, 162
etic 169
etnia 28, 30, 138, 230, 234
etnografía 18, 31, 51, 76, 244
etnografía de la comunicación 31, 244
etnolingüística 62, 67, 234, 244
etnolingüística cognitiva 73, 85
etnometodología 37, 38, 44, 177
Europa 56, 158, 159, 218, 239
euskera batua 236

evaluación 28, 63, 79
Evans-Pritchard, Edward 19, 69
explicitud 171, 172, 178
externalismo semántico 119
Extremadura, España 221

F

factualidad 75, 171, 172, 178
falacia etimológica 111
Fernández Marrero, Juan Jorge 63, 83, 92, 215
Feyerabend, Paul 166, 171
fijadores de intención comunicativa 204
Filadelfia, Estados Unidos de América 30
Filipinas 223, 234
Fill, Alwin 32, 34, 125, 128
Fischer, Michael 71
física 11, 170
física cuántica 11
Five Graces Group, The 23, 27, 92, 100, 126, 130
Fletcher, Janet 125
fonema 39, 40, 56, 146, 147, 149, 150, 153, 154, 155, 158, 159, 161, 162
fonética 13, 21, 30, 39, 56, 61, 94, 96, 98, 101, 104, 105, 108, 118, 127, 129, 130, 144, 145, 146, 147, 148, 149, 150, 151, 153, 154, 155, 157, 158, 159, 161, 162, 163, 169, 221, 225, 238, 239, 241
fonología 15, 39, 53, 98, 100, 107, 108, 112, 125, 127, 129, 132, 134, 137, 138, 145, 147, 149, 150, 151, 154, 157, 158, 159, 161, 162, 163
forma interior del lenguaje 84
formalismo 9, 125, 127, 142, 247
formantes vocálicos 28
formas de tratamiento 36, 65, 82, 83, 221, 222, 242
Fought, Carmen 14, 15
fraseología 225
Frattini, Eric 179
frecuencia 15, 16, 26, 30, 35, 36, 37, 41, 55, 92, 94, 95, 96, 97, 99, 100, 101, 102, 104, 107, 112, 113, 115, 131, 132, 135, 136, 137, 139, 143, 148, 151, 154, 155, 158, 161, 163, 211, 221
Frith, Uta 11
fuerza ilocutiva 192

fuerza léxica 132, 135, 136
fuerza perlocutiva 207
funcionalismo 9, 13, 43, 51, 68, 153, 177

G

Gallistel, Randolhp 10
Garfinkel, Harold 38
Geeraerts, Dirk 21, 32, 37, 110, 116, 119, 168
Geertz, Clifford 73
generalidad 98, 107, 171, 173, 178, 226
generalización 95
genética 35, 101
geografía 28, 43, 48, 91, 94, 121, 122, 140, 159, 213, 221, 229, 234, 244
geolecto 145, 162, 239, 240
Ghana 60, 223
Ghomeshi, Jila 143, 216
Giddens, Anthony 18
Giglioli, Pier Paolo 229
Giles, Howard 33
Givón, Talmy 132, 133
Glasgow, Reino Unido 196
Gleason, Henry A. 73
Gleitman, Henry 110
Gleitman, Lila R. 110
Goldberg, Adele 127, 129
Goldstein, Louis M. 150
Goodenough, Ward H. 73
Gordon, Mathew 183, 184, 185, 229
Görlach, Manfref 223
grabaciones 169
grabadora 183, 188, 189, 190, 192, 193, 194, 196
gradience 140
gradualismo 101
gramática 11, 13, 21, 27, 53, 85, 94, 98, 100, 101, 104, 105, 108, 109, 113, 115,
    118, 121, 123, 124, 125, 126, 128, 129, 130, 131, 132, 133, 134, 135, 136,
    137, 138, 139, 140, 141, 142, 143, 144, 147, 172, 225, 235, 238, 239
gramática basada en el uso 126, 130, 134
gramática cognitiva 32, 125, 128, 139, 140, 143, 171

gramática descriptiva 143
gramática generativa 14, 18, 23, 26, 37, 127, 139, 142, 145, 153, 160, 168, 172
gramática polilectal 15, 177
gramática prescriptiva 143
gramáticas de construcciones 128
gramáticas múltiples 15
Granda, Germán de 68
Gras Manzano, Pedro 122, 125, 126, 129
Greenberg, Stephen 23
Greimas, Algirdas Julien 118
Grice, H. Paul 27, 187, 189, 199
Grimshaw, Allen D. 53
Grupo de Aprendices de Lengua Extranjera 224
Grupo de Competencia Limitada 224
Grupo de Dominio Nativo 224
grupo social 34, 43, 45, 47, 54, 55, 56, 57, 65, 69, 86, 91, 93, 94, 100, 102, 118, 119, 158, 177, 189, 195, 215, 234, 239, 243
guaraní 236
Guibernau, Monserrat 17
guiones culturales 188, 189, 199
Gumperz, John 14, 244
Gutiérrez Ordóñez, Salvador 97
Gutiérrez-Rexach, Javier 139

H

Habana, La, Cuba 221
hábitos 73
habitus 27, 64
hablante como individuo 15, 61, 70, 177
hablante ideal 119, 160, 168
Hagège, Claude 141, 142
Harris, Roy 33
Haugen, Einar 34
Haverkate, Henk 207
Hawley, Amos H. 37, 170, 235
Hegel, Georg W.F. 84
Heisenberg, Werner 170
Henry, Alison 135, 139, 142

Herder, Johan G. 84
hetero-reguladores 204, 209
heterosemia 90, 91
Hidalgo, Antonio 197
Hilferty, Joseph 11, 19, 32, 37, 132, 133, 220
Hill, Stephen 52, 229
hindi 234
hipercorrección 63
hipótesis de la gramática emergente 133
hipótesis de la norma impuesta 214
hipótesis de la subjetivación 133
hipótesis del valor inherente 214
hipótesis Sapir Whorf 85
Hiskens, Franz 239
hispanofonía 243
historia 12, 17, 25, 31, 43, 51, 62, 133, 175, 184, 193, 216, 217, 220, 231
historia de la lengua 133
historicidad 235
Holm, Kurt 175
hombres 28, 55, 216
homo loquens 18
homo sapiens 217
homosemia 90, 106, 107, 112, 114, 138, 139, 149, 153, 154, 157
hopi 233
Hopper, Paul 126, 130, 133
Horvath, Barbara 15
Hruschka, Daniel 102
Hübner, Peter 175
Hudson, Richard A. 86, 229
Huici, Carmen 226
Humanidades 10
Humboldt, Wilhelm von 38, 84, 85
húngaro 236
Hymes, Dell 31, 186, 233, 244

I

Ibáñez, Jesús 203
Iberoamérica 53, 234

Índice temático 287

idealismo 20
identidad 14, 17, 34, 45, 48, 54, 55, 56, 61, 62, 63, 81, 83, 98, 106, 107, 112, 116, 122, 148, 151, 163, 215, 233, 234, 235, 243, 244
ideología 18, 71, 81, 82, 83, 84, 87, 138, 142, 213
idiolecto 65, 80, 159
India 53, 68, 223, 234
indicadores 52, 68, 140, 204, 205, 207, 208, 209, 211
indicadores de percepción 204, 211
indicidad 38
Indonesia 223
inducción 14
infancia 184
inferencia estadística 13
informantes 13, 109, 159, 193, 196, 198
informática 10, 12, 13
inglés australiano 223
inglés británico 223
inglés internacional 223
inglés negro vernacular 138
inglés neozelandés 223
inglés postcolonial 223
inglés surafricano 223
ingresos económicos 40, 52
inmanentismo 18
inmigración 36, 239
inmigrantes 60, 239, 240, 241, 242
insiders 120
instituciones 44, 55
instrucciones 52, 74, 76, 138
integración social 9, 33, 36, 40, 62, 81, 82, 130, 229, 235, 241, 245
intención comunicativa 25, 27, 72, 140
interacción 17, 18, 20, 23, 24, 25, 26, 29, 30, 31, 32, 34, 35, 36, 37, 38, 40, 41, 44, 45, 46, 48, 51, 55, 56, 61, 63, 69, 71, 72, 74, 77, 79, 82, 83, 86, 87, 89, 91, 92, 101, 104, 105, 106, 107, 109, 116, 118, 119, 123, 124, 125, 128, 130, 131, 133, 135, 138, 141, 142, 143, 144, 158, 162, 165, 170, 174, 175, 177, 178, 180, 181, 183, 184, 186, 187, 190, 191, 192, 193, 194, 195, 196, 197, 199, 201, 202, 204, 205, 206, 207, 210, 211, 215
interacción cara a cara 44, 45, 46, 51, 55, 69, 79, 105, 181

interaccionismo simbólico 44, 51, 110
interacción social 18, 26, 31, 38, 130, 144, 215
intercomprensión 240
interlocutor 34, 48, 65, 75, 76, 77, 80, 83, 86, 87, 92, 116, 123, 141, 142, 174, 177, 179, 181, 185, 186, 187, 188, 189, 190, 191, 192, 193, 198, 201, 202, 203, 204, 205, 206, 208, 209, 211, 214, 232, 243
Internet 12
interrogaciones marcadas 204
investigación cualitativa 54, 100, 109, 150, 167, 169, 170, 175, 176, 177, 178, 198, 208
Irlanda 223
Israel 223
Itkonen, Esa 168

J

Jackendoff, Jay 103, 125, 127
Janicki, Karol 33, 106, 111
jerga 36
Johnson, Keith 148
Johnstone, Barbara 169
jóvenes 55, 64, 185
jueces lingüísticos 30, 62, 177, 178

K

Kabatek, Johannes 242
Kachru, Braj 223
Kant, Immanuel 84
Kenia 223, 235
Kleiber, Georges 110
Kloss, Heinz 236
koiné 56
Krashen, Stephen D. 29
Kremmer, Suzanne 35
Kristiansen, Gitte 21, 65, 119, 149, 215
Kuhn, Thomas 171

L

Laberge, Suzanne 22, 62
labovianismo 15
Labov, William 10, 13, 14, 21, 29, 30, 34, 39, 43, 45, 52, 53, 57, 63, 68, 92, 100, 101, 105, 108, 109, 110, 121, 122, 145, 152, 153, 158, 160, 165, 170, 172, 179, 181, 182, 183, 184, 185, 196, 216
Lakoff, George 11, 19, 32, 75, 110, 125, 126, 128, 129, 143, 150
Landauer, Thomas K. 111
Landi, Rossi 62, 169
Langacker, Ronald W. 11, 19, 32, 65, 83, 96, 112, 124, 125, 128, 130, 143, 149, 161, 163, 171, 178, 191
langue légitime 64
Larsen-Freeman, Diane 23, 100
latín 235
Latour, Bruno 75, 76
Lavandera, Beatriz 22, 109, 117, 144
lealtad lingüística 233, 237
lectos 38, 39, 65, 91, 117, 236
legitimidad lingüística 237, 240, 245
leko 235
lengua *Abstand* 236
lengua alemana 235, 236
lengua árabe 234, 236
lengua *Ausbau* 236
lengua *Dach* 236
lengua escrita 105
lengua española 13, 21, 93, 101, 115, 121, 122, 134, 140, 153, 155, 156, 157, 159, 162, 169, 203, 220, 221, 222, 224, 225, 229, 234, 235, 236, 240, 242, 243, 244
lengua estándar 63, 64, 117, 157, 181, 216, 223, 235
lengua francesa 234
lengua hablada 25, 28, 29, 35, 39, 77, 165, 168, 174, 175, 180, 181, 183, 197, 212
lengua-i 23
lengua inglesa 21, 30, 115, 121, 122, 134, 150, 220, 222, 223, 224, 225, 227, 233, 234, 235, 244
lengua legitimizada 64
lengua portuguesa 236

lenguaje científico 9, 33, 114, 120
lenguaje infantil 36
lenguaje técnico 114, 120
lenguas criollas 223, 229, 235, 244
lenguas de mezcla 56, 242, 243, 245
lenguas en contacto 21, 36, 37, 229, 230, 231, 232, 233, 237, 239, 240, 241, 244, 245
lenguas indígenas 234
lenguas pidgin 223, 229, 235, 244
Le Page, Robert 14, 243
Le Poire, Beth 33
Levinson, Stephen 11
Lewis, John 196
léxico 32, 61, 84, 94, 105, 106, 107, 108, 109, 111, 112, 113, 114, 115, 117, 118, 119, 120, 123, 124, 125, 127, 128, 129, 130, 131, 132, 133, 135, 139, 144, 147, 153, 158, 216, 238, 241
léxico científico 114
léxico disponible 115
léxico virtual 117, 120, 124, 162, 225
Liberia 73
líderes lingüísticos 54, 57, 75, 102, 178
Lieberson, Stanley 229
Lieb, Hans-Heinrich 13
lingüística basada en el uso 21, 32, 33, 34, 98, 104, 138, 161, 177
lingüística cognitiva 17, 28, 30, 32, 33, 36, 37, 73, 89, 125, 127, 168
lingüística realista 26, 175
lingüística secular 26
lingüística sociocognitiva 10, 20, 28, 37, 247
Lloyd, Barbara 11
locuciones 126, 134
lógica 32, 35, 122, 143
Longa, Víctor 18, 178
Lope Blanch, Juan M. 159
López García, Ángel 15, 93, 102, 220
López Morales, Humberto 22, 159, 229
Lorenzo, Guillermo 18
Lozano, Jorge 74
Luckmann, Thomas 74

M

Macaulay, Ronald 15
Madrid, España 13, 203, 221, 238
Málaga, España 56
Malasia 223
malentendidos 25, 27, 38, 238
Malinowski, Bronislaw 74
manipulación 43, 48, 49, 75, 194
maorí 73
mapas cognitivos 35
marcadores de distancia referencial 204
marcadores de duda 204
marcadores de modalidad deóntica 204, 207
marcadores de modalidad discursiva 204
Marcus, George 71
Marina, José Antonio 58
Marouzeau, Jules 56
Martín Alcoff, Linda 17
Martín Butragueño, Pedro 22, 26, 27, 57, 140, 175
Martinet, Jean 138
Martín Zorraquino, María Antonia 207
marxismo 13, 14, 43, 62
Marx, Karl 13, 14, 43, 44, 62
matemáticas 11
Maurer, Bruno 196
máxima de calidad 188
máxima de cantidad 187
máxima de modo 188
máxima de relación 188
Maynts, Renate 175
McArthur, Tom 223
Mead, George Head 18, 73
medición por aproximación 170
medioambiente 34, 37, 44, 167, 170
medios de comunicación 61, 213
Meillet, André 133
memoria 10, 35, 60, 98, 132, 134, 169
Mendieta, Eduardo 17

Mendoza, Argentina 221
mente 25, 27, 73, 138, 139, 155
mercado lingüístico 16, 57, 61, 62, 63, 64, 65, 70, 74, 80, 242, 245
Merton, Robert 43
Mesthrie, Rajend 12
metáfora de la construcción 74
metáfora del espejo 74
metáforas 75
metapercepción 242
metateoría 19, 21, 31, 32, 33, 40, 169, 178
metodología 14, 15, 16, 20, 21, 26, 35, 38, 39, 40, 46, 138, 163, 165, 166, 168, 170, 171, 173, 175, 177, 178, 179, 180, 181, 183, 184, 194, 198, 211
Meunier, André 172
México 122, 220, 221, 222, 227, 234
Meyerhoff, Miriam 229
Michael, John W. 52
migraciones 232
Milroy, James 56, 218
Milroy, Lesley 13, 14, 56, 68, 183, 184, 185, 218, 229
Mitwelt 46
modelo computacional 98
modelo minimista 139
modo de vida 57
módulo de estimulación 110
módulos conversacionales 184, 185
Molina, José Luis 60
monitor 16, 28, 29, 30, 94, 104, 179, 182, 188, 190, 192, 193, 195, 196, 198
monolingües 241
Montes Giraldo, José Joaquín 220
Moore, Wilbert 43
Morales, J. Francisco 30, 225, 226
Morán, Emilio 217
Moreno Martín de Nicolás, Irene 203
morfema 28, 113, 126, 133, 134
morfología 10, 26, 96, 108, 126, 127, 129, 132, 133, 135, 136, 140, 141, 147, 153
Morris, Charles 20, 106
motivación 55, 133, 243
muerte de lenguas 36

muestra 95, 97, 126, 130, 138, 154, 165, 173, 174, 175, 178, 180, 182, 183
Mühlhäusler, Peter 34
mujeres 28, 55, 56, 60, 122, 206, 215, 216
Murcia, España 221

N

narraciones 76
Nathan, Geoff 150
navaja de Occam 172
navajo 233
neurociencia 10, 11
New Hampshire, Estados Unidos de América 30
Newman, Isadore 175, 176
Niedzielski, Nancy 183, 193
nivel de estudios 28, 29, 52, 56, 119, 137, 138, 141, 158, 211
nivel enunciativo-discursivo 90
nivel fono-morfosintático 90
nivel semántico-referencial 90
nomenclaturas 114
Nordberg, Bengt 195
norma académica 63, 92, 142, 215, 223, 233
normando 235
Norwich, Reino Unido 52
Nueva York, Estados Unidos de América 52
Nueva Zelanda 73, 122, 223

O

objetivismo 20
observación 96, 145, 166, 167, 168, 170, 175, 176, 178, 180, 181, 183, 196
observación participante 180, 183
observador múltiple 195, 198
Occam, Guillermo de 172
OKeefe, Georgia 166
oración 132, 133, 134
organizadores de entrevista 204
Ortega y Gasset, José 11, 25
ortografía 235

Otero, Jaime 20, 224, 240
oyente 25, 27, 30, 34, 65, 66, 67, 106, 111, 119, 148, 151, 160, 187

P

palabra 10, 12, 25, 27, 32, 33, 38, 40, 63, 85, 86, 91, 96, 99, 101, 107, 108, 110, 111, 112, 113, 114, 115, 116, 117, 118, 119, 120, 121, 126, 127, 133, 134, 135, 154, 161, 166, 181, 198, 211, 219, 237, 238
palatales 222
Palmer, Gary 43, 86, 112, 186, 187, 191, 199
Panamá 13
paradoja darwiniana 101
paradoja del observador 170, 180, 183, 194
paradoja del significado contextual 106
parentesco 55, 84
París, Francia 159
Parodi, Claudia 115
parosemia 106, 107, 112, 118
Parsons, Talcott 31, 51
partículas 113
pasivas 126
Pavlinić, Andrina M. 242
Pearce, John M. 226
Peirsman, Yves 21
peligro de muerte 184
península Ibérica 203
pensamiento 11, 14, 24, 51, 84, 85, 116, 209, 220
percepción 17, 18, 19, 20, 21, 25, 26, 27, 28, 29, 30, 33, 35, 36, 40, 43, 47, 55, 64, 65, 72, 73, 75, 82, 83, 84, 89, 90, 92, 93, 96, 97, 107, 130, 143, 144, 154, 155, 162, 165, 169, 170, 178, 190, 191, 193, 194, 195, 196, 199, 201, 203, 204, 205, 206, 207, 208, 209, 210, 211, 212, 213, 216, 217, 219, 220, 222, 223, 224, 225, 227, 230, 231, 232, 240, 241, 242
percepción del ámbito referencial 204, 205, 206
percepción del *tú* 204, 205, 211
percepción del *yo* 204, 207, 209, 211
percepciones 11, 18, 25, 71, 83, 98, 104, 123, 125, 130, 139, 174, 176, 177, 178, 201, 202, 204, 205, 213, 214, 227, 242, 245
periferia 37, 71, 223, 234, 236
perífrasis 134

peticiones de acuerdo 204
Pike, Kenneth 169
población 37, 52, 57, 241
polimorfismo 159
polisemia 106, 121, 122, 124
política 36, 64
Pollner, Melvin 203
Popper, Karl 96, 111, 171, 172
Portolés, José 207
Potter, Jonathan 74, 75
pragmática 13, 18, 33, 71, 74, 99, 102, 105, 122, 123, 124, 181, 187, 203, 214, 239
predicado 132
predictividad 171, 173, 178
prejuicios 213, 214
PRESEEA 203, 207
prestigio 63, 101, 119, 181, 214, 215, 216, 217, 220, 221, 222, 226, 227, 233, 234, 236, 237, 239, 240, 243
prestigio encubierto 233
Preston, Dennis 15, 16, 183, 186, 193, 218, 219
priming 135
principio cooperativo 183, 187
principio de generalización 225
principio de incertidumbre 11, 167, 170, 178
principio de la cuantificación 178
principio de la entrevista 181
principio de la representatividad 178
principio de la responsabilidad 178
principio de posterioridad semántica 123
principio de preeminencia 130
principio experiencial 130
principios y parámetros 18, 172
probabilidades 13, 15, 98, 131, 134, 135, 152, 160, 198, 211, 230, 235
profesión 28, 40, 52, 62, 68, 244
profesionales 12, 52, 55, 56, 203
prosodia 133, 147, 149, 161
prototipo 19, 36, 37, 48, 86, 89, 93, 96, 97, 110, 132, 148, 149, 151, 152, 154, 155, 156, 157, 163, 184, 217, 219, 220, 221, 222, 225, 226, 227, 245
psicolingüística 15, 85, 86, 97

psicología 11, 51, 169
psicología cognitiva 11
Puerto Rico 13, 122
Putnam, Hilary 119
putonghua 64

Q

queísmo 140
Quesada, Montse 179
Quine, Willard van Orman 110, 134, 150

R

racionalismo 11
Ramón y Cajal, Santiago 165
realidad social 10, 12, 14, 24, 37, 39, 43, 44, 47, 58, 84, 86
receptor 53, 65, 76, 80
red 9, 10, 11, 12, 13, 16, 30, 36, 37, 41, 47, 51, 54, 55, 56, 57, 58, 59, 60, 61, 62, 63, 69, 75, 86, 92, 100, 101, 102, 108, 113, 117, 119, 120, 123, 127, 129, 130, 141, 144, 150, 154, 155, 166, 169, 170, 172, 173, 177, 178, 181, 184, 188, 190, 193, 195, 197, 198, 205, 242, 244
redes complejas 12, 41, 59, 102
redes de módulos 184
redes libres de escala 59
redes sociales 12, 13, 47, 54, 55, 56, 57, 58, 60, 61, 69, 100, 102, 120
región geográfica 221
reglas 13, 15, 32, 46, 64, 108, 128, 130, 134, 160, 169, 171, 172, 173, 188, 219
regla variable 13, 15, 39, 152, 160
regresión múltiple 13
Reino Unido 52, 56, 121, 122, 196, 223
relatividad lingüística 72, 73, 85, 233
religión 234
repetición 95, 99, 134
replicación 80, 91, 92, 99, 100
representación del mundo 71, 72, 73, 74, 86
representaciones 15, 18, 34, 35, 71, 72, 73, 74, 78, 86, 97, 98, 104, 116, 127, 129, 130, 136, 138, 141, 142, 161, 169, 177, 178, 187
representatividad 110, 179

República Dominicana 115
retórica 76, 206, 207
Rex, John 17
Reyes, Graciela 18
Rickford, John R. 54
Riley, Wlliam 52
Río de la Plata 221
rituales 206
Ritzer, George 44
Roberson, Debi 73
Robins, Clarence 196
Rock, Paul Elliot 111
Romaine, Suzanne 16, 22, 109
Rosch, Eleanor 11, 98, 110
rutinas 19, 92, 232

S

Sacks, Harvey 74, 203
saltacionismo 101
Sancho Pascual, María 238, 239
San Juan de Puerto Rico 13
Sankoff, David 21, 22, 62, 104, 109, 138, 140, 160
sánscrito 235
Sanz, Gema 215
Sapir, Edward 84
Saussure, Ferdinand de 20, 38
Saville-Troike, Muriel 138
Schaff, Adam 85
Schegloff, Emanuel 203
Schiffrin, Deborah 74, 186, 187
Schlieben- Lange, Brigitte 15, 40
Schmid, Hans-Jörg 32, 43, 130
Schneider, Edgar 223
Scholfield, Phil 176
Schuchardt, Hugo 229
Schütz, Alfred 18, 30, 46, 69, 116, 226
Searle, John 48, 80
self 18

semántica 12, 25, 38, 53, 78, 84, 94, 96, 98, 105, 106, 107, 108, 111, 112, 113, 118,
    119, 120, 121, 122, 123, 124, 125, 127, 129, 132, 133, 140, 147, 153, 154, 158
semántica cognitiva 106, 110
Senegal 234
señales de cortesía 204
seseo 221
sexo 29, 30, 46, 48, 60, 118, 120, 202, 211
Shaw, Marvin 53, 55
Shepard, Carolyn A. 33
Shuy, Roger 52
sibilantes 155, 156, 157, 159
significado 105, 106
significado central 107, 111, 119
significado comunicativo 107, 111, 119
significado contextualizado 107, 111
significado emergente 107, 109, 114, 123, 124
significado estilístico 116, 117
significado periférico 119
sílaba 101, 153, 155, 159
silencios 123
Silva-Corvalán, Carmen 229
Silverstein, Michael 38
Simmel, Georg 31, 51
simplificación 27, 30, 100, 225
Singapur 223
Singh, Rajendra 14
sinonimia 105, 106, 107, 112, 118, 121
sintagmas preposicionales 134
sintaxis 13, 15, 84, 105, 125, 126, 127, 129, 130, 133, 134, 135, 136, 138, 139,
    140, 141, 147, 153
sistema adaptativo complejo 21, 23, 24, 26, 27, 35, 40, 126, 247
sistema social 31, 51, 54, 69
situación 47
Small, Steven 110
Smith, Eric 160
Sobrero, Alberto 53
socialización 23, 73, 91, 141
sociolecto 54, 69, 215, 235
sociolingüística urbana 21, 29, 45, 46, 138, 165

Índice temático

sociolingüística variacionista 12, 13, 14, 16, 19, 21, 31, 33, 34, 69, 118, 122, 138, 144, 145, 152, 158, 160, 179, 181, 218, 229
sociología 11, 31, 36, 44, 45, 51, 69, 79, 93, 116, 169, 177
sociología del conocimiento 169
sociología del contexto 79
sociología del lenguaje 157
sociología dinámica 31, 36
sociología fenomenológica 44, 116
Solé, Ricard 12, 26, 58, 59, 60, 113, 120, 170
solidaridad 65, 82, 83, 216
sonido 25, 40, 91, 122, 139, 146, 147, 149, 150, 151, 154, 155, 157, 158, 163, 216, 221
Stalnaker, Robert C. 116
Stehl, Thomas 97
Stewart, William 235
Stuart-Smith, Jane 196
Stubbs, Michael 203, 207
subjetivación 133
subjetividad 11, 30, 68, 242
subjetivismo 20
sujeto 132, 140
suprasistema 145, 160, 161
sustantivos 10
sustitución de lenguas 36

T

Tabouret-Keller, Andrée 14, 243
Tagliamonte, Sallie 160
Tajfel, Henri 56
Tannen, Deborah 186
taxonomías 33
Taylor, John R. 110, 149
técnica de los «pares falsos» 177
técnicas de investigación 178
televisión 61
teoría de catástrofes 102
teoría de la optimidad 94
teoría del déficit 120, 141
teoría del ejemplar 225

teoría del monitor 29, 30
teoría del prototipo 86, 226
teoría del rasgo 225
teoría del reflejo 85
teoría popular de la lengua 219
teorías de la categorización natural 98
teorías del conflicto 43
teorías del consenso 43, 44
teorías de los sistemas complejos 98
tipificación 16, 18, 30, 69
to be 138
Tomasello, Michael 43
traducción 233
transcriptor 190, 197
Traugott, Elizabeth 133
Trudgill, Peter 26, 52, 57, 100, 182, 216, 229
Trujillo, Ramón 123
tú 201-212
Turner, Bryan 52
Tusón Valls, Amparo 79
Tylor, Edward 73

U

Umwelt 46
Ungerer, Friedrich 32, 130
urbanización 53
uso lingüístico 17, 18, 21, 23, 24, 25, 26, 29, 34, 35, 40, 43, 44, 48, 49, 52, 53, 54, 55, 62, 64, 67, 95, 103, 110, 125, 126, 127, 130, 142, 161, 178, 213, 226, 233, 237, 243, 244
usted 221, 242
utilería 192

V

Valéry, Paul 22, 28, 109
valoradores del discurso 204
Van Dijk, Teun 74, 78, 79, 215

variación 12, 13, 14, 15, 16, 17, 18, 19, 20, 23, 27, 29, 31, 34, 35, 36, 37, 53, 57, 61, 69, 71, 77, 79, 81, 87, 89, 90, 91, 92, 93, 94, 95, 96, 99, 101, 102, 103, 104, 105, 106, 108, 109, 114, 117, 118, 121, 122, 123, 124, 134, 137, 138, 139, 140, 142, 144, 145, 148, 149, 151, 152, 153, 154, 155, 157, 158, 159, 160, 161, 162, 163, 168, 173, 216, 217, 225, 226, 227, 230, 242
variación estilística 91, 93, 94
variación geolingüística 56, 91, 93, 139, 159, 226, 234
variación sociolingüística 15, 17, 19, 89, 90, 91, 93, 94, 122, 142, 152, 160
variantes combinatorias 145, 158, 162
variantes facultativas 145, 159, 162
variedades lingüísticas 19, 21, 23, 28, 34, 37, 38, 53, 54, 57, 63, 64, 94, 110, 138, 154, 162, 182, 202, 213, 214, 215, 216, 217, 219, 220, 221, 222, 223, 225, 226, 227, 229, 230, 232, 233, 234, 235, 236, 238, 239, 241, 242, 243, 244, 245, 247
Vendryès, Joseph 116
verbos 134, 135, 140
vernáculo 57, 63, 92, 179, 180, 181, 182
Vic, España 60
vida cotidiana 19, 38, 44, 69, 115
Viladot i Presas, Maria Àngel 56
Villena Ponsoda, Juan 14, 15, 22, 40, 46, 56, 57, 69, 120, 248
visión del mundo 19, 21, 71, 72, 73, 74, 76, 78, 83, 84, 85, 86, 87, 176, 230, 233, 244
vitalidad 235
volapük 235
Voloshinov, Valentin 20, 25
voseo 222
vosotros 221
Vossler, Karl 20
vulgarismos 219
Vygotsky, Lev S. 11, 43

W

Wallat, Cynthia 186
Walter, Henriette 159
Wardhaugh, Ronald 229
Weber, Max 46
Weinreich, Uriel 160, 229
Wellman, Barry 58
Werlen, Iwar 46

Weydt, Harald 15, 40, 97
Whorf, Benjamin Lee 73, 74, 84, 233
Wierzbicka, Anna 85, 188, 199
Williams, Glyn 14
Willis, Gordon B. 203
Wittgenstein, Ludwig 37, 43, 84
Wolf, Mauro 38
Wolfram, Walt 52
Woolard, Kathryn 63
Woolgar, Steve 75, 76

Y

Yallop, Colin 125

Z

Zimmer, Tanja 242
Zimmermann, Klaus 234
zona funcional 153

Signos especiales

-ado 93, 169, 181, 182
-ing 30
-ra 140
-ría 140
-ste 140
[h] 93, 155, 159
[ø] 93, 101, 159
/b/ 153, 159
/d/ 101, 150, 153, 169, 221
/g/ 153
/k/ 155
/r/ 30
/s/ 56, 155, 159, 162
/t/ 150
/θ/ 56, 221